我们的大学

易佐永 题

大学生文化素质发展日志年编（2012）

本书编写组 编

封面题署：易佐永

主　　编：张　强

副 主 编：饶东方

编委会成员：（按姓氏音序排列）

陈彦远　冯清梅　何晓晴　陆财深

林雪松　廖　勇　饶东方　张　强

郑美玲

图书在版编目（CIP）数据

我们的大学：大学生文化素质发展日志年编.2012/《我们的大学：大学生文化素质发展日志年编.2012》编写组编—广州：世界图书出版广东有限公司，2013.12

ISBN 978-7-5100-7316-8

Ⅰ.①我…　Ⅱ.①我…　Ⅲ.① 大学生－学生生活－广州市－2012　Ⅳ.① G645.5

中国版本图书馆 CIP 数据核字（2013）第 317910 号

我们的大学：大学生文化素质发展日志年编·2012

策划编辑： 陈名港

责任编辑： 钟加萍　张梦婕

责任技编： 刘上锦　余坤泽

出版发行： 世界图书出版广东有限公司

（广州市新港西路大江冲 25 号　邮编：510300）

电　　话： 020－84451013　34201967

经　　销： 各地新华书店

印　　刷： 虎彩印艺股份有限公司

版　　次： 2016 年 1 月第 2 版

印　　次： 2016 年 1 月第 2 次印刷

开　　本： 787mm×1092mm　1/16

字　　数： 300 千

印　　张： 19.5

ISBN 978-7-5100-7316-8/G. 1504

定　　价： 42.00 元

精彩导读

一月/001

本科生全国数学建模一等奖

学生代表探望刘鹤翘将军

45 名退伍学生享学费资助新政策

2012 澳门·广州名品展志愿服务

领导与留校经济困难学生共进团年饭

安建国慰问广州大学青年志愿者代表

朱小丹慰问广州大学青年志愿者

二月/009

学生艺术团小组唱获全国一等奖

舞蹈系师生赴澳门演出

"第七届全国高校景观设计毕业作品全国巡回展"

自强社成立

校港合作交流 20 周年庆祝会

转基因食品与安全问题

三月/015

黄埔区委领导慰问旅游学院志愿者

赵燕清大校畅谈雷锋精神

乔瀚受邀参加微博访谈活动

国内交换生交流分享会

毕业生工作座谈会

传科研火炬，促新人成长

入党积极分子培训

女生节开幕

绿化校园植树

美国威斯康星州立大学普拉特维尔分校师生交流

"美丽方程式"举行

"聚焦声韵点滴，体味语言魅力"

校园文化建设优秀成果表彰暨研讨会

关爱儿童成长、宣扬感恩之情

青春献祖国，永远跟党走演讲比赛

牛津留学生活及中英教育比较

第 14 次"何耀光助学金"颁发

纪念中国共青团成立 90 周年党团知识竞赛

"爱鸟周"活动

春风爱心互助金慰问活动

美化珠江边活动

从全球视角探索成才之路

陈凯茜亚洲剑桥商务英语（BEC）演讲大赛获奖

院际篮球赛

校友与学弟学妹交流会

时尚摄影讲座

"南方数码优创人才奖学金"

党员干部承诺

"发现广大之美"演讲

海珠区人民法院旁听

四月／049

广州殡仪馆清明义工

英语口语大赛广州大学分赛区赛事

北亭义教活动

书法比赛

培养师范技能

心理情景剧大赛

优秀毕业生事迹报告会

《人民音乐》原副主编讲学

学生学雷锋事迹引起媒体关注

陆诗婷代表中国青年志愿者援助塞舌尔

机械创新设计大赛

勤工助学座谈会

优秀学生事迹宣讲会

纪念建团 90 周年系列活动

中华经典诵读比赛

林焦敏入围"中国大学生年度人物"

大学生程序设计竞赛中取得 1 银 3 铜

建筑学生优秀作业巡展

易佐永看望残疾学生庄国彬

义卖捐赠书，本本献爱心

倡自律共管，还校园净土

发扬传统 认识中医

学雷锋团队被推选参加"十大好人榜样"评选

"微博 媒体 PM 2.5"专题讲座

英语学习系列活动启动

班服班徽设计比赛

诗书琴乐进公寓

职场精英大赛

广东汉乐传承田野调查

五月／085

文明摆车我先行团日活动

收看收听胡锦涛在纪念建团 90 周年大会上的讲话

学生入选中青报北京车展注册大学生记者

寝室文化节

番禺沙湾镇粤剧粤乐活动

学生社团文化月

优秀退伍学生先进事迹报告会

红十字会会员游园活动

模型车组装大赛

团一大纪念广场落成仪式

校园十佳歌手出炉

主持人形象大赛决赛落幕

学生首获国家留学基金委项目资助

手语歌大赛

电路板技能应用大赛

英语辩论赛广州大学总决赛

大学生创业计划竞赛

学生舞蹈大赛

世界小姐广东赛区冠军

精品朗诵会

规划职业人生 成就美好未来

地理沙龙

"双代会"

艺术实践课程展演

六月/125

谢杏芳来校为学生开教学课

粤港澳音乐教育论坛

"最佳面料运用奖"

"建筑狂想曲"

党员先进性教育培训

英语师范生教育技能大赛

《美学》真谛讲座

模拟联合国大会比赛

英语辩论赛

时事新闻评论大赛

世界献血者日主题活动

广东省"十大身边好人"

五千余名学子接受"拨穗"

二维动画创作交流会

西部(山区)计划志愿者

我们的大学

大学生文化素质发展日志年编

(2012)

七月/153

　　新媒体产学研基地

　　　学生家庭走访活动

　　　　学生入选中科院暑期夏令营

　　　　　关注农村留守儿童，传授知识传递爱心

　　　　大学生党代表工作室助理

　　　　　新闻中心师生赴广西采风

　　　　"文化之旅"隆重举行

　　　　　　新疆学员在广州市区开展社会实践活动

　　　　　赴西部山区开展暑期社会实践

　　　　　学生龙狮队省赛再创佳绩

　　　　大学生沙盘模拟经营大赛

　　　　　　新疆喀什赴广州大学培养计划学员专题座谈会

八月/169

　　张彬哲参加全国春晖行动

　　　横渡珠江

　　　赴信宜帮扶

　　　　"环卫工人生存与发展状况"调查实践

　　　　智能汽车竞赛

　　　　　机器人亮相国际信息产业周

　　　　大学生服务外包创新创业大赛

　　　　网络技术大赛

　　　　道德讲堂

九月/177

　　迎国检公共文明引导志愿服务

　　　新生导生培训大会

　　　"文化长洲·艺术印象"系列大赛

　　　　给新生回家的感觉

　　　　赠亚运火炬

军训宿舍内务

新生与导师见面

帕多瓦孔子学院

理性爱国主题班会和团日活动

"南方传媒前沿讲坛"

研究生数学建模竞赛

啦啦队全国联赛两项第一

易佐永书记参加主题班会

人文素养系列讲座

党建创新"书记项目"之学生宿舍"五室一站"启动

"青春·前行"国庆迎新晚会

十月/201

受助学生公益组织成立

荷兰莱顿大学学者来校举行学术讲座

"反本开新读《论语》"讲座

人文社科高端论坛举行

军服回收活动

新生体育赛事

研究生开展"广州研究"

广东省外语师范生教学技能大赛一等奖

师生研修会

唐宋十大词人讲座

广州国际智慧城市展览会服务

国际物流与交通运输博览会

学生社团招新

女性健康讲座

学生干部培训课

保密教育进校园

杰青进校园

优秀学生党员事迹分享会

"三打两建"专项行动知识竞赛

我们的大学子

大学生文化素质发展日志年编

（2012）

外省籍新生辅导报告会

素描作品展

视频制作大赛

化学实验技能大赛

募捐救助白血病儿童

与国际顶尖学者零距离

第七届英语演讲大赛

ACM – ICPC 亚洲区域赛银牌

49 名学生将赴法学习

软件设计竞赛

"外研社杯"全国英语演讲大赛一等奖

大学生涯规划大赛宣讲会

应天常教授讲中外名主持人

举行少数民族文艺汇演欢度古尔邦节

学生勇夺《白杨奖 – 最佳漫画提名奖》

十一月/231

"喜迎十八大"主题团日活动

新生班服大赛

中国极地科考队专家来校作报告

学生足球队勇夺省大学生足球挑战赛冠军

大学生涯规划优秀作品宣讲会

"书相伴·心致远"读书节

师生收看收听胡锦涛同志在十八大上的报告

"新闻采写精讲"

学生设计作品在央视播出

"菁英杯"高校高尔夫邀请赛完美收杆

宿舍雅室大赛活动

研究生文化节

国际大学生程序设计竞赛

摄影展感受广州老城、老街、老建筑

"一奖两会"志愿服务

关工委老同志与学生新党员谈心

多媒体课件制作大赛

ERP 沙盘模拟大赛初赛

"自主创业我能行"宣讲会

摄影大篷车巡展

足球联赛圆满结束

八学院红十字会联谊活动

学生"法律游园"

辅导员校本培训

意大利、台湾交换生交流会

走读百年辛亥文化

剖析莫言小说与诺贝尔奖的价值观

学生公寓文化节

西班牙交换生项目交流会

十二月/259

学生知识产权保护教育竞赛

"大学精神和大学文化"论坛

学术活动周

"我与党共成长"演讲决赛

昆曲艺术进课堂系列活动

手语歌课堂活动

志愿服务广交会

教授谈广州"十三行"名称的由来

化学化工研究生学术研讨会

第九届田径运动会

36 名学生应征入伍

红十字"国际人道法"模拟法庭辩论赛

广州大学——深圳大学校际篮球赛在我校举行

十八大学习掀高潮 两万学子同听一堂课

"挑战杯"作品竞赛广州大学校赛终审决赛

新长城广州大学自强社开展美化校园活动

"感动南粤校园"年度人物

高校环保在研项目推介会

音乐剧《西关小姐》在广州大学举行专场展演

汤国华教授讲诉对岭南建筑之情结

"梦想沃之星"职场风采挑战赛

领导老师看望支教学生

艺术周活动

大学生校园文化艺术节之舞动未来总决赛

信息技术应用大赛

学校召开座谈会征求学生意见

2011－2012学年度学生表彰大会

"广州舰"护航尖兵事迹报告会

大学生文化素质教育基地年度总结会

我们的大学

January 一月

1月4日　广州大学本科生获全国大学生数学建模竞赛一等奖 ················ 2

1月5日　学校组织受助学生代表探望刘鹤翘将军 ···················· 2

1月7日　广州大学举行成人高等教育 2012 届学生毕业典礼 ·············· 3

1月10日　45 名退伍学生享受退役复学后学费资助新政策 ················ 3

1月11日　外国语学院开展"2012 澳门·广州名品展"志愿服务活动 ······ 4

1月14日　广州大学开展"青春惠民 情暖广州"寒假志愿服务活动 ······ 5

1月19日　领导与留校经济困难学生共进团年饭 ···················· 5

1月19日　团市委副书记安建国慰问广州大学青年志愿者代表 ············ 6

1月22日　朱小丹等省市领导天河迎春花市慰问广州大学青年志愿者 ······ 6

1月4日 广州大学本科生获全国大学生数学建模竞赛一等奖

1月4日，第二十届"高教社杯"全国大学生数学建模竞赛结果揭晓，广州大学获全国一等奖1个、全国二等奖3个的佳绩，我校本科生获得全国一等奖尚属首次，获得全国二等奖也是最多的一年。

由国家教育部、各省、市、自治区教育厅牵头的第二十届"高教社杯"全国大学生数学建模竞赛于2011年9月开始举行，此次比赛有来自全国33个省、市、自治区（包括香港和澳门特区）及新加坡、美国、伊朗的1251所院校参加、其中有19490个队合计58000多名大学生参加本项竞赛，是世界上规模最大的数学建模竞赛。我校组织了15支队伍参加了此届数学建模大赛的省赛，获得5个一等奖、4个二等奖、3个三等奖的好成绩；在随后的全国赛中，我校1支队伍获一等奖，3支队伍获二等奖，创下了历年参赛的最好成绩。

据了解，2011年12月22日，全国大学生数学建模竞赛20周年庆典暨2011年"高教社杯"颁奖仪式在人民大会堂隆重举行。（数学建模创新实践基地 邓应强）

1月5日 学校组织受助学生代表探访刘鹤翘将军

1月5日下午，学生处资助管理中心相关负责人带领5名受助的学生代表上门探访了刘鹤翘将军，对刘将军慷慨助学、关心和支持我校学子成长的义举表达了深深的感激之情，并送上由学生亲手制作的礼物，向刘将军送上新年的美好祝福。

刘鹤翘将军系原广州军区副司令员兼广州空军司令。军功赫赫的刘将军还是一位儒将，结缘翰墨，书画俱佳，被誉为"将军书法家"、"军中一笔"。2009年8月，刘将军在二沙岛岭南会展馆把自己的百余幅书法经典作品悉数捐出，拍卖所得款项80万元全部用于设立"广州大学广东文化基金刘鹤翘将军专项助学金"，帮助我校家庭经济困难学生顺利完成学业。（学生处）

师生们和刘将军合影

1 月 7 日　广州大学举行成人高等教育 2012 届学生毕业典礼

1 月 7 日，广州大学成人高等教育 2012 届学生毕业典礼在桂花岗校区举行。副校长董皞、党办校办及继续教育学院负责人，来自校本部以及深圳、珠海、肇庆、东莞等校外教学点的教师和毕业生代表 400 多人出席了典礼。

董皞代表学校致词，向 7000 名本、专科毕业生们表示热烈的祝贺和美好的祝愿，他殷切期望同学们志存高远，不断学习，奋发进取，紧跟时代步伐，努力做一个事业有成的人，积极为社会贡献力量，为母校争光。教师代表姚婧老师、毕业生代表赵俊雄分别作了满怀深情的发言。最后，董皞等为成人高等教育 2012 届优秀毕业生、优秀毕业生干部、优秀班主任、优秀校外教学点管理人员以及优秀校外教学点颁发了荣誉证书。（继续教育学院）

1 月 10 日　45 名退伍学生享受退役复学后学费资助新政策

1 月 10 日，广州大学召开 2011 年光荣退伍复学学生座谈会。学校对他们圆满服义务兵役，载誉凯旋归来表示热烈的欢迎。校长助理周云出席会议并提出要求。据悉，这批学生将享受退役复学后每年不超过 6000 元的学费资助或贷款补偿新政策。

2009 年冬季我校 53 名同学响应国家号召应征入伍。2011 年底有 45 名同学光荣退伍，另有 5 名同学考入军校，3 人转士官。校本部退伍学生 29 人，校外二级学院退伍学生 16 人，其中在部队光荣加入党组织的 25 人，占 55.5%，荣立二等功 1 人次、三等功 18 人次，占 42.2%。

会上，校长助理周云对他们提出了三点要求：一是及时按要求办理复学相关手续；二是调整心态，静下心来，尽快转变角色，全身心投入到学习中去；三是继续保持部队的优良作风，发扬不怕苦、不怕累和坚忍不拔的革命精神，以实际行动带动和影响身边同学，形成良好的学习氛围。（林俊福）

2011 年光荣退伍复学学生合影

1 月 11 日 外国语学院开展 "2012 澳门·广州名品展" 志愿服务活动

外国语学院广泛开展创优美环境、优良秩序、优质服务的志愿服务活动，与专业相结合，2012 年 1 月 11 日，组织学院英语专业学生 110 人到广州锦汉展览中心负责 "2012 澳门·广州名品展" 的实践活动。在志愿服务活动中，同学们为展商和群众提供人性化、个性化的服务，努力在志愿服务中体现人文关怀，

努力扩大我校社会影响力，营造有利于志愿服务的浓厚氛围。（李黎）

1月14日　广州大学开展"青春惠民 情暖广州"寒假志愿服务活动

1月14日，学校团委发出号召，将在寒假期间组织开展"青春惠民 情暖广州"志愿服务活动，得到了学生的热烈响应。

据了解，校团委号召发出后，共有近千名学生志愿报名参加寒假志愿服务活动，组建成琶洲春运志愿服务队、广州火车东站春运志愿服务队、海珠天河花市志愿服务队、黄埔福利院服务队、科学中心科普讲解服务队等共22支志愿服务团队。他们将陆续奔赴春运交通站场、花市、科普基地、街道、村镇、社区、文化站、福利院、西关小屋等地，重点开展春运、迎春花市志愿服务、关爱空巢老人、留守儿童、农民工和残疾人等志愿服务。

为此，校团委召开专项工作会议，研究制定具体详细的活动实施方案和应急预案，并协调学院认真做好安全教育等各项前期准备工作，强化保障措施，确保活动安全、有序地开展。（校团委）

1月19日　广州大学校领导与留校经济困难学生共进团年饭

龙腾虎跃校园庆新岁。1月19日中午，团市委副书记安建国，广州大学校领导易佐永、陈爽，校长助理周云以及相关部门负责人与留校经济困难学生共同在菊苑饭堂举行团拜会迎接龙年新春，并共进团年饭。

陈爽副校长向留校生致新春贺辞。她代表学校向全体留校生以及学生家长致以美好的祝愿，并回顾我校在上年取得的骄人成绩。她鼓励留校生要奋发图强，共造学校佳绩。易佐永书记向同学们介绍了勤工助学、奖助学金政策以及学校对经济困难学生的支持援助途径，鼓励同学们不要因为家庭经济困难而影响读书成才的机会；鼓励学生要不断提高自身素质、提高自身的创新、创业能力，用实际的行动来实现自身价值。

随后，领导们与学生共进团年饭。留校学生还领到了学校赠送的新春大礼包。部分留校生在菊苑饭堂一楼设置的免费拨打长途电话点向家人送上暖暖祝福。一名学生在接受采访时说："这是我留校的第二年，每一年都能感到

1月19日　团市委副书记安建国慰问广州大学青年志愿者代表

1月19日上午，团市委副书记安建国，副校长陈爽等到我校青年志愿者协会办公室亲切慰问了志愿者代表。领导们向志愿者代表送上新年祝福。

慰问会上，安建国赞扬了广州大学青年志愿者辛勤、奉献的工作作风，同时感谢广大志愿者支持配合团市委志愿服务工作，使志愿工作能够深入春运、社区服务、义教等各方面。随后，志愿者代表亲手在红色挥春上用毛笔写上福字赠送领导。领导们更带来了新年大礼包，由安建国亲手派发给每一位青年志愿者。

据悉，广州大学共有青年志愿者1000多名，分别来自不同的学院，从考试结束到即将来临的春节，志愿服务工作还将贯穿整个寒假。志愿者在劳动奉献中收获了感动，在感动中收获了前进的动力。正如一志愿者代表所说"在辛勤付出后即使收获是一瓶水，那也将永远是我的感动与自豪。"（刘燕颖）

1月22日　朱小丹等省市领导天河迎春花市慰问广州大学青年志愿者

龙年新春前夕，广东省委副书记、省长朱小丹，省委常委、常务副省长肖志恒，副省长刘志庚，广州市委书记万庆良等省、市领导到2012天河迎春花市，亲切慰问节日期间仍坚守岗位的公安干警、工商和城管执法人员、环卫工人和青年志愿者。广州大学外国语学院青年志愿者参与天河迎春花市

我们的大学子

大学生文化素质发展日志年编

（2012）

"护花行动"，近20名志愿者代表受到省市领导接见。

省市领导和志愿者们热情握手，互致新年祝福。朱小丹省长对广大志愿者牺牲与家人团聚的时间，坚守岗位做好志愿服务这种奉献精神表示肯定和感谢，他鼓励志愿者要持之以恒，继续弘扬亚运志愿精神，凝聚青春的力量，传递幸福的理想，积极投身社会、服务社会、奉献社会。万庆良书记在天河区区长李明的陪同下再一次走到花市与在场的志愿者亲切交谈问候，还笑呵呵地用英语"Happy New Year"、"Good Luck"向在场的志愿者致意。2012天河花市期间，身穿橙色背心的215名外国语学院志愿者积极响应校团委关于组织开展"青春惠民、情暖广州"志愿服务活动的号召，不畏寒风冷雨，为领导来宾、广大市民及花农提供搬运盆栽、接待指引、广播宣传、咨询讲解、扶老携幼等温馨服务。同时，志愿者还陪同市社会福利院残疾、孤寡儿童游览花市，设计有趣的游戏活跃花市气氛，并在花市结束后，向花农倡导文明护花行为，把剩余盆栽捐赠给福利院及困难家庭户。志愿者忙碌的身影与红红火火的花市相映成趣，成为天河花市一道靓丽的风景线。

据悉，从2004年至今，外国语学院青年志愿者服务队已连续8年活跃在天河迎春花市，共有1500多名志愿者先后放弃假期，踊跃投身"护花行动"，"护花使者"的形象已深入人心。1月22日上午，外国语学院党委领导和天河区团委负责人一同前往天河体育中心，向服务在天河花市的学生志愿者送上新春祝福及节日的慰问。（校团委 外国语学院）

我们的大学

February 二月

2 月 13 日　我校学生艺术团小组唱获全国第三届大学生艺术展演一等奖
……………………………………………………………………… 10

2 月 19 日　音乐舞蹈学院舞蹈系应邀赴澳门演出 ……………………… 10

2 月 20 日　建筑与城市规划学院承办"第七届全国高校景观设计毕业作品
全国巡回展" …………………………………………………… 11

2 月 23 日　新长城广州大学自强社成立 ………………………………… 11

2 月 25 日　我校举行建筑与城市规划学院与香港专业人才服务机构合作
交流 20 周年庆祝会 …………………………………………… 12

2 月 28 日　郭培国教授在"生科讲坛"主讲《转基因食品与安全问题》
……………………………………………………………………… 12

2月13日 我校学生艺术团小组唱获全国第三届大学生艺术展演一等奖

2月7日至13日，由教育部主办的全国第三届大学生艺术展演现场终审决赛在杭州举行。广州大学学生艺术团女生小组唱《美好的远方》以优美的声线和娴熟的合唱技巧征服了全场评委，在全国各地高校众多优秀艺术表演声乐类作品当中脱颖而出，荣获全国第三届大学生艺术展演声乐节目一等奖。

据悉，我校学生艺术团涵盖管乐、声乐、舞蹈、啦啦操、话剧以及其他综艺范畴，一直以来，学生艺术团在学校领导、各部门的关心支持下，在校团委的指导下，实行课程化管理，为对各类艺术感兴趣的所有学生提供公共艺术教育的平台，从而提升学生的审美观和艺术修养，弥补文化教育中对艺术教育的缺失，促使学生综合素质得到不断提高，并且屡次在国家、省市各类艺术大赛中为学校争得荣誉，为我校培养应用型综合人才贡献应有的力量。

（校团委）

2月19日 音乐舞蹈学院舞蹈系应邀赴澳门演出

应澳门公务人员文化协会邀请，广州大学音乐舞蹈学院舞蹈系部分师生在李首明副院长的带领下于2012年2月19日至20日参加澳门公务人员文化协会庆祝澳门特别行政区成立12周年活动。

2月19日，19点30分，在澳门渔人码头宴会厅举行庆祝澳门特别行政区成立12周年暨2011星海之星音乐会。会上，主办方向我院赠送了纪念品，随后的演出中，由我院舞蹈系男生担纲表演的舞蹈"辛亥魂"赢得了观众的阵阵热烈掌声。该舞蹈以辛亥革命为创作主线，用肢体艺术语言演绎了辛亥志士"抛头颅、洒热血、救国救民"的革命豪情，其精彩表演向澳门同胞展示了我院舞蹈专业优异的教学、表演水准。2月20日，在主办方工作人员的热情陪同下，全体赴澳人员参观了澳门大三巴等文化胜地，了解澳门风情民俗和历史文化景观。

此次活动开展得非常顺利、圆满，双方期待再次的交流与合作。

2 月 20 日　建筑与城市规划学院承办"第七届全国高校景观设计毕业作品全国巡回展"

由北京大学景观设计研究院与中国建筑工业出版社联合主办、广州大学建筑与城市规划学院承办的第七届全国高校景观设计毕业作品巡回展广州站于 2 月 20 日在广州大学图书馆二楼展览厅开展。

本次景观专业展览广州站点由建筑学院承办具有重要意义：建筑学院于 2011 年取得建筑学、城乡规划两个一级学科硕士授予权，老师、同学们正积极在为申请风景园林一级学科硕士授予权作准备。这次展览不仅能很好地扩大和增进建筑学院师生同国内各高校的学术交流，扩展视野，而且也有利于提高其相关专业的学术影响力和知名度。

据悉，此次展出的作品是从来自全国包括北京大学、香港大学等 145 所院校的几百件作品中精选而出的。广州大学建筑与城市规划学院也有同学的作品获奖参展。这些优秀作品分别从人文、生态、艺术等多视角全面展示当代景观设计的新理念和方法，展现了当代大学生的专业水平和精神面貌。（周世慧）

2 月 23 日　新长城广州大学自强社成立

2 月 23 日，在中国扶贫基金会新长城项目部和广州大学学生处、团委的支持下，由广州大学受助家庭经济困难学生为主体的"新长城广州大学自强社"获批正式成立了。

2002 年，中国扶贫基金会在充分调查研究的基础上，启动了新长城——特困大学生自强项目，在各高校建立新长城自强社。自强社社员以家庭经济困难学生为主体（新长城受助学生优先），同时也欢迎富于爱心、热心公益的非受助大学生的加入。

新长城广州大学自强社的宗旨是"传递社会关爱，锻造自强之才"，目的是向同学们传递"自信、自给、自立、自强"的信念，尤其是家庭经济困难的同学。自强社的成立不仅可以更好地帮助学校开展资助工作，帮助家境困难的同学顺利完成学业，而且可以为广大同学提供锻炼平台，帮助其早日成为自强之才，实现人生的理想和目标。（学生处）

2 月 25 日　我校举行建筑与城市规划学院和香港专业人才服务机构合作交流 20 周年庆祝会

2 月 25 日，建筑与城市规划学院在行政西楼二楼会议厅举行学院和香港专业人才服务机构合作交流 20 周年庆祝会。香港专业人才服务机构何守谦等 12 名专家、广州大学副校长禹奇才教授、国际交流与合作处李毅处长、教务处赵建华副处长、建筑与城市规划学院现任班子、董黎教授、张国栋教授、历届校友、学院老师和学生代表约 200 人出席了会议。会议由王琼书记主持。建筑与城市规划学院院长龚兆先教授、香港专业人才服务机构代表何守谦先生、校友代表何志国同学先后作了发言。（张昭）

2 月 28 日　郭培国教授在"生科讲坛"主讲《转基因食品与安全问题》

转基因食品是目前社会上广泛关注的问题之一。转基因物种真的如传说中对人类有害，抑或对我们有益呢？作为生命科学学院的学生，又该以怎样的角度看待这一问题呢？2 月 28 日晚 7 点在生化楼 401 课室，郭培国教授为同学们作出了详细的解答。

郭教授以介绍国内外转基因物种的情况拉开了讲坛的序幕，当今全球转基因食品有很多，而国内更是广泛种植，数量多得难以计数。郭教授指出，如今世界上有许多反对转基因作物的组织，当然，也有不少学者从科学的角度辩证转基因是无害的。对此郭教授展示了许多转基因作物引起的安全性事件的图片，如英国 Pusztai 事件、美国帝王蝶事件等等。其中还有大家熟悉的中国 Bt 抗虫棉事件。可见转基因可能引起生态系统内其他物种的灭绝、甚至威胁我们人类。郭教授进一步告诉我们转基因是否如某些科学家所说的无需担忧还有待考究。但是，转基因问题涉及政治、经济、国家战略以及科学、技术和社会关系等诸多问题。所以转基因问题首先不是科学问题，不应该只是科学家说了算，而应该是全社会都有权提出意见的问题。

最后郭教授意味深远地说，回顾历史，对于科学及其技术发明出来的人类历史上和自然中没有过的新事物，我们首要做的不是欢呼，而更应该是警惕。（生命科学学院学工办）

我们的大学

March 三月

3 月 1 日　黄埔区委领导亲切慰问旅游学院服务于"波罗诞"的志愿者
　　　　　………………………………………………………………… 18

3 月 1 日　"学雷锋模范"赵燕清大校与广州大学师生畅谈雷锋精神 …… 18

3 月 2 日　乔瀚受邀参加团市委"弘扬雷锋精神 践行志愿服务"微博访谈
　　　　　活动 …………………………………………………………… 19

3 月 3 日　计算机科学与教育软件学院协办广东省 2012 年高校 IT 校园专场
　　　　　招聘会 ………………………………………………………… 20

3 月 4 日　音乐舞蹈学院圆梦学雷锋学生志愿服务队在行动 …………… 21

3 月 6 日　学校举行河北科技大学交换生交流分享会 …………………… 21

3 月 6 日　地理科学学院领导师生聚焦 2012 届毕业生工作座谈会 ……… 22

3 月 6 日　传递爱心,从我做起—广州大学学雷锋志愿服务行动月启动
　　　　　仪式 …………………………………………………………… 23

3 月 6 日　土木工程学院举行"弘扬雷锋精神,奉献青春热血"献血活动
　　　　　………………………………………………………………… 24

3 月 7 日　一次活跃而温馨的中日合作生科讲座 …………………………… 24

3 月 9 日　化学化工学院举办"传科研火炬,促新人成长"交流会 ……… 25

3 月 13 日　数学与信息科学学院举办第七期入党积极分子培训 ………… 26

3 月 13 日　Hold 住青春 绽放美丽 第九届女生节开幕 ………………… 26

3 月 13 日　广州大学举行学雷锋绿化校园植树活动 ……………………… 27

3 月 14 日　加强沟通,互通有无—接见美国威斯康星州立大学普拉特维尔
　　　　　分校师生访问团 …………………………………………… 28

3 月 15 日　数学与信息科学学院第四届"美丽方程式"举行 …………… 29

3月17日　学雷锋英语义教进社区 ………………………………………… 29

3月18日　"学雷锋，送孝心"广州大学学生艺术团敬老慰问演出 ……… 30

3月19日　"聚焦声韵点滴，体味语言魅力"——汪磊副院长普通普通话
　　　　　讲座 ……………………………………………………………… 30

3月19日　新闻与传播学院2011级研究生赴广州日报社印务中心参观
　　　　　交流 ……………………………………………………………… 31

3月20日　陈爽副校长出席"高校校园文化建设优秀成果表彰暨研讨会"
　　　　　并作经验发言 …………………………………………………… 32

3月20日　关爱儿童成长、宣扬感恩之情——钟一小学义教活动 ……… 33

3月20日　青春献祖国，永远跟党走 ——"飞扬杯"演讲比赛 ……… 33

3月20日　黄珊博士：牛津留学生活及中英教育比较——记一次生科论坛
　　　　　………………………………………………………………… 34

3月22日　增城裕达隆国际学校学生参观生命科学学院实验室 ……… 35

3月23日　广州医药公司举行招聘宣讲会 ……………………………… 35

3月25日　广州大学第14次召开"何耀光助学金"颁发仪式　67名学子
　　　　　受资助 …………………………………………………………… 36

3月25日　纪念中国共青团成立90周年党团知识竞赛完美落幕 ……… 37

3月25日　"爱鸟周"活动和挂牌仪式在广州动物园成功举办 ……… 37

3月26日　爱心暖公管，春风润人生——春风爱心互助金慰问活动 …… 38

3月26日　"博学笃行的日子"演讲比赛决赛圆满结束 ……………… 38

3月27日　公共管理学院学生入党积极分子培训开班 ………………… 39

3月27日　学雷锋 扬美德——记美化珠江边活动 …………………… 40

3月27日　"从全球视角探索成才之路"专题讲座举行 ……………… 40

3月27日　外国语学院学子陈凯茜获亚洲剑桥商务英语（BEC）演讲大赛
　　　　　中国区半决赛（华南赛区决赛）冠军 ……………………… 41

3月28日　"声声入耳，分分得意"之英语四级讲座 ………………… 42

3月29日　建筑与城市规划学院举行2012年第一场专场招聘会 ……… 42

3月29日　联往系今 欢乐齐聚——记校友与学弟学妹交流会第二场 … 43

3月29日　土木工程学院举行"唱"所欲言歌唱比赛 ………………… 43

3月29日　时尚摄影师周广民开讲：你所不知道的商业摄影 ………… 44

3月30日　地理科学学院颁发"南方数码优创人才奖学金" ………… 45

3月30日　共建地理学人风尚，党员干部承诺先行 …………………… 46

3 月 30 日　"青春广大，梦想飞扬"——广州大学"发现广大之美"

　　　　　　人文学院演讲选拔赛 ……………………………………… 46

3 月 30 日　土木工程学院青协举办林义平志愿者讲座 ……………… 47

3 月 31 日　法学院学生参加海珠区人民法院旁听 …………………… 47

三
月

3月1日　黄埔区委领导亲切慰问旅游学院服务于"波罗诞"的志愿者

3月1日至7日，首届岭南民俗文化节第八届广州民俗文化节暨黄埔"波罗诞"千年庙会在黄埔区南海神庙举行。旅游学院25名志愿者按照"定人定岗、分片负责"的原则参与了庙会志愿服务工作，主要做好秩序维持、景点介绍、道路指引、游客服务等工作。志愿者连续5天奋战在志愿服务第一线，他们坚持"热情有礼，文明友善"，以饱满的热情和细致的服务赢得了群众的声声赞许，展现了旅游学院青年志愿者的良好风貌。"小红帽、黄马甲"们成为庙会上一道亮丽的风景线。

3月1日"波罗诞"开幕式当天，黄埔区区委常委、组织部部长龚伟河，团区委书记杨励等领导到现场看望志愿者们并给予了高度的评价。3月5日是"学雷锋"活动49周年纪念日，也是"波罗诞"正诞，庙会现场的客流量非常大，志愿者的工作强度也随之增加。黄埔区区委书记、区人大常委会主任陈小钢，区委常委、区委办区政府办主任陈建荣一同来到现场看望并慰问志愿者，与志愿者们亲切交谈，并悉心了解志愿者服务活动情况，陈小钢书记细心叮嘱志愿者们注意休息，脚踏实地、再接再厉，以最好的状态做好服务工作，让雷锋精神在黄埔这片热土焕发时代光彩。（刘绍东、陈志明）

黄埔区领导亲切慰问志愿者

3月1日　"学雷锋模范"赵燕清大校与广州大学师生畅谈雷锋精神

2012年3月5日是毛泽东同志等老一辈无产阶级革命家"向雷锋同志学

习"题词 49 周年纪念日。为贯彻落实党的十七届六中全会精神，推动学雷锋活动常态化，大力弘扬雷锋精神，促进社会主义核心价值体系建设，不断提升师生的道德素质和校园文明程度，3 月 1 日，中国人民解放军"学雷锋模范"赵燕清大校应邀到我校作弘扬雷锋精神专题报告，校领导易佐永、赖卫华和 700 多名师生代表参加了报告会。赵燕清大校在报告中，讲述自己 30 多年军旅生涯中的学雷锋经历。生动的故事，深刻的见解引起全场听众强烈共鸣。

易佐永书记为报告会作总结。他说，赵燕清同志的报告非常精彩，用真挚的感情，鲜活的事迹，诠释了全心全意为人民服务的伟大精神，为全校师生上了一堂生动而深刻的思想教育课。为了将学雷锋活动不断推向深入，易佐永书记提出呼吁全校师生踊跃参与学雷锋活动，迅速在全校活动掀起新的高潮，为加快推进国内一流世界知名高等学府的建设步伐，为加快转型升级、建设幸福广东、做出更大贡献，以更加优异的成绩向党的十八大献礼！（林佩雯　陈思如）

3 月 2 日　乔瀚受邀参加团市委"弘扬雷锋精神 践行志愿服务"微博访谈活动

3 月 2 日下午，海军优秀大学生士兵、亚运会志愿者广州大学乔瀚同学应团市委邀请，作为优秀大学生与全国十大杰出志愿者李森、广州市十佳青年赵荣、亚运"微笑姐"吴怡等嘉宾一同参加"弘扬雷锋精神践行志愿服务"微博访谈活动。

此次微访谈系列活动是贯彻落实中央部委关于"弘扬雷锋精神，开展志愿服务"的统一部署，全程与团中央"传承雷锋精神，参与志愿服务"微博访谈活动同步进行。乔瀚同学和几位嘉宾针对"广州作为全国志愿服务发源地该如何创建志愿服务新模式"、"广州的青年应如何发扬雷锋精神"、"如何将践行雷锋精神融入日常生活"等问题与广大网友展开互动，反响热烈，短短一个小时共收到140多位热心网友提问并作出回应。

作为广州大学在校学生，乔瀚同学在访谈中结合自己在祖国海防前哨的特殊经历，阐述了对牺牲与奉献、个人与集体利益关系的深刻理解。他表示，子弟兵脚踏边关、保卫国防所体现出的舍己为人和奉献精神也正是志愿服务的核心所在，他将在接下来的校园生活中继续依托广州大学志愿服务体系，带领身边的同学弘扬和践行新时期雷锋精神，引导广大学子积极投身志愿服务事业。（校团委）

3月3日　计算机科学与教育软件学院协办广东省2012年高校IT校园专场招聘会

3月3日上午，广东省2012年高校IT校园专场招聘会在广东工业大学举行，广州大学计算机科学与教育软件学院为协办单位之一，并组织2012届毕业生参加了此次招聘会。本次招聘会由广东省计算机学会、广州计算机学会、广州互联网协会主办，广东工业大学就业指导中心、广东工业大学计算机学院承办，百才招聘网、广东站长俱乐部、广东省现代信息服务行业协会、广东省卫星应用协会以及华工、中大、华师大、暨大、华农大、广州大学、广外、广技师、广商、广药等院校的计算机学院、软件学院、信息学院协办，并邀请了广州地区有影响力的近150家IT企业赴会摆摊招聘人才，其中不乏在业内有影响的知名企业。

招聘会吸引了广州地区各高校上千学生去现场应聘。会场人头攒动，但又秩序井然。计算机学院组织了本院尚未落实签约单位的毕业生学生前往参加，希望这些学生能够在这场IT专场招聘会中找到自己心仪的"婆家"。（计算机科学与教育软件学院学工办）

3月4日　音乐舞蹈学院圆梦学雷锋学生志愿服务队在行动

2012年3月4日我院圆梦学雷锋学生志愿服务队10级舞蹈班小分队，秉承着为弘扬雷锋精神作出自己一份力量的理念，来到了海珠区华洲敬老院。大家集资为老人买了水果、甜点和一些必需的生活用品，帮忙打扫庭院和宿舍，帮老人擦身，搀扶老人到院子里休息，并送上准备好的水果，为老人们表演文艺节目，与他们互动，教他们开展些力所能及的活动。

通过这次活动，学生们懂得了时光与青春的珍贵，体会到感恩与付出的重要。他们立志要坚持这样的行动，将雷锋精神发扬光大。（音乐舞蹈学院学工办）

3月6日　学校举行河北科技大学交换生交流分享会

3月6日下午，广州大学在图书馆副楼一楼讲学厅举行了河北科技大学交换生交流分享会。学生处、教务处相关负责人，化学化工、美术与设计、环境科学与工程、物理与电子工程、音乐舞蹈、数学与信息科学、土木工程、计算机科学与教育软件学院等8个学院的师生代表，双方的交换生参加了分享会。我校派往河北科技大学的7位同学及河北科技大学派往我校的3名学生代表分享了做交换生的经历和收获。

　　交换生纷纷认为，交换生经历让他们获益匪浅，不虚此行。让他们体验到了不一样的校园生活以及不一样的地域文化，认识到新的同学朋友。他们认为，这对于个人的成长是一次很好的历练，同时，交换生衷心地希望广州大学和河北科技大学的交换生合作项目能越走越远，继续发扬光大。

交换生向在场人员分享他们的收获

3月6日　地理科学学院领导师生聚焦2012届毕业生工作座谈会

　　2012年3月6日下午2点，地理科学院2012届毕业生工作会议顺利召开。学院领导党委书记林媚珍、副书记刘向晖、学工办主任刘晓亮、各系系主任、08级班主任出席了本次大会，与毕业班班长及就业信息小组组长进行了深入的探讨交流。

　　各班班长围绕"就

毕业生座谈会现场

业动态、就业困难及建议意见"三个方面作整体就业情况汇报，让学院领导老师对目前毕业生的就业心态、困难及期望有了更多的了解。其后以分班座谈的形式开展，各系主任、班主任深入班级，针对学生应聘中遇到的各种情况进行分析指导，力求最大程度地帮助同学解决就业困难，达到"有问题，大家一起来解决"目的。

通过此次会议，学院对毕业生的就业现况作了更具体地指导，更好地帮助 12 届的同学顺利毕业，找到适合自己的工作，在职场中再创佳绩。（刘晓亮）

3月6日　传递爱心，从我做起——广州大学学雷锋志愿服务行动月启动仪式

歌颂雷锋事迹，传承雷锋精神，3月6日下午两点，广州大学"我志愿，我幸福"学雷锋志愿服务行动月启动仪式在图书馆广场隆重举行。我校党委书记易佐永、副书记赖卫华等出席了本次启动仪式。

学雷锋志愿服务启动仪式现场

在嘹亮的歌声中，易佐永书记为我校各个学院的"学雷锋志愿服务队"代表颁授队旗。随后，赖卫华副书记和"法律援助进社区志愿服务队"的代表沈斯文的一番激昂演讲，把学雷锋的热情推至最高潮。赖书记表示，雷锋精神是我们时代的一面旗帜、一杆标杆，深入开展学雷锋活动，是新时期加强社会主义精神文明建设的重要任务。深刻理解和学习雷锋精神的时代内涵、大力培养和树立学雷锋的先进典范、将弘扬雷锋精神与志愿服务常态化和机制化。她还鼓励我校青年志愿者将学雷锋与志愿服务活动结合起来，携手共进，激扬青春，奉献真情。

仪式结束后，易佐永、赖卫华等来到正在进行的"弘扬雷锋精神，奉献

青春热血"献血活动现场，询问献血活动的开展情况，亲切慰问献血同学，对同学们积极参与献血活动表示赞赏。（校团委）

3月6日　土木工程学院举行"弘扬雷锋精神，奉献青春热血"献血活动

　　每年的3月为雷锋月，3月6日，土木工程学院组织了"弘扬雷锋精神 奉献青春热血"献血活动。同学们积极参与，争当活雷锋。通过本次活动，同学们了解学习并发扬雷锋精神，让爱温暖人间。

3月7日　一次活跃而温馨的中日合作生科讲座

　　3月7日，吴毅书记与日本专家本川雅治博士在生化楼401举行了一次以"国际合作与外语学习漫谈"为主题的生科讲座，本次讲座吸引了学生踊跃参与，除了生命科学学院的本科生外，还有很多研究生到场参与。讲座开始，首先由吴毅书记向同学们展示了他在野外调查获取的的珍贵视频资料以及相关图片，然后，本川博士用一口流利的汉语向同学们介绍了他在野外调查的相关情况。因为我国与日本、韩国等亚洲国家生物学专家们有着多年合作的经历和诸多合作科研项目，所以，在展示中不时可以看到吴毅书记与外国

专家进行多方科研合作时的和谐交流画面、及取得的相应的研究成果，使在场的学子们受到了很大的感染和激励。当讲座进行到提问环节时，许多同学都趁着这个难得的机会，踊跃地向本川博士提问、请教，而且还有同学用日语向本川博士提问，本川博士则耐心、细致地与同学们互动交流，在他侃侃而谈的过程中，使讲坛气氛更加活跃而温馨，并使同学们感到一种全新的收获和触动。（生命科学学院学工办）

3月9日 化学化工学院举办"传科研火炬，促新人成长"交流会

3月9日晚化学化工学院科研交流会在文新206科研交流会顺利进行。此次活动主要目的是让大一大二的学生了解科研，积极参加科研。王正平教授以及科研经验丰富的大三学生陈文斌、谢梅莹、陈太龙出席此次交流会。

首先发言是王正平教授，他主要是系统阐述了科研的好处，加深对本学科的认识。王教授的话风趣幽默实在，时不时搏得一阵阵掌声。陈文斌同学则主要讲述了自己参加科研的经验。林梅莹同学则更多的是鼓励大家只要有兴趣有责任心，都是可以搞科研的。

现场答疑环节更是将交流会推到了高潮。提问的人络绎不绝，现场气氛相当活跃。经过一番精彩的答疑之后，交流会也在主持人的谢幕词中落幕。

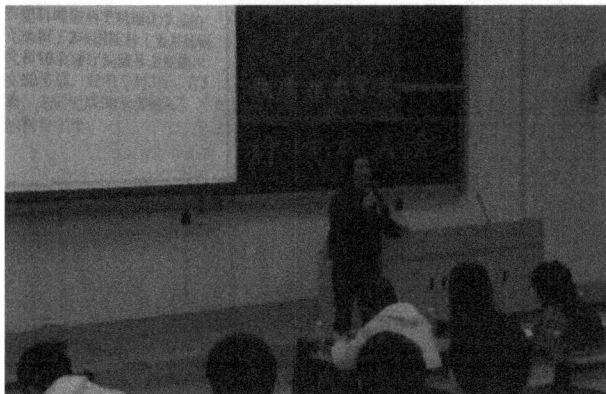

3月13日 数学与信息科学学院举办第七期入党积极分子培训

3月13日，数学与信息科学学院第七期入党积极分子培训正式开班。本次培训邀请了学院党委何建勋书记、学生处林雪松副处长等为入党积极分子进行培训，培训内容包括"端正入党动机及党的基本知识"、"中华传统文化与大学生党员修养"、"历史的选择——马克思主义来到中国"等。

值得一提的是，本次培训还邀请了学院关心下一代工作委员会林汉杰、胡邦宁两位老师与入党积极分子一起参观黄埔军校，并为入党积极分子作"黄埔精神与我的入党路"的经验交流。两位老师首先回忆了自己的入党历程，并给同学们介绍了当年中国共产党革命先烈们的先进事迹，同时寄语莘莘学子，要以革命先烈为榜样，提高思想认识，认真学好专业本领，争取早日加入中国共产党。（高菲）

3月13日 Hold住青春 绽放美丽 第九届女生节开幕

广州大学一年一度的女生盛会——女生节于3月13日下午在红棉路火热开幕。由广州大学学生会与广州大学学生妇女委员会主办的女生节今年以"Hold住青春，绽放美丽"为主题，将举行持续一周的系列庆祝活动。

在校学生会主席团、妇委会成员及各学院女生代表的见证下，校学生会主席彭星源宣布第九届女生节开幕，并切开巨型蛋糕以表祝贺。而开幕式中令人震撼的双截棍、跆拳道表演频频引起观众的掌声，引起了当天现场的第一个小高潮。"缤纷校园行"大型游园活动随即展开。游园会中囊括了各学院承办的各种特色活动。除了许愿墙这一传统项目大受欢迎之外，地理学院推出的"时光穿梭机"等也吸引了众多女生的目光。

开幕式

正在游园会进行得如火如荼时，本次女生节负责人、校学生会女生部部长卢燕翔很满意地向记者表示，本届女生节的现场很温馨，同学们都十分积极地参与到活动当中去了，同时她也希望第十届女生节活动能够更精彩更创新。据悉，本届女生节至3月20日结束。在女生节期间，还将举行"女生节"节徽设计大赛、优秀女学生交流座谈会、"淑女大讲堂"与义务维修等各类关爱女生的活动。（高珊）

3月13日 广州大学举行学雷锋绿化校园植树活动

春雨润物细无声，春风轻拂送新绿。3月13日，我校"学雷锋绿化校园植树"活动在体育馆旁的绿地上举行。校领导易佐永、庾建设、赖卫华、禹奇才、陈永亨、陈少梅等和师生们参加了活动，为校园增添一抹新绿。

"根深才能叶茂！"在植树活动中，易佐永书记一边挥着铲，一边殷切地对记者说。"不管是做人还是做事，都要扎扎实实，脚踏实地。基础打好了，根扎深了，才能更好地享受高处的阳光。"易书记的话语透露着对广大学子的深切期望。"十年树木，百年树人。学校作为培育人才的土壤，一定会积极提供养料，哺育树苗长成参天

大树。"（陈心瑶）

3月14日　加强沟通，互通有无——接见美国威斯康星州立大学普拉特维尔分校师生访问团

　　3月14日下午一时至三时，由商学院各班推选出的英语精英与外国语学院的学生代表在图书馆副楼108会见了共23位从美国远道而来的威斯康星州立大学普拉特维尔分校师生访问团。

　　该访问团由教师1人，学生22人组成，此次游学访华的主题是"中国商务实践与文化"。访问时间从3月9日到3月24日，前后共16天，目的是让该校的学生加深对中国经济快速发展的理解，而广州是该校访问团游历的第二站。自2004年以来，威斯康星州立大学已八次组织师生代表团前往我校进行交流访问，与我校结下深厚友谊。在广州大学国际交流工作办与威斯康星州立大学的老师各自作简要的介绍之后，两校师生代表自由分组会话交流，现场立刻进入了热烈的讨论氛围，气氛极为友好融洽。虽然存在些许语言障碍，但同学们与外宾们交流甚广，彼此谈学习、聊生活，通过谈话开阔视野，探讨异国校园文化。随后学子还尽地主之谊，带领外宾们参观校园，加强其对广州大学校园文化的认识。

　　通过接受采访，同学们表示，这次的交流活动不仅锻炼了自身英语口语能力，加深对外国学府的

交流甚广，相处融洽

见闻，同时还收获了千里之外的友谊，希望往后学校能够提供更多机会参加同类活动。

3月15日　数学与信息科学学院第四届"美丽方程式"举行

3月15日晚7点，广州大学数学与信息科学学院在讲学厅隆重举办了主题为"陌上花开，次第绽放"的第四届"美丽方程式"晚会，拉开了第四届数学与信息科学学院女生节帷幕。"美丽方程式"为数学与信息科学学院女生节的例牌活动，以女生节为契机，为学生提供了一个展现风采、展示才艺的平台，使学生在参与中获得自信，在娱乐中获得教育。整台晚会，灯光下、舞台上，各个队伍使出浑身解数。本次晚会以男女搭配可爱三连拍为亮点，结合时装秀和各班精彩表演，让女生们过了一个精彩难忘的女生节。（杜亚辉）

3月17日　学雷锋英语义教进社区

广州大学外国语学院于3月17日组织学生到金花街社区进行了英语义教活动，此次活动结合植树节主题的契机开展。本次义教活动，学生们除了常规的讲课教学，还充分结合专业知识和实践精神，定期和社区的中小学生们举行课外实践活动，比如万圣节晚会、西餐烹饪、圣诞舞会等。把课堂和实践结合一起，受到了学生们的一致欢迎和好评。课上，志愿者们不仅教授了小朋友们一些与植树节相关的英语单词还让他们树立了爱护树木的意识，还与小朋友们一起开展动手剪纸与种花的系列活动，小朋友们的动手能力在活动中得到很好得提高。

这次义教活动充分展现了"我志愿　我幸福"的学雷锋精神，同时也让外国语学院学生的优良品质得到继承和发展。据悉，这是外国语学院在继和荔湾区金花街街道办社区暑期实践合作后，再一次与金

花街家庭服务中心合作开展的又一次志愿服务活动。活动主旨在于给学生提供更多的实践平台，也更好地让学生们为社会基层群众服务。（李黎）

3月18日 "学雷锋，送孝心"广州大学学生艺术团敬老慰问演出

在学习雷锋月里，为了践行雷锋同志的精神，广州大学学生会文娱部与合唱团、管乐团、舞蹈团以及模特队的同学代表校团委一同从广大出发来到白云区的寿星大厦敬老院，为老人们准备了一场精彩的演出。

从布场到正式演出再到活动结束，无论是工作人员或是表演者，都一直保持着积极昂扬的精神状态。当天除了有我校艺术团同学的表演外，这里的老人也为这次的活动准备了几个精彩纷呈的节目。从劲歌热舞到一个人分饰两角的粤剧唱腔，简直把现场的气氛带到了最高点。在问答环节中台下的这些观众们也是非常的热情，完全把他们的活力都展现了出来。

经过这一次的活动，同学们都加深了对雷锋精神的理解，付出了汗水，也收获了笑容。（校团委）

3月19日 "聚焦声韵点滴，体味语言魅力"——汪磊副院长普通话讲座

3月19日晚上7点，汪磊副院长在图书馆讲学厅为同学们主讲了一场关于普通话考试注意事项的讲座。

讲座开始后，汪磊副院长向同学们介绍了普通话考试的组成部分，分别是读单音节词、读多音节词语、朗读作品、以及说话。他强调，无论在哪一部分，考生必须要做到"速度适中、声音洪亮、

普通话讲座在讲学厅隆重举行

吐字清楚、调值到位"这十二字口诀。考试过程中，考生如果遇到不认识的字，可以放弃，以免为了小分而丢了大分。而在考试的前 10 分钟准备时间内，考生可以在拿到试题后，快速查阅生字生词。除此之外，还要特别注意作品提示，迅速理清说话思路，保持平静自信的心态。

汪磊副院长还说到，由于这次普通话考试是机考，所以考试的标准可能会比以往更高，因此同学们必须多说多练。

3 月 19 日　新闻与传播学院 2011 级研究生赴广州日报社印务中心参观交流

3 月 19 日下午，新闻与传播学院 9 名 2011 级研究生在王首程教授的带领下，前往广州日报社印务中心、大洋网运营中心参观，并与大洋网总裁李名智等负责人进行了微博专题交流。

在大洋网总裁李名智先生的指引和介绍下，王教授和同学们参观了印刷博览馆、印刷生产车间，比较细致地了解到一份报纸从排版到成品的生产流程。在大洋网总部，王教授和同学们还参观了大洋网办公室、演播厅、新闻中心、数据监控中心等工作部门。

参观完毕后，王教授和同学们与大洋网总裁李名智等管理人员进行了微博专题交流。李名智先生首先介绍了大洋网目前的运营状况，副总监刘芳就广州日报官网微博、大洋网官方微博的管理及运营情况向大家做了介绍。随后，9 位研究生以"每人一问"的形式就微博话题与李总、刘总监进行深入探讨。对于大家提出的疑

王首程教授（前排左三）和研究生们与大洋网总裁李名智（前排左四）、副总监刘芳（前排右二）合影留念

问，大洋网负责人均一一给出了解答。同学们表示这次交流使得他们真切地体会到了新闻生产的过程，同时也与媒体人员形成了互动，对今后的学习和

研究都将起到促进作用。大洋网总裁李名智先生表示，欢迎广州大学新闻学院研究生来此参观交流，他希望能够共同研究探讨有关媒体中的一些话题，实现共赢。（新闻与传播学院学工办）

3月20日　陈爽副校长出席"高校校园文化建设优秀成果表彰暨研讨会"并作经验发言

3月20日，由教育部主办召开的全国"高校校园文化建设优秀成果表彰暨专题工作研讨会"在北京举行。广州大学作为2011全国高校校园文化建设优秀成果特等奖10个获奖高校中唯一的地方性学校，副校长陈爽代表学校出席了会议领奖并在会上作经验交流。

陈爽在发言中说，广州大学以中华经典诵读为抓手，不仅开展形式多种多样、内容丰富多彩的经典诵读活动；还组织编写出版了《中华经典诵读选本》；纳入了人才培养第二课堂必修学分；研发了一个计算机考试平台；承担了中华诵经典诵写讲工作研讨会、第五届中华诵经典教育论坛及国家语委科研规划重大项目，开展了广泛深入的学术研究与校内校外的推广工作，大力承载、传播中华优秀传统文化，有效促进了校园文化建设，这不仅符合大学的办学使命，滋养了师生的大学精神，满足了大学生人生规划发展的长远需求，更响应了党十七大报告中的弘扬中华文化，建设中华民族共有精神家园的要求。

陈爽说，作为首批"中华经典诵读示范高校"、"中华诵经典诵读行动"特别贡献奖获得者，为了让优秀的民族文化渗透到学生思想之中，培养更多具备民族文化品格的大学生，广州大学会坚持将中华经典诵读活动越办越好。（供稿：学生处
编辑：林雪漫）

教育部思政司杨振斌司长给我校颁发获奖证书与奖杯

3月20日　关爱儿童成长、宣扬感恩之情——钟一小学义教活动

2012年3月20日，教育学院红会组织会员赴番禺区钟村钟一小学开展义教活动。本次活动旨在弘扬红会博爱精神，关心儿童的成长，宣扬感恩之情。

义教过程中，会员们用精美的课件向学生们展现了丰富多彩的教学内容，课堂的气氛活跃，学生们响应积极。校长对这次义教的主题给予了充分肯定。本次义教活动不仅能充分发挥我院学生的专业特长，取得了一次实践教学机会，也让会员们深刻体会奉献的快乐。活动受到钟一小学校长的充分肯定。

3月20日　青春献祖国，永远跟党走——"飞扬杯"演讲比赛

"飞扬杯"演讲比赛是广州大学商学院的一项很有意义的活动，这次是第四届。在交流部所有成员的努力下，经过长时间的准备，比赛终于在3月初在广州大学桂花岗校区拉开序幕，经过半个月时间的火热对决，最终在3月20日下午决出八名获胜者。这次比赛总共分成初赛和复赛，在初赛当中选出12名选手进入决赛。然后再在12名选手当中选出优秀的8名选手为获奖人员。比赛过程中选手们的激情都在比赛当中表现得淋漓尽致。

本次飞扬杯比赛旨在提升同学们对团的认识以及对建团九十周年的回望，从对共青团在共产党的带领下走过了九十周年和这个过程当中付出多少人的心血的回顾中，提高当代大学生对共青团的认识，发扬团的精神。

飞扬杯演讲比赛圆满结束

3月20日　黄珊博士：牛津留学生活及中英教育比较
——记一次生科论坛

在闻名世界的英国牛津大学的留学生活是什么样子的？中英双方的教育又有何不同？——3月20日下午2点在文清321，现留学于英国牛津大学的教育博士、布里斯托大学教育硕士黄珊——为现场的30余名学子解开谜团。

黄珊博士以自己的求学历程为线索开始了这一次的生科讲坛内容。讲坛上，黄珊博士围绕学子们渴望知晓的——诸如牛津大学的学习环境、宿舍生活、奖学金、课堂教学和如何做兼职等方面，讲述了她多彩的留学生活，也简练而深刻地比较和剖析了中英教育的差异，并举了很多生动的例子，如上课形式的不同，英国是鼓励学生发言并积极讨论，而中国课堂的主角则是老师。此外，还有关于博士

选题要与导师配合等值得注意的一些问题，使学子们对中英教育的差异有了比较清晰的认识和理解。同时，互动环节使讲坛的气氛更为活跃。通过学子们提问和黄珊博士认真的解答，使学子们知道应该如何申请留学的学校、留学的学费及生活费大概多少等等，从而更加细致地了解了到英国留学的相关事宜。

3月22日　增城裕达隆国际学校学生参观生命科学学院实验室

3月22日下午1：30—2：30，增城裕达隆国际学校中学部老师和高二高三约30名外国学生参观了我院实验室。学院安排相关人员用英语给他们讲解所做的研究。

首先，他们来到田长恩院长的基因芯片实验室，由讲解员张艺能带领参观并用英语进行讲解交流。讲到精彩处，学生时不时发出"Oh，it's cool！"的赞叹，特别是对那些实验器材的使用方法和作用的讲解。然后一行人来到二楼抗逆室，由郭培国院长的博士意大利研究生 Leonardo Carfi 进行讲解，就 PCR 技术与学生进行了交流沟通。精彩讲解后，又行至标本室，讲解员杨智聪早已等候在那里准备为大家讲解。标本室外，他首先带领学生们做了一些与标本相关的问题抢答游戏，学生们都饶有兴趣的举手抢答。随后，进入标本室参观浸制标本，面对如此逼真形象的标本，学生们都赞不绝口，并兴奋的问："Is it real？"，又提出很多有趣的问题。讲解员杨智聪都一一给予讲解，学生们感到很满足，收获甚多。

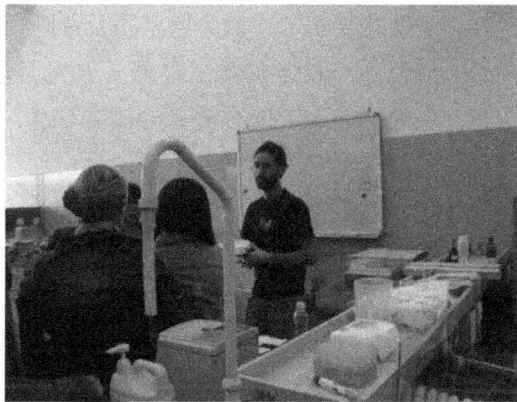

3月23日　广州医药公司举行招聘宣讲会

3月23日10：30，计算机科学与教育软件学院毕业生就业合作伙伴广州医药公司的代表在行政西前座 426 室举行了一场别开生面的招聘宣讲会，学院李洪波副书记代表学院热情接待了招聘单位代表并作了发言，08 级 20 多人到场聆听并就所关心问题与公司代表进行了坦诚交流。

3 月 25 日　广州大学第 14 次召开"何耀光助学金"颁发仪式 67 名学子受资助

3 月 25 日下午，广州大学举行 2012 年"何耀光助学金"颁发仪式。秉承何耀光老先生"慈善为怀，关心教育"的遗志，在薪火相传的第十四个年头中，何氏家族以 12 万港币资助了我校 67 名家庭困难的优秀学子。何氏家族代表、香港中华总商会永远荣誉会长、香港福利集团有限公司董事长、何耀光先生长子何世柱，校党委副书记赖卫华，副校长陈爽等出席了颁发仪式。本次何氏家族资助我校的 12 万港元助学金分成一、二、三等奖，分别为 3000 元、1500 元、1000 元，由我校各年级各学院的符合条件的 67 名学子获得。

何世柱先生表示"教育紧密联系着国家的强盛"，故十分庆幸能够给广大学子予以帮助，并强调会一直秉承着先父热心公益教育、传递爱心的传统，尽自己最大的能力帮助有需要的困难学生。此后，受助的学生代表向何世柱献花、赖卫华则向其赠以书画纪念品。何氏家族成员同我校领导与受助学生一起合影留念后，何世柱先生携何氏家族成员在我校的名人林共同种植"何耀光助学金纪念树"，希望把他们的爱心深深植于广大学子的心中。（学生处）

领导、嘉宾和所有受助学生合影

何氏家族成员在我校的名人林共同种植"何耀光助学金纪念树"

3月25日　纪念中国共青团成立90周年党团知识竞赛完美落幕

3月25日，人文学院党团知识竞赛决赛在雄伟的国歌声中拉开帷幕。参与本次比赛的嘉宾有团委书记冯建生、院团委副书记陈楠楠、院学生会主席江家铭、副主席张立、张彦睿，各学院的团委副书记和组织部部长，以及人文学院的同学代表。此次活动加深了同学们对党团知识的理解，促使同学们在以后的学习生活中践行雷锋精神，争做时代先锋。
（人文学院学工办）

党团知识竞赛决赛现场

3月25日　"爱鸟周"活动和挂牌仪式在广州动物园成功举办

3月25日，生命科学学院在广州动物园与其联合举办"爱鸟周"活动，并于11：00举行了挂牌仪式。庾建设校长、田长恩院长、胡位荣副院长及吴毅书记参加了仪式。校长及学院领导同动物园园长进行恳切交谈。学院领导感谢园长为我校提供人才培养基地，园长也感谢院领导为动物园注入新的活力。庾建设校长与园长共同揭下罩着写有"广州大学实习基地"牌子的红纱，以示友好合作关系。最后校长、学院领导同

园长合影留念，并共同游览动物园。这次"爱鸟周"活动和挂牌仪式的成功举办，对我院学雷锋精神的弘扬和人才培养有着重大意义。

3月26日　爱心暖公管，春风润人生——春风爱心互助金慰问活动

3月26日下午，以"爱心暖公管，春风润人生"为主题的2012春风爱心互助金慰问活动在文逸楼A1-509举行。活动伊始，公共管理学院陈潭院长派发台灯，笔记本等学习用品，表达了学院对家庭经济困难学生的关心与支持。本次活动不仅体现了学院院领导和老师对家庭经济困难学生的关心和慰问，还增强了这些学生对学院的认同。通过这样关爱活动，这些暂时家庭经济有困难的学生能感受到学院的温暖，能够更加努力地学习，增强他们的社会责任感，将来能更好地回馈社会，回报国家。（付艳）

3月26日　"博学笃行的日子"演讲比赛决赛圆满结束

生命科学学院"博学笃行的日子"演讲比赛决赛于3月26日在图书馆讲学厅隆重举行。作为校训，"博学笃行"这四个字是我们每个广大学子都应该铭记在心的。"博学笃行"出自于《礼记·中庸》中的一句话："博学之，审问之，慎思之，明辨之，笃行之。"以"博学笃行"为校训，并非只取"博学"和"笃行"四字，而是包括"审问、慎思、明辨"在内的，由"博学"而"笃行"的内在统一、相联互动的过程。这是广大学子都应该去追求的东西，也是举办这次演讲比赛的意义所在。

通过这次比赛，使同学们对广大的校训有了更深的理解，相信在未来的日子里，大家都会"博学笃行，与时俱进"，做优秀的广大学子。

3月27日　公共管理学院学生入党积极分子培训开班

公共管理学院第八期入党积极分子培训班开班仪式于3月27日在文新106隆重举行，此次仪式成为学院培养优秀党员的又一个新起点。

学院分党校增设了党务文秘部、党务学习部、党务组织部、党务宣传部和党务纪检部五部门专门负责党校的各项培训事务。此外，以自愿为原则在各班建立党课学习小组，以此推广学习和宣传党的有关知识和精神，进一步推进学院的党务工作。开班仪式结束后，由学院院长陈潭教授作党课培训班专题讲座，围绕"为人、

求学、成才"三个方面展开论述，强调求学应求实学，为人应为有涵养、讲团结之人，成才应成社会有用之才。（甘健强）

3月27日　学雷锋　扬美德 —— 记美化珠江边活动

　　3月27日下午，为了积极响应广州市政府的提升亚运城市的整体水平和环境质量，美化珠江及城市形象维护的倡导，广州大学旅游学院青年志愿者协会发扬雷锋精神，组织了23名志愿者参与美化珠江边的活动。

　　到达活动地点，带队人就迅速分配好每组的清洁区域，并给每组分发3－4个垃圾袋。美化珠江边活动正式开始，每个小组拿着黑塑料袋在已分配好的区域仔细寻找着清除对象，积极展开清洁活动。

　　"学习雷锋好榜样"这一标语通过这次活动在青协人的身上更好地体现出来了，更好地学习雷锋精神。这次活动使同学们认识到保护环境的重要性，从而养成爱护环境、不乱扔垃圾的好习惯，更希望有更多的当代大学生能从小事做起，参与到雷锋月的互帮互助中，继承雷锋精神，共同构造美丽珠江，构造文明广州。（旅游学院学工办）

志愿者们在行动

3月27日　"从全球视角探索成才之路" 专题讲座举行

　　3月27日，外国语学院开展的题为 "A global perspective：Academic Development" 的讲座在文清楼221室如期开始。Dr. Ray Wallance、Ms. Kaite 和 Jean

Wang 应邀出席。外国语学院长肖坤学教授，团委书记李黎老师和肖铁墙教授也出席了此次讲座。

肖院长以近代全球交流学习的趋势为切入点简明扼要地阐述了对外交流学习的重要性，为本次讲座的开展拉开了序幕。Jean Wang 围绕"changes"一词指出了独立思考对独特人生所起的作用。Dr. Ray Wallace 也鼓励同学们应努力提高自己的所需技能。而 Ms. Kaite 向同学们简介了留学环境。整个讲座气氛轻松活跃。

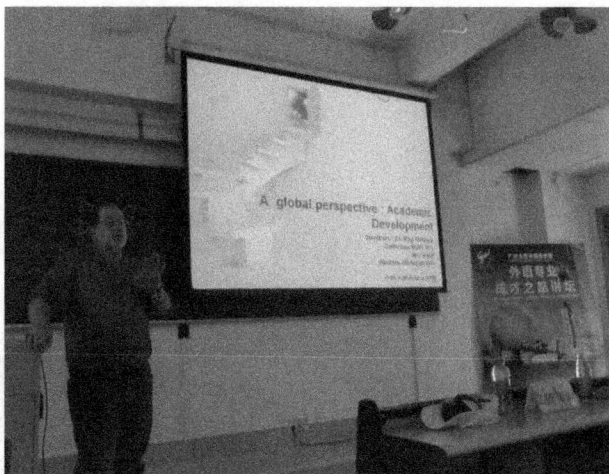

Dr. Ray Wallace 发言

此次讲座不仅使同学们对中外教学差异有了进一步的了解，而且使他们认识到开阔视野的重要性并学会从全球视角探索自身的成才之路。（詹晓云）

3月27日 外国语学院学子陈凯茜获亚洲剑桥商务英语（BEC）演讲大赛——中国区半决赛（华南赛区决赛）冠军

3月27日，由剑桥大学外语考试部和中国教育部考试中心联合举办"2011 - 2012 剑桥商务英语（BEC）演讲大赛中国区半决赛（华南赛区决赛）"在暨南大学圆满落幕。广州大学外国语学院 2009 级陈凯茜同学荣获冠军，并成功晋级中国总决赛，实现了我校参加此项比赛以来的获奖零突破，创下佳绩。

在比赛的已备演讲、即兴演讲和现场提问三部分，陈凯茜用流利的口语、敏捷的反应及精湛的演讲技巧征服了评委和观众，最终在众多优秀选手中脱颖而出。陈凯茜除获得大赛奖品、奖状外，还将获得由世界上四大会计师事务所之一的毕马威中国（KPMG）公司提供的 2012 年暑假和 2013 年寒假期间实习岗位。

该项比赛旨在为全国各地的 BEC 学习者提供一个互相交流、学习的平台，优胜选手还将有机会代表中国与亚洲其它地区的英语学习者竞赛。（廖旺星 袁晓燕）

3月28日 "声声入耳，分分得意"之英语四级讲座

3月28日，人文学院与土木工程学院联手为同学们举办了一场关于英语四级考试应试技巧的讲座。我们有幸邀请到外国语学院副院长徐歆玉教授为大家主讲。

讲座开始后，徐歆玉教授先整体地为同学们剖析英语四级考试卷。同时，还重点分析了每部分的做题技巧。其中，讲到作文时，他特别强调同学们要多用高级句子，积累好高级词汇，而且要避免重复使用同一短语。最后，徐歆玉教授提醒大家要尽快进入英语四级的备考状态，多练习自己薄弱的部分，背好单词，以准备充足的状态迎接英语四级考试。讲座结束后，同学们获益匪浅。

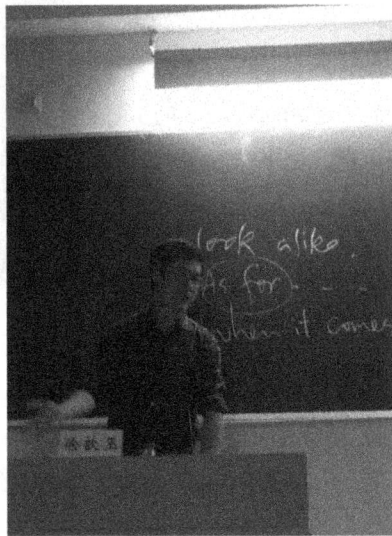
徐歆玉老师给同学们讲解四级考试的技巧

3月29日 建筑与城市规划学院举行2012年第一场专场招聘会

3月29日上午在理工北1楼大厅，建筑与城市规划学院举行2012年第一场专场招聘会。金中天集团、美的地产发展集团、广东省建筑设计院等16家企业参加了招聘会。建筑与城市规划学院及广州地区兄弟院校相关专业毕业生参加了招聘会。学校招就处领导、学院领导也来到现场视察指导。

3月29日 联往系今 欢乐齐聚——记校友与学弟学妹交流会第二场

3月29日，旅游学院校友与学弟学妹交流会（第二场）在文新楼406室举行。为使在校学弟学妹更充分地了解到本专业的相关信息，学院邀请郑云开、张祖瑞、黄健乐、王学熹四位往届校友返校参加交流，主讲为会展、物业及高尔夫方向。当晚的交流活动集聚了200多名大一至大四的师弟师妹参加。学院团委书记陈志明出席了此次交流会。

交流会上，四位校友依次进行自我介绍，讲述自己工作后的种种感受及目前的工作状况，分享了各自在大学期间学习生活等各方面的感受。在访谈环节，学弟学妹积极向四名优秀校友提问。四名校友们也就同学的提问根据自己的亲身经历回答同学们的问题，谈到了对目前自身就业情况，行业所需人才，如何提高自身等的

交流会现场

想法。校友也在会上谈到了自己的家庭，恋爱问题，校友与师弟师妹积极互动，笑声此起彼伏，全场气氛融合又热烈。

据悉，四名优秀校友分别是是2006届校友张祖瑞，现担任广东高尔夫频道有限公司新媒体部主编；2009届校友郑云开，现担任中海物业管理有限公司东山广场分公司客户主任；2011届校友黄健乐，现担任惟英网项目经理；2010届校友王学熹，现担任南丰国际会展中心展览部展览助理。（江颖桥）

3月29日 土木工程学院举行"唱"所欲言歌唱比赛

土木工程学院学生会在学生活动中心举行了主题为"唱"所欲言的歌唱

比赛总决赛。初赛和决赛分别于 3 月 6 日和 3 月 18 日举行，10 位选手从众多参赛选手中脱颖而出，进入总决赛。总决赛共分为 3 个环节：自选歌曲、选手与观众互动和自行选取搭档组合演唱。各选手均不负众望，发挥出选手们自己应有的水平。

3 月 29 日　时尚摄影师周广民开讲：你所不知道的商业摄影

3 月 29 日晚 7 点至 9 点，亚洲知名摄影师周广民（Kevin Zhou）应广州大学广告协会邀请，在广州大学图书馆讲学厅奉献了一场别具趣味的专题摄影讲座。这次讲座以《时尚·映像制造——步入商业摄影师的轨迹》为主题，吸引了广州大学各学院学生、其他高校学生以及业内同行等 300 余人前来参加。

讲座结束后，本身也是从广州大学毕业的周广民先生感叹今晚听讲座的同学很活跃，很好学，希望自己分享的一些社会经历，能让学生更早的接触社会的东西。11 广告班的刘乐闻同学告诉记者，这种形式的讲座很有意义，周广民前辈的经验之谈以及他强调的"职业道德"给人以思考。（新闻与传播学院学工办）

周广民先生用包包作为例子讲述产品拍摄的经验

3月30日　地理科学学院颁发"南方数码优创人才奖学金"

3月30日下午4时，"南方数码优创人才奖学金"颁发仪式在地理科学学院举行。广东南方数码科技有限公司总经理谢刚生教授、学校党委组织部曾演期副部长、广州大学地理科学学院院长吴志峰、党委书记林媚珍等领导老师以及学生代表参加颁发仪式。

创新奖获得者学生代表08级钟世锦发表感言，除了吐露激动之情和对学院栽培的感激以外，还坦言，自己作为受益者，自当传承这份社会责任感和反哺社会的精神。吴志峰院长讲述了这项奖学金是通过学院和公司的共同努力，专为地理科学学院地理信息专业设立的。他表示在校学生应该努力学习专业知识，趁着校企合作所提供的科研、实习环境，感受企业文化和学院文化熏陶，做到服务于行业，服务于产业，最后服务于国家，成为一个真正高素质的现代人才。其后，谢刚生总经理就同学们的提问一一解答，并表示企业不同于科研机构，最需要的人才是实干家，所以同学们在学校的学习同时，还需要注重实践，在实践中发现真理，才能在行业里开创未来。公司愿意为此成为学生坚强的后盾，提供科研、实习、就业等平台。

地理学院将继续密切联系相关企业和机构，一如既往地坚持不断为学生争取更好的学习和实习环境，为学生创造更加美好的未来！（刘向晖　徐一）

颁奖仪式现场

3月30日　共建地理学人风尚，党员干部承诺先行

地理科学学院率先响应学校创建"优良学风班"、"宿舍文化建设"的等文件精神，具体落实并高质量开展"创建优良学风班"、"大学生涯规划"以及"宿舍文明创建"等活动。3月30日晚，地理科学学院召开全院学生党员和干部扩大会议，院长吴志峰、党委书记林媚珍、党委副书记刘向晖以及学工办老师出席会议。

院长颁行十二字院风

本次大会强调"五个带头"的党员标准，并号召大家结合学校工作重心，以"三亮"、"三比"、"三评"为抓手，重点抓党员评议制度，发挥党员干部先锋作用，以党建促团建，营造良好学风院风。（李旭江、冯业枫）

3月30日　青春广大，梦想飞扬——广州大学"发现广大之美"人文学院演讲选拔赛

选手叶世良为我们进行精彩的演讲

3月30日晚6点，由人文学院团委、学生会学术科技部举办的广州大学"发现广大之美"系列活动之"青春广大，梦想飞扬"演讲比赛人文学院选拔赛在理南319隆重举行。人文学院团委、学生会副主席张立，人文艺术团团长滕璐阳和上一届人文学院演讲比赛获奖者宋新蕾作为评委出席了这次选拔赛。据了解，本次比赛共有11位选手参加，每人将进行4分钟的主题演讲，根据演讲比赛成绩选出分数最高的2名选手进入广州大学第二届演讲比赛。

在本次演讲选拔赛中，选手们有的以其雄浑低沉的魅力，有的以其温和柔美的声线，都表现出自己对广大的爱和对自己理想的独到理解，并且纷纷赞成广大之美是所有为理想不断奋斗的广大莘莘学子。（人文学院学工办）

3月30日　土木工程学院青协举办林义平志愿者讲座

三月

广州大学土木青协邀请了广州市著名的志愿者讲师——林义平老师为我院志愿者上了一堂深刻的志愿者课堂。林义平老师为同学们讲述他的经历与体会。

本次讲座不仅提高了志愿者的团结精神与凝聚力，而且宣传了志愿者为社会奉献的、为他人服务的宗旨与传播爱心的作风。在此，我们呼吁，多一份爱，少一份冷漠，大家关注、关心、关怀康复者吧。并以此更好完成志愿者工作。（土木工程学院青协）

3月31日　法学院学生参加海珠区人民法院旁听

2012年3月31日上午，法学院2010级20名学生乘车前往海珠区人民法院旁听。工作人员向旁听人员简单介绍了本案案情及法庭旁听注意事项后，上午9点10分正式开庭审理案件。

本案被告人通过网店销售假名牌手表，销售金额达401万元，经庭审以假冒注册商标罪定罪。本案正好与最近的"三打两建"相关联，广东在全国率先提出 2012 年要组织开展以"打击欺行霸市、打击制假售假、打击商业贿赂，建设社会信用体系、建设市场监管体系"为内涵的"三打两建"、建设幸福广东的活动。宣判完毕后，工作人员向同学们介绍了"三打两建"行动的必要性与重要性。同学们经过认真思考后，积极就本案提出了相关问题，本案审判长对同学们提出的问题一一解答。

通过这次法院旁听，同学们了解到了一些法庭上的基本程序，也深刻认识到将来作为一个法律人的责任和义务，对同学们接下来的学习有着莫大的帮助。（*法学院学工办*）

我们的大学

April 四月

4月3日　　我校学生赴广州殡仪馆进行清明志愿服务活动 ·················· 52

4月5日　　第11届广东大中学生英语口语大赛广州大学分赛区赛事顺利
　　　　　结束 ·· 52

4月7日　　数学与信息科学学院举行北亭义教活动 ·························· 53

4月8日　　无可"笔"拟学生书法比赛 ··· 53

4月8日　　数学解题大赛，培养师范技能第一关 ···························· 54

4月10日　学生资助管理中心荣获市教育工会"女教职工建功立业标兵
　　　　　岗"称号 ·· 55

4月10日　学生走进幼儿园开展探访活动 ······································ 55

4月10日　商学院举行第三届心理情景剧大赛 ······························· 56

4月12日　历史系优秀毕业生事迹报告会圆满落幕 ························· 56

4月12日　《人民音乐》原副主编于庆新教授来音乐舞蹈学院讲学 ······ 57

4月13日　教育学院第五届手工艺暨书画大赛 ······························· 58

4月13日　学生学雷锋事迹引起媒体关注 ······································ 58

4月14日　学生参加纪念建团九十周年宣讲竞赛决赛 ······················ 59

4月14日　志愿者服务何贵荣老人院活动 ······································ 60

4月14日　陆诗婷同学荣幸代表中国青年志愿者援助塞舌尔 ·············· 60

4月14日　第五届广东省大学生机械创新设计大赛在广州大学举行 ······· 61

4月15日　商学院、法学院第十五期党课培训活动 ························· 62

4月17日　学生处召开勤工助学学生代表座谈会 ···························· 63

4月17日　声势待发，共鸣文明之音 ··· 63

4月17日　建筑与城市规划学院举行 2010－2011 学年普邦园林精英奖学金颁奖仪式 ……………………………………………………… 64

4月17日　广州大学优秀学生事迹宣讲会开讲 …………………………… 64

4月17日　团旗飘扬，青春领航——广州大学纪念建团 90 周年系列活动启动 ………………………………………………………………… 65

4月18日　日本早稻田大学金群教授访问广州大学计算机科学与教育软件学院 …………………………………………………………………… 65

4月19日　衣袂飘飘，诵万古芳华——人文学院中华经典诵读大赛总决赛 ………………………………………………………………… 66

4月20日　林焦敏入围"中国大学生年度人物" ………………………… 66

4月20日　新闻与传播学院与中山电视台续签实习基地协议 …………… 67

4月20日　外国语学院开展"毕业生就业服务月"活动 ………………… 68

4月21日　广州大学在第十届广东省大学生程序设计竞赛中取得 1 银 3 铜成绩 …………………………………………………………………… 68

4月21日　岭南地区高校建筑学生优秀作业巡展展出 …………………… 68

4月22日　易佐永亲切看望残疾学生庄国彬和帮助他的五名同学 ……… 69

4月23日　义卖捐赠书，本本献爱心 ……………………………………… 69

4月24日　地理科学学院召开 2012 届本科毕业生年级大会 …………… 70

4月24日　发扬传统 认识中医——中医推拿针灸推介活动 …………… 72

4月24日　数学与信息科学学院举行第五届多媒体团员日志展示活动 … 72

4月24日　广州大学学雷锋团队被推选参加"十大好人榜样"评选 …… 73

4月24日　"微博 媒体 PM 2.5"专题讲座 ……………………………… 73

4月24日　"英才放眼世界，语出惊人成就"英语学习系列活动启动 … 74

4月25日　法学院与番禺区检察院签订合作交流协议 …………………… 75

4月25日　数学与信息科学学院和化学化工学院两院联合举行第一届班服班徽设计比赛 …………………………………………………… 76

4月25日　我校学生当选为广东高校传媒联盟主席团成员 ……………… 76

4月26日　数学与信息科学学院第三届"超级数学声"歌唱比赛举行 … 77

4月26日　散发演讲魅力，诠释广大之美——"青春广大，梦想飞扬"第二届演讲比赛精彩落幕 ………………………………………… 77

4月26日　诗书琴乐进公寓—学生党支部优秀党日活动 ………………… 78

4月26日　红旗风采扬，携手创辉煌——红旗学生会风采展示日 …… 79

4 月 27 日　认知传统，回归经典——化学化工学院中华经典诵读
　　　　　　朗诵比赛 ··· 80

4 月 27 日　机械与电气工程学院红十字会举办急救技能培训活动 ·········· 81

4 月 27 日　职场新人同竞技，秀出特色展风采—商学院 2012 职场精英
　　　　　　大赛 ·· 81

4 月 27 日　广州大学获市属高校大学生"中华经典诵读"知识竞赛团体
　　　　　　二等奖 ·· 82

4 月 27 日　音乐舞学院开展"大埔广东汉乐传承田野调查" ·············· 83

4 月 28 日　商学院举行"李芏巍物流之星杯"物流创业设计大赛 ········ 83

4 月 28 日　广州大学四支参赛队伍均获得美国国际大学生数学建模竞赛
　　　　　　国际二等奖 ·· 84

四
月

4月3日　我校学生赴广州殡仪馆进行清明志愿服务活动

广州大学土木工程学院、数学与信息科学学院和地理科学学院三个学院青协组织 35 名学生到广州殡仪馆进行清明志愿服务活动，主要工作是清扫扫墓人员丢弃的垃圾，由于不是清明节，前来祭拜的人不是很多，打扫工作也比较简单，志愿者们经过工作人员的指导，很快就掌握了要领，熟练完成了当天的清扫任务。这次的义工实践让同学们感触很多。（土木、数学、地理学院团委）

4月5日　第11届广东大中学生英语口语大赛广州大学分赛区赛事顺利结束

由新闻与传播学院团委学生会协办的第 11 届广东大中学生英语口语大赛广州大学分赛区比赛于 4 月 5 日在图书馆讲学厅举行。本届大赛以"Here I am! 从此·在此·让世界瞩目！"为主题。广东电台新闻台节目主持人主任监制白云、广东电台英语新闻主播罗丽婷、广东电台新闻台主持人林戴担任大赛评委，广东电台新闻台副总监邓东力以及新闻学院党委副书记孙凌出席本次比赛。

此次大赛共吸引了我校 22 个学院的 24 名选手。新闻学院 10 记者班陈文标、11 广电 1 班常靖雯也参加了比赛。比赛由自我介绍和"关于一本书"主题演讲、才艺展示、评委提问三部分组成。评委根据选手演讲的内容、口语流利程度，发言、语言风格和技巧、表达准确度、综合效果、节奏控制和观众反映等方面综合评分。经过一番激烈的角逐，田真明（外国语学院）、罗俊杰（环境与科学学院）、陈慧（音乐与舞蹈学院）、方芳（人文学院）、杨舒瑜（外国语学院）脱颖而出，分获前五名，他们将作为广州大学分赛区的优胜选手参加4月7日在执信中学举行的公开海选PK赛。赛后，白云评委在点评时肯定了选手们的表现，并指出选手展示演讲口才的同时，还应注意台风和仪表，临场的反应能力还需加强。（新闻与传播学院学工办）

评委嘉宾和参赛选手合影

4月7日　数学与信息科学学院举行北亭义教活动

4月7日，由数学与信息科学学院团委实践部举办的北亭义教活动正式启动，该活动持续至6月初，是为了让北亭村学龄儿童感受到大学生对他们的关怀和关爱，也为大学生提供一个非常珍贵的实践机会，让大学生不仅有了传递爱的平台，还提高了大学生师范实践技能。（杜亚辉）

义教现场

4月8日　无可"笔"拟学生书法比赛

为了弘扬中华传统文化，推进中华经典诵读系列活动。4月8日，数学与信息科学学院与土木工程学院在讲学厅前举行无可"笔"拟——两院联合书法比赛。比赛分为硬笔组和软笔组两个小组进行。正所谓硬笔显功底，硬笔比赛中参赛者在小方格之间挥洒书法之豪气，演绎出各路风采。软笔比赛更是精彩绝伦，参赛者挥动手中毛笔，行云流水，笔到之处墨上开花，书

现场作品

写出中华之精粹。本次比赛邀请到关工委刘涧雄老师与同学们分享了书法心得，评委由关工委刘涧雄、雷梧秀、何文汉、任廷芳、黎志为、陈永强等退休老教师组成。在比赛过程中，评委团也有和选手进行书法上的交流，增强了退休老师和学生之间的交流。比赛结束后，各位老师也现场挥毫为两院的书法爱好者上了宝贵的一堂课。（杜亚辉）

4月8日 数学解题大赛，培养师范技能第一关

解题大赛现场

4月8日，数学与信息科学学院主办的数学解题大赛在文新楼举行决赛，数学解题大赛为数学嘉年华系列活动之一，本次大赛以解题能力为依托，通过解题让同学们回顾中学的数学知识，提高同学们的解题技能，强化教师专

业素质，增强就业竞争力，激发同学们自觉地在日常学习生活中提高自己的教师修养。8位决赛选手从近百名参赛者中脱颖而出并获得了相应的奖励。（杜亚辉）

4月10日 学生资助管理中心荣获市教育工会"女教职工建功立业标兵岗"称号

4月10日，市教育工会授予广州大学学生资助管理中心"女教职工建功立业标兵岗"称号；授予中心的陈月文老师"女教职工建功立业标兵岗标兵"称号。

我校学生资助管理中心以学生服务大厅为主阵地，集经济困难学生认定管理、奖助学金评审、勤工助学、助学贷款、医保出险、资助政策咨询于一体。负责资助工作的5名女教职工勤勤恳恳、默默无闻，为广大学生提供"一站式"优质服务，努力提高服务质量，尽心尽力为学生排忧解难，寓育人于每一项资助工作中，取得明显的成效。她们用自己的实际行动践行"以生为本"的理念，在平凡的工作岗位上默默绽放自己的青春年华。（学生处）

4月10日 学生走进幼儿园开展探访活动

4月10日，机械与电气工程学院红十字会组织学生走进仑头穗华幼儿园进行探访活动。本次活动和外国语学院红十字会共同合作举行。有30余名两院红会成员参与了本次幼儿园探访活动。

两院大学生为幼儿园的小朋友们准备了多个节目，包括科学小实验、讲故事、爱心折纸等表演与游戏。活动不仅拓展了小朋友们的视野，提高他们的动手能力和合作能力，寓知识于玩乐中，也为学院的会员和干事提供了一个互相交流与学习，提高交际能力机会，

学生与幼儿园小朋友合影

更丰富同学们的大学课余生活，提高大学生的道德素质，让大学生与外界更多的接触与交流。

4月10日　商学院举行第三届心理情景剧大赛

为了丰富大学生的校园文化生活，促进大学生综合素质的全面发展，当天晚上，商学院心理卫生协会在讲学厅举办了2012年第三届心理情景剧大赛。

本次大赛为同学们提供一个发觉原创思维、展现自我的平台，同学们以日常生活为原点，将自己的生活、思想观念、对待问题的立场等浓缩反映在心理情景剧中。通过演绎大学生自己的感受，增强对情境的理解、对角色的把握，提高自我表现能力，增强大学生的心理健康意识，丰富校园文化生活，引起更多同学的共鸣，达到心灵交流的目的。（商学院学工办）

10电子商务班（冠军队伍）：我的青春我做主

4月12日　历史系优秀毕业生事迹报告会圆满落幕

4月12日晚上9点，历史系学生党支部举办的优秀毕业生事迹报告会在人文教育基地文新楼602室顺利进行。这次优秀毕业生事迹报告会，是历史系学生党支部贯彻落实学校党委"提升质量创建一流、服务学生健康成长为主题的'优秀党日活动'"、发挥历史系"传、帮、带"的传统而举办的。旨在通过邀请优秀毕业生谈谈自己的大学生活、实习、求职、就业等经历和心得，向低年级同学传授经验和技巧。

学院历史系辅导员、党支部书记冯健生老师出席了活动并讲话，历史系党支部09级、10级、11级党员，入党积极分子和学生共85人参加了此次事迹报告会。报告会由10级龙金莲和张浩作主持，邀请了08历史1班、08历史2班的应届优秀毕业生6人讲述了他们大学所走过的历程，传授学习和工作经验，提供了各种有益信息，启发同学们根据自身实际情况合理定位并努力实践争取成为优秀的大学生。此项活动增强了各年级同学之间的交流，更加深了对校园的热爱之情。（人文学院学工办）

4月12日 《人民音乐》原副主编于庆新教授来音乐舞蹈学院讲学

2012年4月12日晚，我国著名音乐评论家、编辑家、原《人民音乐》副主编于庆新教授在广州大学文逸楼335教室为学院全体研究生和老师作了题为《音乐评论的写作及其他》的学

术讲座，讲座由马达院长主持。讲座持续了近3个小时，于庆新教授始终充满激情，他凭借自己长期从事音乐论文编辑的工作经验和职业的敏锐性，以生动、朴实的语言，真实得当的实例，不时散发出的对音乐文化内蕴解读时的独到见解和深刻体悟，给师生们留下了深刻印象，使大家受益匪浅。这次讲座对提高学生论文写作的能力，增强教师的科研写作意识以及科研写作水平都有很大的帮助。（音乐舞学院学工办）

4月13日　教育学院第五届手工艺暨书画大赛

为了丰富同学们的课余生活，让学生们学会自我欣赏和赞美他人，对一些废品进行循环利用，提高了同学的环保意识，给同学们提供一个展示手工艺技能的平台，2012年4月13日——4月17日，教育学院以"你好，2012！"为主题举办了第五届手工艺暨书画大赛。

通过初赛的评比选出优秀作品进入决赛，同学们的作品既在一定程度上体现了文学性和艺术性，一个个吸引眼球的作品充分展现了同学们的构思和创意，也寄托着大家的环保理念。大赛评比出了一等奖三名，二等奖两名，三等奖三名。

部分参赛作品

4月13日　学生学雷锋事迹引起媒体关注

近日，广州大学计算机科学与教育软件学院5名学生长期以来发扬"雷锋精神"，帮助残疾同学的事迹，引起社会关注，产生了广泛的社会影响。

该院5名学生轮流帮扶残疾同学小彬，天天背着他上下楼梯，用单车搭他到教学区上课，风雨无阻，从入学到现在已坚持两年。3月中旬，校新闻中心学生记者通过多次深入采访，在校报上发表了《"我们愿意背你四年"》的通讯，引起了强烈反响，许多学生都表示被5个"活雷锋"的无私奉献的精神所感动。此事很快引起社会媒体的关注，3月27日，《新快报》的记者深入到小彬的宿舍进行了采访，次日一篇1300多字的稿件《大二男生身患小儿麻痹 两年来舍友背他上下课》见报。当天的报道在微博上被转了近千次，网友纷纷留言表示"被感动了"。同一天，《南方都市报》的记者也进行了采访，次日发表了一篇名为《同住舍友2年来每日背送残疾同学上课》的稿件。随后，南方电视台也进校为这个宿舍拍摄一个长度为三分多钟的新闻。

《新快报》、《南方都市报》、南方电视台三个本地影响力颇大的媒体进行了报道后，凤凰网、深圳新闻网、潮汕新闻网等各大网站和论坛纷纷转载，小彬及其舍友的故事迅速便迅速流传开来，引起了社会的关注。（陈文标）

4月14日　学生参加纪念建团九十周年宣讲竞赛决赛

2012年4月14日，旅游学院曾扬子等4名同学通过初赛，参加了在广州艺术博物馆举行的纪念建团九十周年宣讲竞赛决赛。据了解，本次大赛总共有10名广州大学同学进入决赛，而旅游学院占据了四个名额。本次赛事是由市文广新局与团市委联合主办的，大赛主题是"纪念中国共青团成立90周年"，有出色表现的选手将成为纪念中国共青团建团90周年系列活动开展志愿宣讲工作16人团队的成员。决赛分为上下午两场，类型有专业组和非专业组，比赛形式分为模拟讲解和团史知识问答。评委由广州团史研究、展览组织等方面的专家组成，他们从形象气质、讲解技巧等方面对选手进行综合考察。

在舞台上，广州大学选手以积极向上的情绪和坚定的眼神为众人展示了广州大学良好的精神面貌和优秀的综合素质，博得了现场一阵阵掌声和喝彩。比赛结果公布，旅游学院曾扬子、程韶慈荣获大赛非专业组三等奖，严栩莹、王若菡荣获大赛非专业组优秀奖，曾扬子、程韶慈两名同学还凭借着出色

获奖选手领奖

的表现被挑选进"团一大"史迹展览志愿讲解的 16 人队伍之中。

建团九十周年宣讲竞赛，不仅能引导广大青少年重温团的光辉历史，继承团的光荣传统，更给了旅游学院的团员青年提供一个展示青年面貌的舞台，为党为团发掘出更多像曾扬子等人的优秀人才。（马创杰）

4 月 14 日　志愿者服务何贵荣老人院活动

4 月 14 日，数学与信息科学学院青协和红十字会志愿者前往何贵荣老人院开展志愿服务活动。志愿者分工明确，打扫卫生，布置场地，志愿者还为老人们带来精心准备的节目，老人们在观看的过程中开心愉快。一位老人更

以一曲粤剧将忘年盛会推向高潮。随后志愿者为当天生日的老人们献上生日蛋糕，和他们一起度过一个欢乐的生日。关爱老人，让爱心传递，同学在亲身实践中接受感恩教育，培养自身的孝心、爱心和责任心。（杜亚辉）

4 月 14 日　陆诗婷同学荣幸代表中国青年志愿者援助塞舌尔

4 月 14 日上午，2012 年中国青年志愿者海外服务计划塞舌尔项目志愿者培训开班仪式在广州志愿者学院举行。广州大学音乐舞蹈学院陆诗婷同学荣幸地被学院、学校推荐并被主办方选拔确定为 18 名援塞舌尔志愿者候选人之一，作为候选人，她参加了培训开班仪式。

18 名援塞志愿者将从 4 月 14 日起，开始接受为期 5 天的全封闭式培训。培训内容分为理论和实践两大部分，其中，理论部分包括援塞项目情况介绍、志愿服务精神和理念、健康防疫、外事纪律及外事礼仪、语言运用技巧、心

理调适与自我激励等方面的知识，实践部分主要是让志愿者们互相熟悉的同时，培养团队之间团结协作的精神。（音乐舞蹈学院学工办）

4月14日　第五届广东省大学生机械创新设计大赛在广州大学举行

4月14 - 15日，由广东省教育厅主办、广州大学承办的第五届广东省大学生机械创新设计大赛在广州大学体育馆举行。4月15日上午，我校校长助理邓成明教授出席开幕式并致开幕词。开幕式由我校机械与电气工程学院院长张春良教授主持。本次机械创新设计大赛的主题为"幸福生活——今天和明天"；内容为"休闲娱乐机械和家庭用机械的设计和制作"。本次广东省机械创新设计大赛，得到省内各高校的积极支持和参与，有华南理工大学、华南农业大学、广东工业大学、深圳大学、广州大学等32所高校报名参赛，共收到作品161项，是历年来参赛高校数量、参赛作品最多的一次机械创新设计竞赛。

我校在校内初赛的基础上，共推荐了12项创新设计作品参

比赛场面

赛，共获得 2 个一等奖、3 个二等奖、7 个三等奖，实现了参赛作品数和获奖数的历史突破。此次第五届广东省大学生机械创新设计大赛得到学校各级领导及机械与电气学院领导和老师、同学们的大力支持，机械与电气工程学院领导和老师、同学们付出辛勤的劳动，得到各参赛高校的肯定。（机电学院学工办）

4月15日　商学院、法学院第十五期党课培训活动

在纪念南巡二十周年之际，当天一整天，广州大学商学院与法学院联合开展了主题为"回眸南巡二十年，展望党创新纪元"的第十五期党课培训。本次党课培训活动分为两部分，第一部分是以"回眸南巡二十年，展望党创新纪元"为主题的培训前实践走访活动。学员在走访过程中，不仅加深了对中国共产党的了解，更将自身专业学习与职业生涯规划结合起来，真正做到"理论联系实际"。每一小组完成走访成果报告后，综合全部小组的走访成果做出评比，以供党课当天使用。第二部分是党理论知识的学习。此部分采用老师授课与视频教学相结合，理论知识学习与外出参观相结合的方式，努力提高全体学员在新的形势下对中国共产党的认识，进一步端正自身入党动机及态度，引导他们更好地向中国共产党靠拢。

党校培训班现场

在本次党课培训活动中，新增许多特色环节，如合作开展，交流讨论，邀请我校优秀学生党员做客课堂等。授课教师知识渊博，学员学风良好，学员心得中自我剖析深刻，社会实践活动主动，全体学员真正做到有所感悟，有所启发。（商学院、法学院学工办）

4月17日　学生处召开勤工助学学生代表座谈会

4月17日下午，学生处组织召开全校勤工助学学生代表座谈会，进一步了解同学们对我校勤工助学工作的意见及建议。

会上，学生处郭洁老师介绍了目前我校勤工助学工作的基本情况，希望同学们珍惜勤工助学的机会，在参加勤工助学缓解经济困难的同时，着重锻炼提高个人素质。勤工助学的学生代表纷纷表示感谢学校提供勤工助学的机会，也提出了在参加勤工助学过程中遇到的各种尚未能解决的问题，主要是勤工助学酬金的发放、工作时间与学习时间的妥善安排等问题，并建议学校多提供勤工助学学生交流的机会与平台。与会老师和勤工助学服务中心的同学一一回答了学生代表提出的问题。

陈爱平副处长总结时介绍了学校加大对经济困难学生资助力度的举措，并表示对今天会上同学们提出的问题，将及时向各部门的勤工助学管理员老师转告，涉及到学校其它部门的，将通过一定渠道向相关部门反映，力求让我校的勤工助学工作不断得以提升。（学生处）

4月17日　声势待发，共鸣文明之音

4月17日，公共管理学院第八届"汇声·文化共鸣"校园文化节开幕式暨"声势待发"合唱比赛在广州大学体育馆门前举行。参加合唱比赛的6个班级各显神通，赢得观众阵阵掌声。获得冠军的11级社工1班的一首《我们都一样》所诠释社工们的心声，让大家坚信因为坚强，因为善良，所以无所畏惧。深情的朗诵，感动的手语，美妙的声音，让现场观众满怀感动。公管人都坚信"公管一家亲"，此次合唱比赛锻炼了各班

冠军班级合影

的团队创造力和想象力，对凝聚班级情感有非常重要的意义。

公管学院还借本次文化节针对校园南五路的现状发出了自己的声音和倡议《还南五路一片宁静》："面向广州大学的全体学生倡议，为了你们的身体健康，为了校园的干净整洁，为了学校的综合管理，为了学校的良好声誉，请从现在开始，从这一刻做起，在南五路小吃摊档面前止步吧，远离南五路小吃摊档，坚决抵制南五路小吃。身体健康需要你们自己去爱护，校园环境需要你们大家去营造，广大声誉需要你们共同去打造。为了能拥有健康的身体，为了能漫步于宽敞干净而又宁静的南五路上，为了能生活在优美整洁而又安全的校园里，请抵制南五路小吃，还南五路一片干净、一片宁静吧！"同学们在倡议横幅上签下自己的名字，表明自己的态度和决心。（唐勇）

4月17日 建筑与城市规划学院举行2010－2011学年普邦园林精英奖学金颁奖仪式

4月17日下午在理工北楼306室，建筑与城市规划学院举行2010－2011学年普邦园林精英奖学金颁奖仪式。广州普邦园林股份有限公司园林规划设计院黄海苹副院长、人力资源部吴小碧经理、胡湘女士到了现场，学院领导龚兆先院长、王琼书记、潘文彬副书记出席了会议。会上有12名同学分获一、二、三等奖。

4月17日 广州大学优秀学生事迹宣讲会开讲

4月17日下午，"身边的榜样——广州大学优秀学生事迹宣讲会"在图书馆附楼五楼报告厅举行，各学院学生代表倾听了本场宣讲会。本次宣讲会是系列宣讲的第一场，演讲者是我校十佳学生、物理与电子工程学院09级凝聚态物理专业研究生陆亮亮，他分别结合了自己的学习、生活等方面经历进行了精彩的演说，从中阐述了大学生应有的积极向上的世界观和人生观，不时引发同学们热烈的掌声。最后，讲座在同学们的互动交流中愉快结束。

"身边的榜样——广州大学优秀学生事迹宣讲会"是学生处策划的"我的大学生涯规划"系列活动之一，由广州大学学生自律委员会承办，是以学生自我教育为主旨的宣讲会，是我校为全面推进素质教育，推动学风建设，营造良好的育人环境，调动学生自觉学习、奋发进取、立志成才的积极性，形成良好的学习风气的举措之一。讲座主要针对低年级学生对大学生涯缺乏规划、对自己的发展方向认知模糊等特点，着力于低年级学生的学习规划引导、学习方法介绍与良好生活习惯的养成指引。

学生处相关负责人表示，"优秀学生事迹宣讲会"将作为学生处典型示范教育的常态活动来开展，以身边榜样的力量来带动同学形成良好的学习风气，示范新生做好大学生涯规划，五月份将举办"优秀士兵"和"优秀学生干部"专场事迹宣讲会。（潘震山）

4月17日　团旗飘扬，青春领航——广州大学纪念建团90周年系列活动启动

4月17日下午2时，广州大学纪念建团90周年系列活动启动仪式在演艺中心隆重举行。团广州市委书记魏国华、校党委书记易佐永、副校长陈爽和各学院团委书记及学生代表等参加了此次启动仪式。

启动仪式在庄严的国歌中拉开序幕。陈爽副校长致辞并介绍到场的领导嘉宾。校团委书记何晓晴介绍了此次建团90周年系列活动的活动方案。本次活动分为六大板块，分别为青春回忆，青春印记，青春榜样，青春奉献，青春风采和青春足迹。旨在立体式，多层面，全方位的推进活动顺利举行。（黎珏然）

4月18日　日本早稻田大学金群教授访问计算机科学与教育软件学院

4月18日，日本早稻田大学金群教授访问计算机科学与教育软件学院，并作了题为"生态集成信息环境概念与模型"的学术报告。金群教授1982年本科毕业于浙江大学，1984年硕士研究生毕业于杭州电子科技大学，1992年

毕业于日本大学研究生院，获工学博士学位。先后就职于日本株式会社 INES 系统研究中心、日本国立德鸟大学、会津大学，现为日本早稻田大学人间科学部及研究生院终身教授和博士生导师。

金群教授主持参与了多项大型科学研究项目和国际合作研究项目，出版多部专著和数百篇包括 ACM 和 IEEE Transactions 等主要学术期刊、国际学术会议、研究会议论文，并获多项优秀论文奖。多次参与主办国际学术会议。（计算机学院学工办）

4 月 19 日　衣袂飘飘，诵万古芳华——中华经典诵读总决赛

2012 年 4 月 19 日，人文学院学术科技部在学生活动中心举办"中华经典诵读大赛总决赛"。决赛特邀中文系李俏梅老师、上届中华诵校赛获奖选手甘小元和张语晨担任本届评委，学院团委书记冯健生老师和学院团委、学生会主席团作为嘉宾出席。

总决赛有四个环节：一、由各选手自由朗诵篇目；二、选手按抽签顺序，依次上台进行知识竞答；三、观众投选"最佳人气奖评选"；四、评委点评，并由主持人公布结果，再进行颁奖。其中第一环节分数占总分评比 70%，第二环节分数占总分评比 30%。

在知识竞答环节，选手们要运用文学知识，来作答抽出的选择题和填空题。那时，观众们纷纷欲试，想要帮助场上选手，场面十分热闹。尽管有点紧张，各位选手都能做出精彩的回答。经过选手一番展示后，场内观众以投票的方式，现场选出了当晚"最佳人气选手"——1 号王之谋。最后，经工作人员公正评分，一等奖由 5 号杨嘉颖和 15 号陈旭楠双双赢得，特邀嘉宾冯健生书记为获奖选手颁奖。（人文学院学工办）

4 月 20 日　林焦敏入围"中国大学生年度人物"

4 月 20 日，"2011 年中国大学生年度人物评选"候选名单公布，广州大学化学化工学院林焦敏同学入围"2011 年中国大学生年度人物"200 名候选人。这是我校第二次有学生入围"中国大学生年度人物"。

此次评选活动共收到了全国 503 所高校推荐的 796 份报名材料。经评委

会专家审议，评选出 200 名入围候选人。他们或品学兼优、或热心公益、或刻苦钻研、或自强不息、或多才多艺、或全面发展，展现了当代大学生健康向上、追求创新、敢于担当、勇于奉献的青春风采。2011 年"中国大学生年度人物"网络评选将于 2012 年 4 月 20 日 17 点至 5 月 4 日 17 点进行，200 位入围候选人名单和事迹将在人民网和中国大学生网上公示，接受公众监督和投票。（化学化工学院学工办）

4 月 20 日　新闻与传播学院与中山电视台续签实习基地协议

4 月 20 日，新闻与传播学院与中山广播电视台的实习基地签约仪式圆满落幕。学院院长纪德君教授、党委副书记孙凌、副教授刘玉萍等人风雨不误，前往中山广播电视台参加了此仪式。

签约仪式上，院长纪德君教授与中山电视台台长赵晓文女士签署了新一轮实习基地协议书，并在新更换的基地牌匾前合影留念。协议书商定，学院将与中山电视台继续合作三年，中山电视台将为本院学子提供实习机会，每年分两批，每批十余人。为此，纪德君院长代表学院对中山电视台表示感谢，而且提到学院非常重视学生的实习安排，提出了与中山电视台的合作能够延续深化下去的殷切希望。（新闻与传播学院学工办）

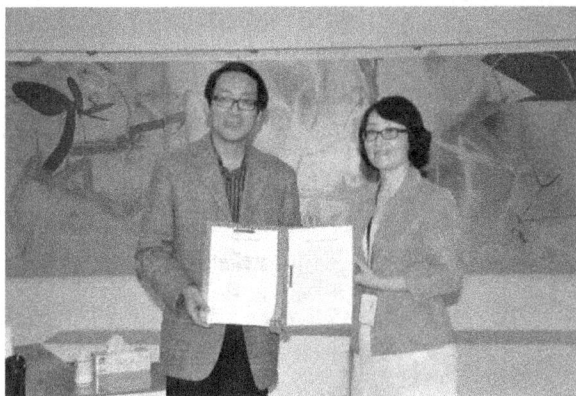

纪德君院长与赵晓文台长（右一）手执新签订的协议书合影留念

4 月 20 日　外国语学院开展"毕业生就业服务月"活动

4 月 20 日，外国语学院"毕业生就业服务月"活动启动，学院广泛发动专业老师、毕业班班主任和已落实工作的毕业生收集招聘信息和推荐毕业生，通过多种渠道互通供需双方的相关信息，充分利用学院网站、信息栏组织开展宣传教育活动，规范就业工作流程。同时，抓住时机与用人单位了解、掌握往届毕业生的适应度和用人单位的认可度，主动与用人合作单位联系安排毕业生实习。除此之外，学院建立未就业高校毕业生信息库，动态监测未就业高校毕业生状况，为未就业的同学推荐用人单位并对毕业生给予面试技巧、面试礼仪以及着装等方面指导和建议。（李黎）

4 月 21 日　第十届广东省大学生程序设计竞赛广州大学取得 1 银 3 铜成绩

2012 年 4 月 21—22 日，第十届广东省大学生程序设计竞赛（GDCPC）在华南农业大学信息学院大楼举行，我校在本次竞赛中共获得 1 枚银牌、3 枚铜牌。

GDCPC 由广东省计算机学会普及工作委员会主办，今年已是第十届。随着各高校对该项赛事的重视与深入开展，参加竞赛的高校及队伍逐年增加，竞争激烈。本届共有中大、华工、华师、华农等 28 所省内本科院校的 140 支队伍参赛，其中我校选派了 6 支队伍参赛，每队由 3 名学生组成。在经过 5 个小时与其他院校参赛队伍激烈的同台竞技，最终我校参赛队伍共获得 1 银 3 铜及优胜奖。

我校参赛选手由计算机软件设计创新实践基地经过广州大学 ACM 校赛选拔出来，并进行了组队与集训。集训队员在参加完省赛后，将陆续参加国内的一些区域赛和 ACM – ICPC 亚洲区预选赛，希望他们取得更好成绩。（教务处）

4 月 21 日　岭南地区高校建筑学生优秀作业巡展展出

4 月 21 日至 26 日，岭南地区高校建筑学生优秀作业巡展在建筑与城市规划学院展出。展览收集华工、华农、广工、广大、广美、深大六所高校中建筑设计、城市规划、景观设计三大专业的学生优秀作业进行巡展。本次作业展一方面提供一个平台使得岭南地区各高校的建筑相关专业学生相互交流，各校介绍各专业情况，横向比对，互通有无，共同进步；另一方面也加深各兄弟院校的友谊，为今后更多交流活动打下坚定的基础。（张昭）

4月22日　易佐永亲切看望残疾学生庄国彬和帮助他的五名同学

4月22日，校党委书记易佐永、副校长陈爽专程来到学生公寓，看望身患残疾的庄国彬同学以及两年来帮助他的同宿舍黄海平、陈伟等5名同学。

易佐永指出，深入开展学雷锋活动，是认真学习贯彻党的十七届六中全会精神，加强社会主义核心价值体系建设的重要举措，全校上下都要按照中央和省市的部署，扎实开展好这一活动。他强调，要继续开展"寻找身边的雷锋"活动，大力宣传挖掘出来的好人好事，同时，要进一步深化学雷锋活动，在全校开展"寻找身边需要帮助的人"的活动，引导全校师生从身边做起，从日常的学习工作生活做起，通过不同的方式帮助有各种困难的学生，让他们真正感受到同学的关爱，学校的温暖，形成友爱互助的校园氛围，将学雷锋活动常态化，扎实推进和谐校园建设。（高良铨）

4月23日　义卖捐赠书，本本献爱心

2012年4月23日至25日，由商学院学生党总支主办的"义卖捐赠书，本本献爱心"活动在红棉路进行，党总支将此前商学院学生党员对同学们募捐废旧读物进行爱心义卖，并接受全校同学的废旧读物现场捐赠。经过三天的爱心义卖赠书活动，共募捐废旧读物超过2000本，共义卖出书籍445本，共募得善款

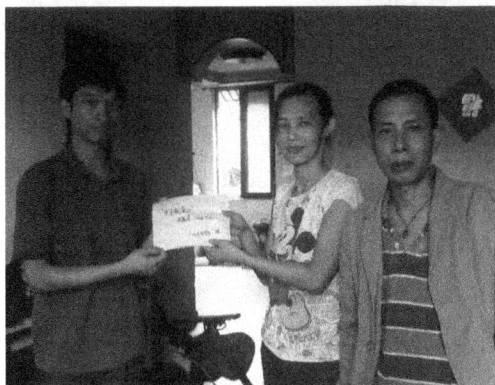

把善款交到通姨的手上

1308.5 元。

本次爱心义卖赠书活动将同学们平时碍地方的废旧读物爱心义卖或捐赠给有需要的人，既能帮助有困难的群体，又达到图书漂流的环保效应，让广大同学在活动中感受到"本本献爱心"的意义。（商学院学工办）

4月24日 地理科学学院召开 2012 届本科毕业生年级大会

4月24日上午9点，地理学院在图书馆讲学厅召开 2012 届本科毕业生年级大会。参加会议的有院长吴志峰、党委副书记刘向晖、学工办主任刘晓亮、大学城南方人才市场副主任彭罡以及全体 2012 届本科毕业生。

刘向晖副书记表示学院高度重视毕业生的就业问题，建议大家脚踏实地，积极参加招聘会，同时注意应聘过程人身财产安全。吴志峰院长诚恳地表达了对同学们的深情厚谊，并用自己的亲身体会教导同学们在生活和未来工作要注重细节，强调"细节就定成败"。随后由辅导员、彭老师解读学生就业政策。

此次大会，表达了学院领导对毕业生的殷切关怀，更让毕业生对文明离校有了清晰的概念，师生们欢聚一堂，共同记录难忘的时刻。（地理学院学工办）

师生欢聚一堂，共谈未来职业生涯

4月24日 倡自律共管，还校园净土——研讨"校园摆摊"

4月24日下午2点20分，法学院在模拟法庭举办"倡自律共管，还校园净土——校园摆摊"研讨会，学院党委钟晓玲副书记出席了活动，并有幸邀请到广州大学保卫处及小谷围街道城市管理委员会有关负责领导共同参与此次研讨会。活动吸引到很多人现场观看，钟晓玲副书记致辞后，现场播放了一段关于南五路走鬼档的视频，之后便进入了讨论提问环节。在场的同学都十分积极主动，除了分享自己的一些经历之外，还提出了不少对如何解决问题的看法，城管的领导和同志也耐心解答了同学们的问题。

向城管赠送纪念品

最后，同学们也在横幅上签名，活动倡议自律共管，倡导党员率先垂范，进而校园每一分子都共同管理美好校园环境。（法学院学工办）

4月24日 笑别大学：公共管理学院学生毕业照

4月24日下午，公共管理学院20008级全体毕业生齐聚行政东楼架空层，迎来了盛大的毕业照拍摄。行政东楼一时热闹非凡，全场气氛异常活跃。校党委书记易佐永亲临现场与他所联系的班级合影留念。各地的毕业生亲属手捧鲜花，也来到现场表示祝贺。

虽然毕业照每年都有拍摄，但是每一年带给大家都是不一样的心情和感受，对于老师们，感受到的是身边学生的成长和变化，对于学生们，体会到的是自身的成长。这一刻都是值得纪念的一刻，它留住了学生青春的美好，将时间定格在满满欢笑的时刻。（付艳）

4 月 24 日　发扬传统，认识中医——中医推拿针灸推介活动

2012 年 4 月 24 日下午 4 点半到 6 点半，化学化工学院红十字会与广州中医药大学推拿针灸学院一同，秉承着"仁道、博爱、奉献"的宗旨，举办了一场中医推拿针灸医疗实践服务活动。

活动中，推拿针灸专业人员发挥了他们医疗技术专长，为广大师生提供针灸、推拿、美容、拔罐、艾灸、贴耳穴、量血压等医疗服务。在服务过程中力求做到理论与实践相结合，在实践过程中丰富理论知识，更好地服务社会。本次医疗实践服务活动，一方面提高了广大师生对中医推拿针灸治疗的认识，让更多人享受到了推拿针灸的传统中医研究成果。另一方面，为广州大学与广州中医药大学师生结下深厚友谊发挥了很好的作用。（化学化工学院学工办）

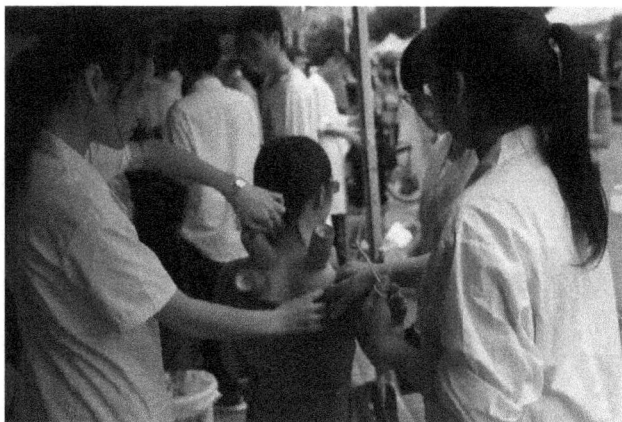

4 月 24 日　数学与信息科学学院举行第五届多媒体团员日志展示活动

2012 年 4 月 24 日，数学与信息科学学院在理工南楼 622 室举行第五届多媒体团员日志展示活动，各团支部以电子杂志、PowerPoint、Flash 等多种形式展示团员日记。作品内容丰富，贴近团员的生活，有军训的回忆、春游秋游的经历，也有辩论赛、篮球赛、女生节等系列活动剪影，优秀的团员日记、同学语录等等，将大学生的青春活力一一展现在舞台上。一份份精美的作品里饱含着一个团支部的心血，有站在舞台上演讲的同学，更有在幕后精心制作作品的同学，每一份都是一个集体团结合作的结晶。除了作品形式的多样，每个演讲者都有自己独特的演讲形式。有的简洁明了、有的抑扬顿挫、有的幽默风趣，甚至有的在演讲过程中加入了深奥的拉丁语。（杜亚辉）

4月24日　广州大学学雷锋团队被推选参加"十大好人榜样"评选

广州大学 5 名学生长期以来坚持帮助残疾同学，深刻地诠释发扬着"雷锋精神"，引起社会关注，《新快报》、《南方都市报》、南方电视台等媒体都对此进行了详细的报道，产生了广泛的社会影响。

4月24日，由广州市精神文明办主办、南方卫视策划举行"寻找身边好人"公益活动中，这五位同学的学雷锋团队被推选参加"寻找身边好人——十大好人榜样"评选。据悉，本次公益活动主要展现人们古道热肠、乐善好施、正义勇敢、坚守责任和积极向上的品格和精神。该项活动坚持好人榜样需要褒奖，好人精神需要传扬的信念，进一步弘扬身边好人的高尚情操，将平凡的善举汇聚成为社会大家庭的暖流。（校团委）

4月24日　"微博 媒体 PM 2.5"专题讲座

4月24日下午14：30，为了让广大学生了解政府是如何运用微博、媒体来宣传 PM2.5、了解 PM2.5 活动的详情，环境科学与工程学院特邀广州市环保局副局长杨柳为学生举行一场题为"微博 媒体 PM 2.5"的讲座。

讲座一开始，杨柳副局长幽默的说自己的 ppt 是"全白的、低碳的"，现场的气氛也因此变得轻松起来。然后，他通过自己的生活经历、微博记录讲

述了关于 PM2.5 的点点滴滴。通过杨局的讲解，我们知道，PM2.5 的公布经历了一段艰难的道路，它的检测也并非我们普通市民理解的那样容易。到现在为止，广州市在 PM2.5 上的工作所取得的成果，是许许多多像杨柳副局长一样的工作者们辛苦努力的结果。对于微博上的流言蜚语，杨柳副局长提醒我们要学会辨别信息真假，不要盲目偏听偏信。随后在问答环节过程中，杨副局长也很耐心地做了回答。最后对于陈迪云教授的提问，杨柳副局长有着深深的感触：PM2.5 这个问题并不是单方面的问题，而要从整体上看待问题，要从各个方面着手。同时他还表示，群众和政府之间还是有很明显的距离，而这是由于法律制度的不完善引起的。政府一直致力于环境保护工作，而这需要我们大家的支持，身为大学生，更应该带头为环境保护做出自己的努力，这才是我们希望看到的。（环境科学与工程学院学工办）

4月24日 "英才放眼世界，语出惊人成就"英语学习系列活动启动

4 月 24 日下午，由学生处、团委和教务处主办，国际交流处、国际教育学院、各兄弟学院协办，外国语学院承办的广州大学"英才放眼世界，语出惊人成就"英语学习系列活动启动仪式在图书馆广场举行。副校长陈爽、相关部门负责人和外国语学院、国际教育学院负责人出席了活动。

启动仪式结束后，场内还举行了精彩纷呈的外语嘉年华活动，其中包括活动内容介绍、活动咨询与报名、海外见闻英语角、"玩转英语"游学之旅游戏、模拟留学面试游戏和各式摊位小游戏。外国语学院的专业教师、外籍教师、国际教育学院的教师、留学生都参与到活动中来，现场处处洋溢着浓厚的英语学习氛围。陈爽副校长、饶东方处长、李毅处长等还与同学们一起参

与了"玩转英语"游学之旅英语游戏，与在场的同学们一起体会用英语交流的快乐。活动现场还设有美国、德国、法国等国家的部分高校巡礼，为同学们介绍各国外高校的留学、短期学习项目情况。

据该项活动负责人介绍，本系列活动是从4月24日至6月12日，历时50天，共分口语篇、应

活动一角

试篇、阅读篇、交流篇和项目篇等五个篇目，旨在拓宽学生国际视野，在全校范围内营造浓厚的外语学习氛围，为推进学校提出的国际化办学新思路而努力。活动主要内容包括面向全校学生开设英语口语实用培训讲座，组织外语专业学生志愿者和非外语专业学生"一帮一"大学英语四六级义教辅导活动，开展户外学习交流英语定向越野活动，开展留学、短期学习项目宣传、开设雅思考试辅导讲座等。（胡紫璐　佘巧枝）

4月25日　法学院与番禺区检察院签订合作交流协议

4月25日下午，在番禺区人民检察院14楼会议室，法学院与番禺区检察院签订了合作交流协议。双方就科研、人才培养、实践教育等方面达成了多项合作意向。此次合作交流协议也是法学院继"教育部、中央政法委员会关于实施卓越法律人才教育培养计划的若干意见"颁发之后开展的一系列活动之一，这种合作在很大程度上契合了法学教育发展的改革思路，旨在探索"高校——实务部门联

苗连营院长和番禺区检察院暨中党检察长签约

合培养"机制，加强高校与实务部门的合作，共同组织教学团队，共同建设实践基地，强化学生法律实务技能培养，提高学生运用法学解决实际法律问题的能力，促进法学教育与法律职业的深度衔接。

在此次交流会议上，学院苗连营院长、李明副院长和杨高峰教授被聘为番禺区检察院的兼职研究员，协助检察院完成课题申报，指导调研等，以达成司法实务和法学理论的有机结合。（法学院学工办）

4月25日　数学与信息科学学院和化学化工学院两院联合举行第一届班服班徽设计比赛

班徽图样之一

4月25日，数学与信息科学学院和化学化工学院两院在广州大学红棉路联合举行第一届班服班徽设计比赛，此次比赛能更好地向兄弟学院展示学院的风采，激发同学的创造激情，加强班集体的凝聚力以及团队精神。同时也展现同学们的设计才华，发挥他们的设计才能，培养他们的创新精神，活跃学院的文化气氛。（杜亚辉）

4月25日　广州大学学生当选为广东高校传媒联盟主席团成员

4月25日，中国（广东）高校传媒联盟第四届主席团换届仪式在中山大学南校区举行。来自中大、暨大、华工等9所高校的15名校园媒体精英参与角逐9名主席团成员席位，我校新闻中心学生记者团团长刘红弟当选第四届联盟主席团成员。

刘红弟是我校人文学院09中文系学生。现任校新闻中心学生记者团团长，曾获广州市优秀团员、优秀学生记者、人文学院"十佳学生"、优秀学生党员等荣誉称号，现在省委机关报《南方日报》实习，发表过不少新闻稿件。在当天的竞选现场中，第六位出场的他以幽默的语言、踏实大方的表现征服了全场观众，成功当选第四届主席团成员。

据悉，我校新闻中心学生记者团前团长陈颖欣、郑礼军为高校传媒联盟第二届、第三届主席团成员。（袁舒琳）

4月26日 数学与信息科学学院第三届"超级数学声"歌唱比赛举行

4月26日晚上七点，数学与信息科学学院举办了第三届超级数学声的决赛，无限精彩在广州大学演艺中心广场的露天舞台绽放。本次"超级数学声"借着学院领导、老师、同学以及其它各学院同学的大力支持，将理科学子个性自我的另一面展

超级数学声选手

现于大家面前，让同学们不禁惊叹：理科学子的世界原来也同样精彩！超级数学声比赛让音乐进入了数学的世界，各位激情飞扬的选手在舞台上各显神通，不同风格不同曲调的音乐更是展现了四海子弟各种各样的歌喉，数学的声音借着音乐的翅膀展翅高飞，为大家献上数学学院最动听的歌声，给看似刻板的数学世界做了一次完整的颠覆！（杜亚辉）

4月26日 散发演讲魅力，诠释广大之美——"青春广大，梦想飞扬"第二届演讲比赛精彩落幕

4月26日晚7点，广州大学"发现广大之美"系列活动之"青春广大，

梦想飞扬"第二届演讲比赛在行政西楼报告厅完美举行。社科部书记刘树谦、党委组织部副部长曾演期、党委宣传部副部长黄志凯和团委副书记何瑞豪担任本次比赛嘉宾。

陈慧贞同学上台演讲

人文学院选手叶世良、陈慧贞都凭借出色的表现挺进决赛，最后，10 号选手叶世良以优秀的演讲能力获得了当晚的一等奖，陈慧贞也斩获二等奖，为人文学院赢得了不俗的成绩。在比赛最后，社科部书记刘树谦老师对本次演讲比赛进行点评。首先，他为今晚所有选手的不俗表现表示赞同，但是同时也指出了选手们的不足。他认为大家对于梦想和美的观点都过于表面，不够具体，无法给人留下深刻印象，而且演讲稿过于散文化。最后他希望各位选手能够更加努力地掌握演讲的技巧，并衷心祝愿同学们能够梦想成真。（人文学院团委）

4 月 26 日　诗书琴乐进公寓——学生党支部优秀党日活动

4 月 26 日晚，中文系学生第三党支部优秀党日系列活动之"诗书琴乐进公寓"在梅苑 B2 五楼学生活动室举行。学工办主任刘军军老师、副主任陈永添老师、秘书系学生党支书记罗兵老师以及支部成员出席了本次活动。

"诗书琴乐"一系列具有人文魅力的节目在主持人的解说下拉开了帷幕。首先是刘红弟的书法挥毫，真是所谓"一支狼毫，平铺一纸激昂"。在古典的音乐声中，全场观众跟着刘红弟的墨香走进了毛泽东的《沁园春·长沙》。接着是程婷婷的古筝弹奏，穿着典雅的她用娴熟的琴技弹奏了一曲《西江月》，给观众带来了完美的视听觉享受。朱芷菀用她柔软的身段跳出一段舞雪，蜿蜒而又恬淡。甘小园则深情并茂地朗诵了《临江仙》。曲艺社成员也参与了本次活动并演唱了一幕"唐伯虎点秋香"。最后的节目是支部男生们《最炫民族风》舞蹈表演，引起全场阵阵掌声和笑声。

陈永添老师在节目结束后讲话表示，这次活动蕴含了浓厚的人文气息，积极营造了良好的学生宿舍文化氛围，学生党支部优秀党日活动应进一步丰富同学们的学习和生活。（人文学院学工办）

刘红弟书法挥毫

4月26日 红旗风采扬，携手创辉煌——红旗学生会风采展示日

4月26日，被评为"2011年红旗学生会"的学生会风采展示日在红棉路举行。活动主要是各个学院被评为"2011年红旗学生会"的摆摊展示以及接受其他各个学院和路人的咨询。

法学院作为第一个接

展示日一角

受讲解和咨询的学院，不仅仅在衣着上，而且在讲解内容上完美地体现了法学院的特色。内容有：青年法律志愿者给广州市育才中学的学生上普法主题班会；学生会邀请校内外著名专家中国社会科学院法学所研究员李步云教授、中国宪法学研究会会长童之伟教授、四川大学周毅博士生导师和北海律师团为学生们所作的学术专题讲座；学生会开展了司考交流会、普法座谈会及每周的学术研讨会；还有学院的法律咨询服务社自 1995 年成立以来本着"助人、普法、求实、奉献"的宗旨，积极与荔湾区多宝街党工委合作，义务送法进社区，为广大群众提供法律咨询，为有困难的群众雪中送炭等。（法学院学生会）

4 月 27 日　认知传统，回归经典——化学化工学院中华经典诵读朗诵比赛

4 月 27 日，由化学化工学院主办的《化学化工学院中华诵朗诵比赛》于广州大学文新楼 406 室隆重举行。本次比赛邀请了曾获得广州大学中华经典诵读比赛获奖的选手许晗、刘庆博和甘小园出任比赛评委。

本次比赛以"认知传统，回归经典"为主题，积极培养学生对中华经典诵读的兴趣，感受中华经典文化的魅力。沉吟至今，心怀天下《短歌行》；气势磅礴，仿佛高山云海近在眼前，《梦游天姥吟留别》；相信自己，永不放弃，心中永存希望，《相信未来》！一段段精彩绝伦的朗诵，深深地冲击着大家的灵魂。

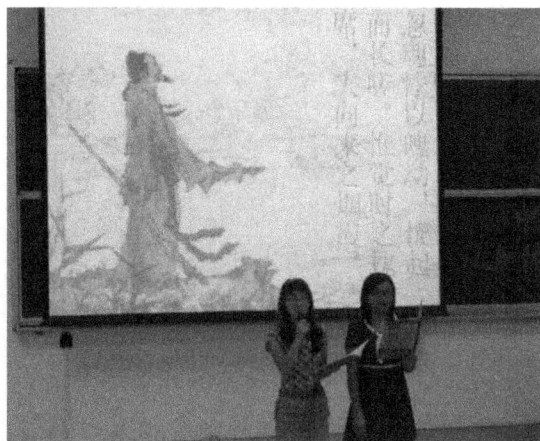

活动现场

比赛由评委许晗上台为大家朗诵了《祖国啊，我亲爱的祖国》。他精彩的朗诵震撼全场，赢得了大家如雷贯耳般的掌声。随后，他还为大家详细分析和评价了各位选手的优缺点，如对 6 号选手刘婷灵和何彦萱注重情节，极富感情的忘我表演给予了高度评价。（化学化工学院学工办）

4月27日 机械与电气工程学院红十字会举办急救技能培训活动

4月27日，机械与电气工程学院红十字会在文新楼123室举办了四项急救技能培训活动。本次培训分为急救技能培训和模拟情景急救两个内容。而急救项目有洪秀全式头部包扎法、风帽式头部包扎法、双眼包扎法、单肩包扎、手臂大悬吊、手部包扎、单胸包扎、膝盖包扎、三角巾替代止血法9个培训项目。

在这次急救技能培训活动中，很多参与的学生都感叹："学习了急救技能，在以后如果遇到了受伤需要救助的人时，再也不用不知所措了。"也有不少的人希望可以学习到更多这方面的知识。（机电学院学工办）

工作人员教授包扎

4月27日 职场新人同竞技，秀出特色展风采——商学院2012职场精英大赛

2012年4月，商学院与过来人（北京）咨询有限公司共同举办第二届广州大学商学院职场精英大赛，经过简历、群体面试、个体面试等比赛环节以及三场具有针对性和启发性的赛前培训，活动于4月27日圆满落幕。本次大赛决赛在我校讲学厅举行，除了"过来人"公司资深HR外，更有商学院人力资源学科泰斗张延平教授受邀担任主要评委，对场上选手现场提问，并分别作出精辟点评，台上台下都受益匪浅。

最后，经过三轮激烈的角逐，来自09级工商的黄辉嘎同学凭借出色的表现和过硬的实力斩获桂冠，莫嘉慧同学和温慧玲同学则分别获得亚军和季军，

获奖选手合照

来自 10 级人力的何嘉宝以青春靓丽的仪态获得当天大赛现场颁发的最佳仪态奖。

这次大赛让即将步入社会加入求职大军的大三、大四的同学有了一个实践操练的机会，通过模拟的多重面试以达到丰富经验、增强自信、查缺补漏、完善技能的目的。同时，也让大一、大二的同学参与其中，增广见闻，提前涉猎求职知识，赢在起跑线上。（商学院学工办）

4月27日 广州大学获市属高校大学生"中华经典诵读"知识竞赛团体二等奖

4月27日，由广州市教育局主办的2012年"世界读书日"广州市属高校大学生"中华经典诵读"知识竞赛在广州大学举行。我校与广州医学院、广州城市职业学院、广州工程技术职业学院、广州体育职业技术学院等9所市属高校同台竞争。

本次知识竞赛共分为两轮。每支参赛队伍均由3名选手组成。第一轮比赛前5名的队伍进入第二轮比赛。比赛内容不仅涉及了中华经典诗词曲赋古文，也包括了中华传统文化知识。最终，广州铁路职业技术学院代表队捧得了比赛的桂冠，而我校以100分的成绩成为第二名，荣获了团体二等奖。同时，我校学生张雨晨荣获最佳选手奖。（马天保　李迪）

我们的大学
大学生文化素质发展日志年编
（2012）

4月27日　音乐舞蹈学院开展"大埔广东汉乐传承田野调查"

　　4月24日至27日，音乐舞蹈学院2010级音乐教育方向硕士研究生焦皓华前往梅州大埔县对广东汉乐的传承情况进行了田野调查工作。在大埔考察期间，焦皓华观赏了大埔县女子汉乐团的表演，并与大埔县广东汉乐研究会成员进行了座谈；采访了湖山中学退休汉乐教师吴胜康和著名汉乐艺人罗增优先生，与他们就广东汉乐在学校和社会的传承等问题进行了探讨；在洲瑞镇赤水小学观摩师生们的传统汉乐表演；在大麻中学采访了汉乐教师赵旭祥，并观看了他们的汉乐队演出录像。此次大埔广东汉乐田野工作之行，为进一步了解广东汉乐的生存现状提供了新的研究资料。（音乐舞蹈学院学工办）

调研现场

4月28日　商学院举行"李芏巍物流之星杯"物流创业设计大赛

参赛者展示作品

　　4月28日下午2点，由广州大学物流学会协办的第一届"李芏巍物流之星杯"物流创业设计大赛决赛在学生活动中心举行。中国著名物流专家李芏巍先生、广州大学商学院博士生导师谢如鹤教授、商学院实验室副主任郭成老师、中南大学周小路博士等多位嘉宾莅临现场指导并担任评委。此外，商学院物流系全体老师和工商系、会计系的部分老师以及学生来到现场观看比赛。

本次物流创业设计大赛的开展不仅为同学们提供了一个展现自我的舞台，有助于他们以后在物流创业方面的发展，而且鼓励了同学们的开拓思想和创新思维，使参赛者们感受到物流创业设计的激情。（商学院学工办）

4月28日　广州大学四支参赛队伍均获得美国国际大学生数学建模竞赛国际二等奖

最近公布的美国国际大学生数学建模竞赛结果显示，广州大学由钟育彬、蔡云鹭和秦剑等老师利用课余时间带领数学与信息科学学院、土木工程学院的12名同学组成的2012年4支参赛队，每队均获得国际二等奖。

美国国际大学生数学建模竞赛（http：//www.comap.com）包括数学建模竞赛（MCM）和交叉学科数学建模竞赛（ICM），由美国自然科学基金会和美国数学应用协会共同主办，美国运筹学学会、美国工业与应用数学学会、美国数学学会等多家机构协办，比赛每年举办一次，时间在中国春节后一个月内。MCM/ICM着重强调研究问题、解决方案的原创性、团队合作、交流以及结果的合理性。竞赛形式为三名学生组成一队在四天内任选一题，完成该实际问题的数学建模的全过程，并就问题的重述、简化和假设及其合理性的论述、数学模型的建立和求解（及软件）、检验和改进、模型的优缺点及其可能的应用范围的自我评述等内容写出论文，美国国际大学生数学建模竞赛的参赛分布全世界，现该赛事已经成为最著名、影响最广泛的国际大学生竞赛之一。（邓应强）

我们的大学

May 五月

5月1日　"手牵手，快乐齐出发"学生干部 party ……………………… 88

5月3日　文明摆车我先行　10级思教2班团日活动广受好评 …………… 88

5月3日　土木工程学院"恰同学少年"演讲比赛圆满结束 ……………… 89

5月4日　广州大学团员青年收看收听胡锦涛在纪念建团90周年大会上
的讲话 …………………………………………………………… 89

5月5日　商学院红会组织"爱心人人有，急救我最能"急救技能大赛
…………………………………………………………………… 90

5月5日　广州大学学生入选中青报北京车展注册大学生记者 ………… 91

5月5日　数学与信息科学学院寝室文化节启动 ……………………… 91

5月5日　音乐舞蹈学院师生参加番禺沙湾镇粤剧粤乐活动 …………… 92

5月7日　广州大学学生荣获2011年度"中国大学生自强之星"提名奖
…………………………………………………………………… 92

5月8日　"融合你我，交流共进"第九届学生社团文化月暨首届国际
文化节开幕 ……………………………………………………… 93

5月8日　首届优秀退伍学生先进事迹报告会举行 …………………… 93

5月8日　同城红会同心——世界红十字会会员游园活动 …………… 94

5月8日　化学化工学院举行首届学生羽毛球赛 ……………………… 95

5月8日　模型车组装大赛 ……………………………………………… 95

5月8日　学生代表参加纪念建团九十周年暨团一大纪念广场落成仪式 … 95

5月9日　"唱出个性，超乐青春"校园十佳歌手新鲜出炉 …………… 96

5月10日　第十届主持人形象大赛决赛落幕 …………………………… 97

5月10日　外国语学院举办首届班级愿景暨个人大学生涯规划设计大赛 … 98

5 月 10 日　广州大学学生首获国家留学基金委项目资助 ……………… 98

5 月 10 日　庾建设校长参加联系班级主题班会活动 ……………… 99

5 月 12 日　会展协会举办会议活动策划大赛决赛 ……………… 99

5 月 13 日　手舞心声——社会工作协会第六届手语歌大赛 ……… 100

5 月 13 日　何静怡、蔡美琴荣获 2012 年全国大学生英语竞赛总决赛
　　　　　　特等奖 ……………………………………………………… 101

5 月 15 日　唇枪口战论思辨，瑞彩蹁跹舞荣耀 ……………………… 101

5 月 15 日　四八零一工厂幼儿园志愿活动 ……………………… 102

5 月 15 日　人文学院五篇征文获广州市第三届人文社会科学普及读书
　　　　　　有奖征文奖励 …………………………………………… 103

5 月 15 日　群英荟萃　公管学子才艺大展示 …………………… 103

5 月 15 日　机械与电气工程学院第四届电路板技能应用大赛 …… 104

5 月 15 日　数学学院学生党总支举办首届"红色运动会" ……… 104

5 月 15 日　以字母文化节庆祝共青团建团 90 周年 ……………… 105

5 月 16 日　"最·旅声"旅游学院歌手大赛 ……………………… 105

5 月 16 日　第 16 届"外研社亚马逊杯"英语辩论赛广州大学总决赛落幕
　　　　　　…………………………………………………………… 106

5 月 17 日　12 项作品获第八届"挑战杯"广东大学生创业计划竞赛奖
　　　　　　…………………………………………………………… 106

5 月 17 日　广州第一届学生舞蹈大赛落幕 ……………………… 107

5 月 17 日　"节约粮食，从我做起"党日、团日活动受到关注 ……… 108

5 月 18 日　曹三省教授开讲：新媒体的演进趋势与技术发展 …… 108

5 月 20 日　地理科学学院学术沙龙拓宽学生视野 ……………… 109

5 月 20 日　科技与心理知识竞赛 …………………………………… 109

5 月 21 日　计算机学院召开宿舍文明建设专题会议 ……………… 110

5 月 21 日　体育学院举行第八届党团知识竞赛活动 ……………… 111

5 月 21 日　张权华讲座："纪录片从业者的基本素质" ……………… 111

5 月 21 日　纺织服装学院学生夺得 62 届世界小姐广东赛区冠军 … 112

5 月 21 日　历时一个多月的广州大学篮球联赛顺利闭幕 ……… 112

5 月 22 日　广东电视台主播校友给力"青春·使命"精品朗诵会 … 113

5 月 22 日　外国语学院分党校举办第八期党课专题讲座 ……… 114

5 月 23 日　外国语学院举办"培养辩证思维，提高学习能力"讲座 …… 114

5 月 24 日　规划职业人生 成就美好未来 ……………………………………… 115

5 月 24 日　第九届校园辩论赛落幕 外国语学院辩论队首摘桂冠 ………… 116

5 月 26 日　土木工程学院同时举办两项志愿活动 ……………………… 116

5 月 27 日　华软学子夺得第三届全国软件设计大赛二、三等奖 ………… 117

5 月 27 日　地理科学学院毕业生总结表彰大会暨毕业晚会圆满落幕 …… 118

5 月 29 日　"考出成绩，研习未来"考研讲座 ………………………… 119

5 月 29 日　地理沙龙第二讲"走遍行千山万水" ……………………… 119

5 月 29 日　"奥飞动漫有限公司"来美术与设计学院举办宣讲会 ……… 120

5 月 29 日　广州大学广州芭蕾舞团与艺术学校举办专场表演 ………… 121

5 月 29 日　数学与信息科学学院举行"双代会" ……………………… 121

5 月 30 日　诵中华经典，赢青春荣光 ………………………………… 122

5 月 31 日　第三届"院团结合"艺术实践课程展演 …………………… 122

5月1日　"手牵手，快乐齐出发"学生干部 party

5月1日晚七点，由商学院文娱部组织的文娱 Party 在桂花岗校区小礼堂举行。全院分团委、学生分会学生干部参加的的大部分成员都有参与这次的视听盛宴。

本次派对加强了学院团委、学生会干部之间的交流和互动，增进感情之余，缓解各部门干部的工作压力，同时让他们感受到在商学院团委、学生会的快乐和温暖。快乐齐出发，手牵手，打造属于你我的商学院团委学生会！
（商学院团委、学生会）

欢乐全家福

5月3日　文明摆车我先行　10级思教2班团日活动广受好评

5月3日中午12时，公共管理学院10级思想政治教育2班团支部举办了以"文明摆放我先行，公共秩序齐遵循"为主题的团日活动，以实际行动为五四青年节暨中国共产主义青年团建

团 90 周年献上一份特别的生日礼物。

团支部成员从大学生生活实际出发，力求营造美观舒适的校园环境，选取文明摆车为切入点，倡议在校师生文明摆放自行车，自觉培养公共秩序精神。本次团日活动以小见大，促进了师生自觉遵守并创建良好的公共秩序，体现了新时代青年较强的社会责任感与自觉践行精神。（谢玲）

5 月 3 日　土木工程学院"恰同学少年"演讲比赛圆满结束

土木工程学院"恰同学少年"主题演讲比赛决赛于 5 月 3 日在学生活动中心圆满结束。经过初赛的选拔，11 名选手从 30 多名参赛者中脱颖而出，在决赛中他们的演讲或激情澎湃，或风趣幽默，或深情娓娓道来，尽显大学生恰同学少年、风华正茂的风采。即兴演讲环节更是表现出选手们临场的智慧与口才。

最终来自土木工程 11 级 6 班的刘波同学凭借优异的表现夺得一等奖，叶凯祥同学和李易儒同学获得二等奖，钟艺琴同学、邓思瑶同学和王光宇同学获得了三等奖。（土木工程学院学工办）

5 月 4 日　广州大学团员青年收看收听胡锦涛在纪念建团90 周年大会上的讲话

5 月 4 日下午，纪念中国共产主义青年团成立 90 周年大会在人民大会堂举行。我校组织将近 15000 多团员青年在课室、宿舍、办公室收听或网络收看胡锦涛总书记在纪念建团 90 周年大会上的讲话。

在校团委会议室，团委负责人与各基层团委干部、团员代表一起收看胡锦涛总书记在大会上的讲话；学校各学院团委以支部为单位，组织团员青年在课室、宿舍、办公室收听或网络收看胡锦涛总书记在纪念建团90周年大会上的讲话，据了解，全校15000多团员参加了收听收看活动。会后各团支部开展讨论学习活动，团员青年们认为，胡锦涛总书记的讲话思想深刻，语重心长，情真意切，备受鼓舞；胡锦涛总书记提出的五点希望，为团员青年的成长成才指明了方向。团员青年们表示，他们将牢记党的嘱托，担负起时代的重任，勇于争先，为全面建设小康社会、建成富强民主文明和谐的社会主义现代化国家奉献青春力量。同时，校团委将在5月份组织全校团员青年开展学习《胡锦涛总书记在纪念建团90周年大会上的讲话》主题团日系列活动。（校团委）

5月5日　商学院红会组织"爱心人人有，急救我最能"急救技能大赛

5月5日，商学院红会组织的急救技能大赛在广州大学桂花岗校区进行。此次比赛的举行，是为了提高同学们的急救技能，让急救技能和知识广为传播。所以在比赛之前，培训部给各位参赛者进行相关的培训。比赛分为两个部分进行，第一部分为急救知识问答，第二个部分为实操部分，即基本的包扎。比赛第一部分结束后，总分排名前八的参赛队伍将进入第二部分的实操环节，争夺最后的一二三等奖。

通过这次比赛，同学们学到了一些有用的急救技能或知识，以防不时之需！爱心人人有，急救我最能！发扬红会精神！博爱，助人！（商学院学工办）

赛前培训

5月5日 广州大学学生入选中青报北京车展注册大学生记者

4月23日，第十二届北京国际车展开幕。广州大学学生张彬哲从全国近400名申请者中脱颖而出，成功入选中青报北京车展注册大学生记者，参与了北京国际车展的全程报道。

活动期间，张彬哲所写的通讯稿《一汽大众文化游》和《浓浓的一汽大众情》分别刊登在中国青年报网站和5月3日的中国青年报上，并获得"传播先锋奖"，其优异表现深受中青报及全国校媒老师的好评。

据悉，此次由中青报和全国校媒主办的在全国范围内选拔30名大学生记者参加北京国际车展的报道，并赴长春参观一汽大众汽车制造基地的活动还受到众多外界媒体的关注，腾讯网、车讯网等多家媒体对此进行了报道。（袁舒琳）

5月5日 数学与信息科学学院寝室文化节启动

5月5日，数学与信息科学学院寝室文化节启动仪式在公寓B25楼下举行，学院党委副书记曾学毛及公寓管理服务中心领导出席了启动仪式，寝室文化节共持续10天。大学生活中，寝室是学习和生活的重要场所，寝室文化是校园文化的重要部分。寝室文化节包括寝室联谊、数学吉尼斯、十佳室长评比、寝室文化作品评比等。或许，只有大学生涯才能给予学生如此多姿多彩的校园生活，或许也只有青春会给予学生如此的热情和活力。寝室文化节提供给了男生与女生交流的机会和平台，也增强了同学们建设文明寝室的决心。（杜亚辉）

男女生在宿舍交流

5月5日　音乐舞蹈学院师生参加番禺沙湾镇粤剧粤乐活动

5月5日至6日，学院院长马达教授与刘瑾教授、陈雅先教授、青年教师屠金梅博士、潘妍娜博士、研究生一行10人前往沙湾镇参加了由中共广州市番禺区沙湾镇委员会、广州市番禺区沙湾镇人民政府主办的"粤剧与广东音乐（何氏三杰）历史、现状与发展"研讨会，拜访了广东音乐私伙局翠园乐社，并观看了两场"沙湾粤韵传喜讯 群星汇聚颂乡情"粤剧晚会。师生通过参与此次活动，加深了对粤剧粤乐的了解，同时与粤乐社团建立了联系，以便于未来演出活动的交流和岭南传统音乐研究活动的开展。（音乐舞蹈学院学工办）

5月7日　学生荣获2011年度"中国大学生自强之星"提名奖

2011年度寻访"中国大学生自强之星"活动名单于5月7日揭晓，广州大学公共管理学院08级的徐喜春同学荣获"中国大学生自强之星"提名奖，并将获得"中国大学生新东方自强奖学金"。

徐喜春同学是我校思想政治教育专业的学生，于去年成功保送到华南师范大学攻读硕士研究生。徐喜春同学刻苦努力，成绩优秀，大学四年学业成绩、综合测评成绩均名列第一。获得了国家奖学金、广东省"学陶师陶"先进个人、广州亚运会、亚残运会志愿服务先进个人等各类荣誉奖励50余项。他热心公益，利用课余时间积极投入义教、支教、"三下乡"等志愿活动，得到了老师以及同学的一致认可。

2011年度寻访"中国大学生自强之星"活动由团中央和全国学联主办，截至目前为止已经举办6届。活动旨在树立当代大学生自立自强、奋发成才的先进典型，营造关心、支持大学生自立自强、健康成长的良好氛围，引导广大青年学生积极进取、拼搏奋进，我国普通高校的全日制本、专科生和研究生均可报名。据悉，2011 年度寻访活动于去年 12 月启动，共吸引来自全国921 所高校的 5206 人报名。（林雪漫）

5 月 8 日　"融合你我，交流共进"第九届学生社团文化月暨首届国际文化节开幕

5 月 8 日下午，由共青团广州大学委员会、国际交流与合作处、国际教育学院联合主办的"融合你我，交流共进"第九届学生社团文化月暨首届国际文化节在红棉路火热开幕。

开幕式上，身着各国传统服饰的模特、跳着充满异国风情的拉丁舞者、朗诵《三字经》的外国交换生等表演者都一展身手，向观众们呈现了融入了中国元素的国际文化。现场，社团联合会为观众们精心准备了小型酒会，并提供糕点、水果及红酒。在红棉路的另一边，我校的沧浪诵读社、武术协会、曲艺社等多家社团及外国语学院学生会分别在各自的摊位展示了独特的中华经典文化与国际文化，引来众多学生的驻足围观。刚刚成立一个多月的意大利语协会向同学们介绍了我校到意大利帕多瓦大学交换项目的情况，并组织有关意大利的知识问答。当天，留学生也参与其中。来自印度尼西亚的黄顺利 Ardi 认为这次国际文化节能够很好地促进国际交流生与中国

本地学生的沟通，自己也从中学到了很多中国文化知识。据社团联合会的相关负责人介绍，本次校园文化月首次运用专题性活动的模式，配合了学校对外交流的重心，推广新兴社团，希望借此起到文化交流的作用。（高珊）

5 月 8 日　首届优秀退伍学生先进事迹报告会举行

"精忠炙血报国心，铁骨铮铮战友情。"5 月 8 日下午，广州大学举行首

届优秀退伍学生先进事迹报告会。四位优秀退伍学生代表用他们真切的话语，感染了在场的每一位听众。

参加先进事迹报告的优秀退伍学生代表有来自美术与设计学院的乔瀚，体育学院的陈惠珍、商学院的欧健良、公共管理学院的胡良。其中胡良还参与了藏区维稳和抗震救灾等重大任务。我校武装部相关负责人告诉记者，这些退伍学生在部队服役期间都时刻牢记自己是广州大学的学生，充分发挥大学生的优势和自身特长，积极参加国家重大维稳、政治安保、自然灾害抢险救灾等重大任务，展现了不怕苦、不怕累的革命英雄主义精神。举行他们的先进事迹报告会，是希望让更多的同学受到感染和教育，同时让这些退伍学生继续发扬部队艰苦奋斗的优良作风，为成为社会有用和国家建设的栋梁之材而努力。（朱蓉婷）

5 月 8　同城 红会同心——世界红十字会会员游园活动

5月8日下午，广州大学红十字会与各学院红十字会在红棉路开展了"5·8世界红十字会会员游园活动"。

在游园会中，法学院红会组织了"跋山涉水"、"海底捞月"和"筷子当入樽"三个趣味游戏，吸引了众多师生驻足观看，更有师生积极参与活动。广州大学"5·8世界红十字会会员游园活动"弘扬了"人道、博爱、奉献、服务"的红十字会精神，让更多的同学们深刻地认识了世界红十字会，认识了世界红十字会的精神，放眼全球，关注红会；也让同学们的思想道德修养和人道主义精神得到了熏陶，积极传播和弘扬红会精神。"携手为人道"，红会精神将走出校园，走向世界。（法学院团委）

5月8日 化学化工学院举行首届学生羽毛球赛

化学化工学院首届学生羽毛球比赛于 5 月 8 日星期二下午在菊苑运动场室如火如荼地展开。此次比赛以班为单位，采用男单、女单、男双、女双和混双五场赛制，由比赛双方抽签决定比赛项目，凭五局三胜决出胜负。

此次羽毛球赛不仅有利于锻炼同学们的身体、增强体质，更有利于促进学院同学们间友谊与交流。（化学化工学院学工办）

五月

5月8日 模型车组装大赛

5 月 8 日，由校学生会秘书部策划组织的模型车设计大赛在红棉路举行。此次活动的过程主要是先让参赛者熟悉一下模型车的结构，然后开始计时让他们把模型车组装出来，以最短时间组装出小车的参赛者为优胜者。

通过这次独自策划活动的过程，同学们学到了更多的东西，更加深刻的了解到策划一个活动的困难，在活动过程中会出现的最坏情况并遇到的种种问题，学会了如何应对。（陈健豪）

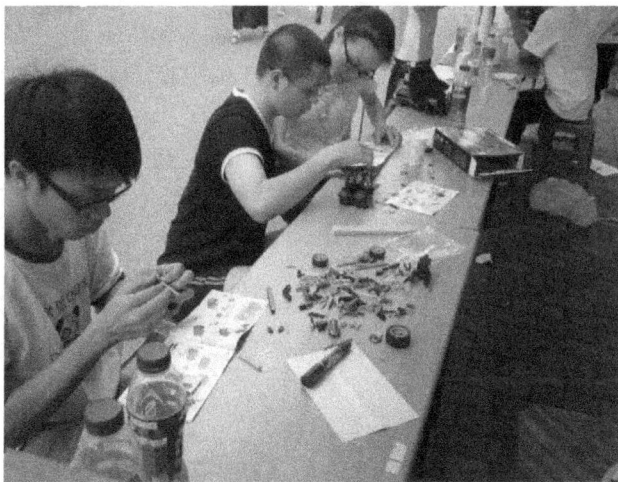

拼装车模比赛

5月8日 学生代表参加纪念建团九十周年暨团一大纪念广场落成仪式

5 月 8 日上午五点十分，商学院近 200 名学子身穿"团一大"纪念主题 T 恤在南五路集中，整装前往中国社会主义青年团（中国共青团的前身）第一次全国代表大会纪念广场进行志愿演出。

上午九点整，"团一大"纪念广场落成仪式表演开始，历史情景剧《共青团东园起航》伴随着嘹亮的歌声上演。中共中央政治局委员、广东省委书记汪洋，团中央书记处第一书记陆昊分别讲话，团广东省委书记曾颖如作了发言。随后近200名青年在曾颖如的带领下宣示加入中国共青团；来自广州、上海、北京等地青年代表宣读了《青春再出发》的倡议书。十一点，仪式随

整装待发 We are ready!

着激昂热情的歌声缓缓落下了帷幕，见证着"团一大"广场的正式落成以及开放使用，也为商学院志愿者的志愿演出画上了句号。（商学院团委）

5月9日 "唱出个性，超乐青春"校园十佳歌手新鲜出炉

5月9日，广州大学第九届校园文化艺术节系列活动之——"唱出个性，超乐青春"第四届校园十佳歌手大赛在演艺中心隆重举行，800余名师生一同观看了比赛。

在第一轮比赛中，20名参赛选手被分为4个主题小组进行展示，4组主题分别为"自由、青春、励志、和平"。随后便是选手各自展示自选参赛曲目。第一轮过后，本场比赛16强选手出炉，并在第二环节中进入挑战赛的

"白热化"阶段。在此环节中，暂时落后的 6 名选手可挑战暂时领先的 10 位选手，以进行换位 PK。若挑战成功则成功换位，跻身十佳；挑战失败则遗憾出局。经过层层激烈的角逐，最终有 10 位选手凭借超强的实力站在最后的舞台上，成为本届广州大学十佳歌手大赛的十佳歌手。活动结束后，评委们纷纷表示，希望这些同学以后能在音乐之路上越走越远。现场的同学们表示希望学校能多举办这样的比赛，丰富校园生活。（高良铨）

5 月 10 日　第十届主持人形象大赛决赛落幕

5 月 10 日晚上，第十届广州大学主持人形象大赛决赛在演艺中心举行。校团委、新闻与传播学院领导以及广东电视台、广东广播电台的众多嘉宾与 800 多名学子共同观看了决赛。通过初赛、复赛以及决赛的层层考验，来自新闻与传播学院的严瀚英同学一举夺得冠军和最佳魅力奖，徐浩与周媛同学分别获得亚军和季军。

嘉宾评委认为，本届主持人大赛突显了专业性、合作性和素质性，着重在综合知识面广、主持基础扎实、善于团队合作等各方面遴选优秀主持人才，并且能够使非新闻主持专业的同学积极参与其中且有优异表现，足以体现主持人形象大赛 10 年来的不断积累，使其吸引了真正具备主持素质的各类人才参与其中，既丰富了校园文化生活，又扩展了专业影响范畴，真正做到专通相融。

据悉，作为广东省校园文化精品品牌活动的广州大学主持人形象大赛已连续举办了 10 届，每届选手都有成为省市各类媒体的专业从业人员，本届大赛主题"拾岁新火传"即取意在 10 年这一新起点上，主持人大赛将秉承传统、开拓创新，为全校同学提供一个真正演绎精彩、绽放未来的崭新平台。（校团委）

5月10日 外国语学院举办首届班级愿景暨个人大学生涯规划设计大赛

5月10日晚，外国语学院首届班级愿景暨个人大学生涯规划设计大赛举行。大赛一共选拔了6个班级和8名大一学生参加。各个参赛班级分别结合专业方向介绍了班级亮点，班级未来在专业学习、班党团组织建设和综合素质等方面的发展目标以及拟采取的行动计划。个人参赛者则展示了自己对大学学习和生活的看法，并根据自己的设想对大学生涯进行了规划。台上的同学精彩演绎班级愿景，台下身着统一班服的同学，挥动手中的班牌和彩旗，用口号、班歌传递班级精神，团结、热情、积极向上的气氛感染着在场的每一位师生。

据了解，本届大赛以"美好规划 成就未来"为主题，旨在贯彻落实《教育部关于切实加强和改进高等学校学风建设的实施意见》精神和学校党委《拓展"三全育人"，培养高素质人才——广州大学党建创新"书记项目"实施方案》的具体要求。外国语学院党委负责人表示，这项活动今后将长期开展，使之逐渐成为学院学生思想教育活动的一个品牌，通过学生个人的大学生涯规划促进班级的建设，通过班级愿景的实现促进学生的发展，在全体学生中形成良好学习氛围，促进班级里全体同学共同进步。（马天保 胡紫璐）

5月10日 广州大学学生首获国家留学基金委项目资助

5月10日下午，国家留学基金管理委员会网站公布了"2012年国家公派国家建设高水平大学公派研究生项目"录取人员名单（第一批）。广州大学物理与电子工程学院吕铭同学获得了留学资助。

从今年开始，国家留学基金管理委员会首次受理地方院校学生的申报。经过我校领导和有关部门的积极努力，我校获得了2012年的选派资格。去年

9月中旬开始，学校精心组织学生积极申报国家留学基金委员会公派出国留学项目，力争使我校部分优秀学生能够通过国家公派渠道出国学习，为提高我校学生的学习、科研水平和对外交往能力起到积极推动作用。（高良铨）

5月10日 庾建设校长参加联系班级主题班会活动

5月10日下午，数学学院数学10级1班召开了"我爱我的学习"主题班会活动，校长庾建设作为联系该班的领导干部应邀出席。整场班会气氛轻松愉悦。

庾建设校长和同学们一起观看了班级成长视频，由一张张照片组合而成的视频展示了数学10级1班丰富的课余生活。班委干部向庾建设送上班级纪念册。接着，两位同学上台分享学习数学和英语的经验方法，庾建设认真倾听后夸奖同学们语言朴实，表达能力好。班会上，庾建设还和同学们进行了数学小游戏，机智的答案引来同学们阵阵掌声和欢笑声。针对同学们提出的疑惑，庾建设结合社会现状和自身经历一一耐心解答。

在和同学们交谈时，庾建设充分肯定广州大学近年来的发展情况，他鼓励同学们全面发展，提高综合素质，加强表达能力，多参与社会实践。与此同时，他也希望同学们能够多利用课余时间进行体育锻炼，强身健体。（高菲）

5月12日 会展协会举办会议活动策划大赛决赛

为了响应《中国会展》的邀请，5月12日下午广州大学旅游学院会展协会在文新楼113室举办了会议活动策划大赛决赛。9支从初赛中脱颖而出的队伍顺利进入决赛进行较量，旅游学院李云芳老师、王晓伟老师等7位老师出席本次比赛并担任现场评委。

通过本次比赛，选手们锻炼了自己的思考和分析能力，也在探索中加深

了对会议企业的了解，相信这对于他们未来的学习会有不错的导向 。（旅游学院团委）

参赛选手合影

5月13日　手舞心声——社会工作协会第六届手语歌大赛

由广州大学社会工作协会主办，土木工程学院青年志愿者协会、人文学院青年志愿者协会协办的社会工作协会第六届手语歌大赛5月13日在学生活动中心举行。活动邀请了社会工作协会会长，土木工程学院青协会长，人文学院青协会长对本次大赛作了精彩致辞。本次比赛共有九支参赛队伍，各支队伍都施展浑身解数，更以话剧，歌唱，舞蹈等形式来丰富手语歌表演。在比赛中穿插了两个妙趣横生的小游戏，把现场的气氛又一次地推向高潮。经过全部队伍的精彩表

演和紧张的投票环节后，火热社工队以《爱因为在心中》的表演深深地打动了在座评委和观众们的心，一并获得本次大赛的冠军和最佳人气奖。

手语歌大赛历来是社会工作协会的一个特色项目，此活动更是促进了三个协会之间的沟通与交流，使各协会成员在日后的合作中更加顺利，更有默契。同时大赛也给参赛者提供自我展现的舞台，提高了同学们学习手语的的兴趣。（校青年志愿者协会）

5月13日　何静怡、蔡美琴荣获2012年全国大学生英语竞赛总决赛特等奖

5月13日，在广东商学院举行的2012年全国大学生英语竞赛决赛中，广州大学外语教育训练基地的何静怡和蔡美琴两位同学从来自全国50多所高校的291名选手中脱颖而出获得特等奖，这是广州大学自去年刘伟杰和林菲璜两位同学取得特等奖后的又一最好成绩。

全国大学生英语竞赛是全国唯一权威的大学生英语综合能力竞赛活动，是我国大学英语教学的一项重要的评价手段和激励机制。为了全面提高我校学生英语综合运用能力，激发广大学生学习英语的积极性，鼓励大学英语学习成绩优秀的大学生，推动大学英语教学质量上一个新台阶，另外为了验证我校英语教学成果，广州大学教务处和外语教育训练基地共同组织全校各专业共计1019名学生参加了2012年全国大学生英语竞赛预赛。经过外语教育训练基地老师们公正客观的评阅，最终决出一等奖6名，二等奖15名，三等奖31名，其中，荣获一等奖的6位同学代表我校参加5月13日进行的全国总决赛。最终，何静怡和蔡美琴两位同学从来自50多所高校的291名选手中脱颖而出获得特等奖，实属不易，这也是语培训基地近年来取得的另一骄人战绩。（教务处）

5月15日　唇枪口战论思辨，瑞彩蹁跹舞荣耀

5月15日下午，广州大学第九届"博动青春，辩通人生"校园辩论赛季军赛在文新楼406室落下帷幕。公共管理学院作为反方代表与正方的地理科学学院围绕"穿越剧会不会误导学生对历史的认知"这个辩题展开辩论。经过近一小时的唇枪舌战，公管学院代表队略胜一筹，获得本届校园辩论赛的

季军。

学生辩论赛是校园文化重要的组织部分，是锻炼学生综合素质的一个很好平台，公管学院一直有着辩论的良好传统，是学校的经史子集。从班级到学院再到学校层次的一系列辩论赛，让全学院都形成了一股善思善辩的学习氛围，对于营造学风，打造院风，都具有重要的意义。（唐勇）

正反双方激烈辩驳

5 月 15 日　四八零一工厂幼儿园志愿活动

5 月 15 日，教育学院红十字分会组织学前教育专业志愿者前往四八零一工厂幼儿园进行探访活动。此次幼儿园的探访活动能让志愿者走出校园，走入社会，体验生活，让同学们学会如何和儿童相处，深刻体会做教师的责任和辛苦，明白教师职业的神圣；同时，本次活动能让红会精神走出校园，让更多的人了解红会、认识红会，让爱心撒向每一个角落。（教育学院团委）

5月15日 人文学院五篇征文获广州市第三届人文社会科学普及读书有奖征文奖励

5月15日，广州市第三届人文社会科学普及读书有奖征文结果揭晓，广州大学人文学院五名学生共摘得两项二等奖和三项三等奖。

本次征文活动以"悦读？幸福人生"为主题，由广州市全民阅读系列活动组委会办公室、广州市社会科学界联合会、广州日报社、共鸣杂志社联合举办。投稿者需就某一人文社科书籍撰写读书心得文章，据主办方介绍，本次活动共收到来自全国26省87个地市的有效征文作品929篇。经过相关专家严格评审，人文学院四名研究生及一名本科生脱颖而出分获二三等奖。其中10级研究生刘佩的《另一种视角读历史》、09级研究生陈晓的《试析葛洪〈抱朴子（内篇）〉的养生观》获得了征文二等奖。10级研究生余金荣的《〈清园近作集〉读后感》、09级研究生肖楚雄的《带一本书去广州，读〈广州，这个地方〉》、08级本科生刘至佳的《从〈广东新语·卷十四·酒〉谈现代酒业》获得征文三等奖。据了解，我校也是本次比赛中获奖最多的市属单位。据悉，所有获奖作品目前已由主办单位统一结集出版。（人文学院研究生党支部）

5月15日 群英荟萃 公管学子才艺大展示

5月15日下午，公共管理学院主办的"闪烁荟萃，才艺之最"——公管学子才艺大舞台在文清楼707室举行。本次活动邀请了"篮球MVP"汤凯鑫、"百变主持"李水涛、"环保大使"朱叶舟和"导生之星"黄冬涛作为嘉宾，四位嘉宾与大家共同分享了自己独特精彩的成长历程和经验。大学是人成长的摇篮，根据自身

的性格爱好特点，发挥优势，成就所长，全面提升自己的个人综合素质；同时大学又是一个交流的平台，使人开阔视野，互通有无。（谢玲）

5月15日　机电学院第四届电路板技能应用大赛

"机电风"学术科技节之第五届电路板技能应用大赛决赛于5月15日下午2点在红棉路举行。从60名初赛选手脱颖而出的15位选手当天大展身手，各显所长。

此次大赛不仅提高了同学们对电路板和元器件有关知识的认识，而且增强了同学们将知识和实践相结合的能力。同时增加了同学们学习的兴趣和培养了同学们遇到错误不断改正的良好习惯，打造了一个良好的学术氛围。（机电学院学工办）

5月15日　数学学院学生党总支举办首届"红色运动会"

5月15日，数学学院学生党总支举办以"感悟革命精神，传承红色经典"为主题的红色运动会，将红色文化融入体育项目，生动展示了战争年代革命老区的感人事迹和人民军队的顽强作风。在趣味的竞赛和游戏中，弘扬革命的主旋律，使更多的年青

一代了解到中国近代革命历史故事，增强民族自豪感和自信心。在活动中感悟革命精神、传承红色经典，进一步加深对党的认识，从而激发学习的动力。（高菲）

5月15日 以字母文化节庆祝共青团建团90周年

5月15日下午，外国语学院"Letter Big Bang"——字母文化节暨庆祝共青团建团90周年活动在红棉路隆重举行。出席本次活动的嘉宾有鄢智青副书记，学工办廖旺星主任，团委书记李黎老师。

这次字母文化节要求每个班的同学通过组合拼出英文字母，同学们用废旧材料做成环保衣服进行展示。通过活动，同学们不仅丰富了课余生活，增强了对班级的集体荣誉感，而且宣传了环保并以此庆祝建团90周年。（黄楚君）

5月16日 "最·旅声"旅游学院歌手大赛

5月16日，"最·旅声"旅游学院歌手大赛在学生活动中心举行。广州大学合唱团陈顺新、数学学院艺术团团长罗德俊、旅游学院团委学生会主席赵骏杰、旅游学院歌咏队队长钟嘉琪、旅游学院歌咏队前队长姚岚作为评委

五强选手合影留念

出席了本次比赛。

经过三轮比赛的考验，来自 10 级的 1 号尹薛蕙同学最终凭借自己超强的实力，以 86.6 的高分勇夺本次歌手大赛的一等奖和当晚的最佳台风奖；二等奖和三等奖则分别由来自 11 级的 5 号陈秀冰同学和 6 号马文杰同学获得。而通过微博投票得出的最具人气奖由 11 级的 10 号刘盼同学获得。至此，第一届 "最·旅声" 旅游学院歌手大赛完美落幕。（梁慧君）

5 月 16 日 第 16 届 "外研社亚马逊杯" 英语辩论赛广州大学总决赛落幕

5 月 16 日晚上，第 16 届 "外研社亚马逊杯" 英语辩论赛广州大学总决赛落幕。这次比赛由广州大学教务处和外语教育训练基地承办，外国语学院的徐歆玉副院长，黎志敏教授及多位老师担任本次比赛的评委及嘉宾。

这次比赛采用英国议会辩论制这一国际通用赛制，双方辩手就 "中国是否应该对菲律宾开战" 这一议题展开了唇枪舌战。黎志敏教授在点评中指出良好的逻辑思维以及好的赛场礼仪的重要性，为比赛画上了圆满的句号。

这场英语辩论大赛不仅强化了学生的学习意识，还促使学生关注社会热点问题，对培养学生的社会责任意识起到很好的推动作用。（刘燕燕）

5 月 17 日 12 项作品获第八届 "挑战杯" 广东大学生创业计划竞赛奖

5 月 17 日至 19 日，第八届 "挑战杯" 广东大学生创业计划竞赛终审决赛在南方医科大学举行。广州大学共有 12 项作品参赛，并全部获奖。其中获得金奖 1 项，银奖 5 项，铜奖 6 项。

本届省赛竞争十分激烈，参赛高校由上一届的 77 所增至 122 所，参选作品由 676 件增至 721 件。由我校实验中心指导老师黄文恺、陈虹和商学院、数学学院和计算机学院参赛学生组成的参赛团队《智尊宝机器人科技有限公司》获得金奖；《天翔科技教育有限公司》、《学子加油站教育机构》、《芦荟果冻及其产业化开发》、《鼎珍牛肉丸食品有限公司》、《B&G 高校广告联盟》5 项作品获得银奖；《"免费打印"印势力广告策划有限责任公司》、《绿色合成过氧化氢有机溶液及其产业化》、《AMS 重金属废水处理剂》、《广州飞思极科技有限公司》、《红楼·梦主题餐厅》、《新时代老幼一家亲服务机构》6项作品获得铜奖。据悉，本届创业大赛我校共立项239项，经过评审、答辩最终选拔12项作品参加本届省赛。（校团委、高良铨）

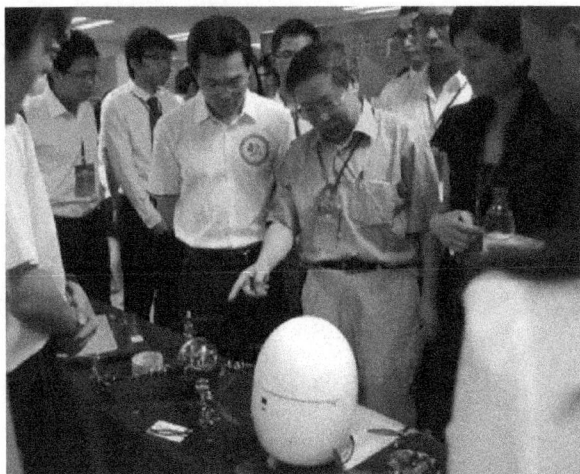

团省委副书记陈宏宇在副校长陈永亨陪同下参观我校参赛展区

5月17日　广州大学第一届学生舞蹈大赛落幕

5月17日晚，由校团委、学生会主办，音乐舞蹈学院团委学生会、艺术团承办的第一届学生舞蹈大赛决赛在演艺中心大舞台举行。经过初赛角逐，来自音乐舞蹈学院、纺织学院、华软软件学院、土木学院、教育学院、商学院、新闻与传播学院、生命科学学院的四十多位参赛者同台竞

技。决赛分专业和非专业两个组别。这次比赛是我校首次举办的全校性舞蹈大赛，是我校第九届校园文化艺术节系列活动之一，历时两个月。（邝剑怡）

5月17日 "节约粮食，从我做起"党日、团日活动受到关注

5月17日，建筑学院团委、学生党支部以"节约粮食，从我做起"为主题，在广州大学红棉路上开展了党日、团日活动。本次活动有建筑与城市规划学院相关老师和学生党、团员参加。

当天上午，团员们在菊苑餐厅餐具回收处贴上了"节约粮食，从我做起"的标语，熙熙攘攘的中午时分，团员同学们在红棉路向过往的广大同学们通过发倡议书、签名等方式倡议大家节约粮食，从我做起，引得不少同学驻足关注。这次活动旨在倡导同学们不要浪费粮食。（建筑学院学工办）

5月18日 曹三省教授开讲：新媒体的演进趋势与技术发展

5月18日上午9点，由中国传媒大学新媒体研究院副院长曹三省主讲的题为"新媒体：演进趋势与技术发展"的讲座在新闻与传播学院会议室举行。学院院长纪德君教授、党委书记伍建芬、副院长田秋生教授、副书记孙凌以及各系主任和部分师生参加了此次讲座。

在本次讲座中，曹教授就"新媒体的概念界定"、"新媒体的社会化纵深演进"、"新媒体技术趋势"以及"城市新媒体服务规划与实施"四个方面为大家剖析了新媒体的发展状况和前景。讲座以"如何界定新媒体才能有利于信息发展"为问题展开。曹教授认为"当前人们普遍关注的'新媒体'，在本质上是人类历史中一脉相承的'新媒体'中的一代，即在数字信息技术（其中包括网络技术）驱动下的新一轮信息传播方

曹教授演讲中

式的变革所产生的各类媒体形态的总和。"

最后，曹教授表示"新媒体应从具有潮流性、时尚性的精英媒体转向面向大众、承载公共服务职能的媒体。对于新媒体公共服务的基础设施的构成，包括移动通信网络、城市公共 Wi－Fi、数字出版基础设施等，都应该引起重视，做得更好。"在讲座最后的提问环节，曹教授针对在场观众提出的问题一一做出了解答。讲座最终在大家热烈的掌声中结束。（新闻与传播学院学工办）

5 月 20 日　地理科学学院学术沙龙拓宽学生视野

5 月 20 日，地理科学学院继续开展学术沙龙活动，得到学院领导老师的鼎力支持。吴志峰、滕丽、崔海山、林彰平老师在这段时间陆续和同学们探讨地理学术方面新的问题，进一步培养学生创新思维和创新精神。学术沙龙对于激发广大学生的学习兴趣、提高动手能力、接受学术熏陶、启迪创新智慧，必将发挥出重要作用；相信，有了师生的大力支持，学术沙龙会越办越好。（黄兴中）

参加学术沙龙的师生

5 月 20 日　科技与心理知识竞赛

5 月 20 日晚 7 点，由机械与电气工程学院学生会学习部与心理协会联合举办的"科技与心理知识竞赛"在理工南楼 522 室举行。参加队伍通过 11 级各学生班级组合形成，分别是：由机械 3 班，电气 1 班和电信 3 班组成的机电队；机械 1 班，机械 4 班和电信 2 班组成的少先队；还有人气指数相当高的由电信1班电气2班和机械2班组成的随便队。经过重重厮杀与角逐，最终随便队以203.1的总成绩赢得了比赛的冠军。（机电学院学工办）

5月21日　计算机学院召开宿舍文明建设专题会议

为把我校党建创新"书记项目"实施方案具体落实到实际工作中去，5月21日中午，计算机学院在图书馆讲学厅召开了宿舍文明建设暨学生党员"一带一"活动动员会，学院党委朱华伟书记、李洪波副书记、学工办全体辅导员以及学生党员、各班生活委员、宿舍舍长共120多人参加了会议。会议由李洪波副书记主持。

会上，朱华伟书记就"如何进一步做好宿舍文明建设工作，创建良好的学习生活环境"作了主题发言。随后，学生党员与"一带一"的宿舍舍长签订了共建责任书，确保党建工作进学生公寓。最后，朱华伟书记和李洪波副书记为获得"文明宿舍"称号的宿舍舍长颁发了荣誉证书。

5月21日 体育学院举行第八届党团知识竞赛活动

体育学院在2012年5月21日体育学院举行了"第八届党团知识竞赛"。研究生、09、10以及11级同学齐聚在图书馆讲学厅，共同参与了此次活动。该项赛事是学院的品牌项目，学院对一年一度的党团知识竞赛活动一直高度重视，本次活动由学院团委组织部进行策划，由团委和学生会合作完成本次活

动的策划和组织。今年的党团知识竞赛也首次在比赛中增加了部分中华经典诗词的内容，更好地激励了学生学习中华经典文学。（体育学院学工办）

5月21日 张权华讲座："纪录片从业者的基本素质"

5月21日下午，广东电视台资深纪录片编导张权华以"纪录片从业者的基本素质"为主题的讲座于文新楼324室如期举行。讲座围绕：如何获得好的选题、电视摄像应注意的问题以及纪录片解说词与画面之间的关系三个方面展开。新闻与传播学院的师生倾听了此次讲座。

张权华老师强调，纪录片是用电视记述的手段去讲述故事，而非文字、口播。而要想获得好的选题，就需要从每个人的身上发现其个性所在，否则就没有办法去发现他人的善良、丑恶。而通过阅读大量的文学作品，往往能够帮助我们了解人性。此外，张权华老师告诉同学们，解说词不需要太多华丽的语言，

张权华编导讲解电视摄像的角度选择

甚至可能会存在语病，但一旦与画面相结合，则能够与其形成互补的效果。

最后，张权华老师劝诫同学们要"多读一点书，多跑一点路，多动一点脑筋"，为今后走出校园，进入工作岗位奠定良好的基础。会后，10记者班林杏楠坦言："听完这个讲座，我意识到自己还要阅读更多的东西，增强在知识、阅历方面的积累。"（新闻与传播学院学工办）

5月21日　纺织服装学院学生夺得62届世界小姐广东赛区冠军

5月21日，在深圳欢乐海岸水秀剧场举行的第62届世界小姐广东分赛区总决赛晚会谢幕，经过激烈比拼，广州大学纺织服装学院10级服装模特专业队学生21号佳丽陈筱脱颖而出摘取桂冠。同时该院09级学生谢斯琦夺得第六名的好成绩并荣获"最具活力奖"单项奖。

据悉，"世界小姐（Miss World）大赛"是全球举办时间最早的顶级选美大赛，始于1951年。也是全球规模最大、影响最盛的超级选美赛事，是最具世界影响力的年度时尚文化盛典。（林雪漫）

5月21日　历时一个多月的广州大学篮球联赛顺利闭幕

5月21日，广州大学2012年篮球联赛举行闭幕式，学校体育运动委员会主任董皞副校长出席了闭幕式并为获奖单位颁奖。本届篮球联赛，是我校阳光体育系列活动之一，由我校体育运动委员会主办，体育学院承办，是我校历年来规模最大、参赛人数最多、最规范的一次篮球比赛。共有30支参赛单位，468名运动员参加，进行了74场比赛。最终，机关联队和体育学院并列教工组第一名，法学院获得学生甲组第一名，体育学院10级获得学生乙组第一名，研究生会等8支参赛单位获得体育道德风尚奖。

本届比赛的举办是我校积极开展阳光体育的一大亮点，本次比赛进一步丰富了同学们的课余生活，活跃了校园篮球文化气氛，增进各学院师生的相互了解与学习交流，提高了体育学院学生体育竞赛组织与管理能力，展示出新时代大学生的朝气和竞技热情。（校体委）

5 月 22 日　广东电视台主播校友给力"青春·使命"精品朗诵会

"团旗飘扬，青春领航"。5 月 22 日下午，广州大学举行 2012 年五四表彰大会暨"青春·使命"精品朗诵会。校党委副书记赖卫华、校长助理周云等出席大会，为获奖集体和个人颁奖并观看精品朗诵会。

表彰大会上对 9 个五四红旗团委、10 个五四红旗学生会、100 个先进团支部、841 名优秀团干、801 名优秀团员、655 名优秀学生会干部等先进集体和个人进行了颁奖。随后，现场师生共同聆听了"青春·使命"精品诵读会。广东卫视新闻主播王鹏担任朗诵会主持人，13 位来自广东电视台的著名主播校友参与演出。我校播音专业的毕业生也为母校师生献上了精彩的演出，校友们表达了对母校的思念和感恩之情。

受表彰的先进集体与个人

据了解，精品朗诵会是广东电视台新闻主播精品诗歌朗诵广东高校校园行的一部分，该活动由共青团广东省委员会、广东电视台和广东省学联共同主办，积极响应了省委省政府下发的《广东省建设文化强省规划纲要（2011－2020年）》中关于"要在青少年学生中开展'我与祖国共奋进'教育活动以及要广泛开展群众文化活动"的号召。（王泉骄）

5月22日　外国语学院分党校举办第八期党课专题讲座

5月22日星期二下午1：30外国语学院分党校第八期入党积极分子培训活动在文新楼408室举行。此次活动有幸邀请到校党委组织部王志明老师及林雪松学生处副处长。同时，李菲老师及吴嘉钰老师作为嘉宾出席了此次活动。

林雪松副处长主讲的题目是：从中华传统文化看大学生党员的修养。他首先引出中华传统文化的重要性，举出中国古代文化的思想，如老子的"知人者智，自知者明"来强调认识自我的必要性。其以风趣幽默的讲话方式并结合中国传统思想来讲述现在的我们应该如何去处理生活上遇到的各种问题，并一一解答了许多同学们的提问。

王志明老师主讲的题目是"弘扬红色精神，端正入党动机"。他以"我志愿加入中国共产党"为标题引出弘扬红色精神的原因及必要性并说出唯一正确的入党动机是"献身共产主义事业，更好地为人民服务"。王老师提出要处理好党员标准与做人标准、思想上入党与组织上入党、党员和群众、党组织培养与个人自我教育、带头与带领等等的关系。

通过这两个专题党课，新学员们对党有了一个更为清晰的认识，懂得了只有端正心态、端正入党动机才能当上一名合格的党员的道理。（梁健）

5月23日　外国语学院举办"培养辩证思维　提高学习能力"讲座

5月23日晚，外国语学院在文新楼123室举办了由彭念凡老师主讲关于英语思维学习的"外语专业成才之路"讲座。

在讲座中彭老师提出中国学生在英语学习中词不达意的问题，指出这是由于大部分学生未能培养辩证思维造成的。他向同学们讲述了辩证思维的重要性，分享了多个有利于提高辩证思维的技巧。其中，彭老师强调辩论是提高学生思维能力的最有效方式，并用多个辩题启发同学们用辩证的思维思考。他表示在辩论过程中生成观点并准确表达是当代大学生所需掌握的重要技巧。

讲座中还邀请了我校的何嘉琳同学和何瑞奇同学用标准流利的英语与同学们分享交流了他们英语学习的经验和意见。最后，彭老师鼓励同学们多发言、多思考、多练习，积极培养辩证思维并在往后的学习中取得进步。

通过这次讲座，同学们认识到辩证思维的重要性，必定对日后的英语学习和生活有极大的帮助。（黄楚君）

5月24日　规划职业人生　成就美好未来

5月24日晚上6点30分，旅游学院职业生涯规划大赛复赛在文新楼224室举行。旅游学院党委副书记刘绍东老师、学工办主任仇妙芹老师、马洁副教授、李庄容副教授、学生会副主席邓媛惠同学应邀成为本次复赛的嘉宾，并担任评委。参加本次活动的还有来自旅游学院11级各班的同学。

复赛中，24位参赛选手分别进行PPT演示文稿展示。在此过程中，选手结合演示文稿，对自我认识和外部环境进行了全面的分析，提出了自己的职业目标、发展路径和行动规划，并从可操作性和现实意义等方面进行了细致阐述。最后由评委根据选手的表现给予评分。经过激烈角逐，叶仲怡同学以86.8分摘得了本次比赛的桂冠，刘乐、李谭欢、郑伊婷等成绩位列前十的选手，获得了晋级学校职业生涯规划大赛的资格。

本次大赛展现了旅游学院11级新生对未来的憧憬、对成才的渴望。作出具体的职业生涯规划，对发掘自我潜能，扩大成长发展空间都有着积极地影响。以青春、活力做资本，学会适应社会的变化，怀着一颗责任心埋头苦干，相信成功将会如期而至。（梁慧君）

5月24日　第九届校园辩论赛落幕 外国语学院辩论队首摘桂冠

5月24日晚，以"博动青春·辩通人生"为主题的第九届校园辩论赛在图书馆副楼五楼报告厅精彩落幕。本次比赛由刘树谦、饶东方、吴小强等多位老师担任比赛的评委。各学院400多名师生代表观看了本届辩论赛冠亚军决赛。

当晚现场座无虚席，气氛紧张，正反双方围绕辩题"当代大学生应该更注重科学精神/人文精神的培养"展开激烈辩驳。辩手们唇枪舌剑，才思敏捷，现场高潮迭起，掌声不止。最终，反方外国语学院辩论队以准确的立论、缜密的思维、良好的辩风，战胜了正方人文学院辩论队，首摘校园辩论赛桂冠。人文学院二辩陈瑾和外国语学院二辩黄俊淞荣获全场最佳辩手称号。

在评委提问和点评环节，社科部刘树谦老师精彩的点拨，发人深思，赢得在场观众的阵阵掌声。他指出，科学精神与人文精神不是对立的关系，两者是人类精神的两个方面，换言之，就是科学的人文精神与人文的科学精神。社科部陈咸瑜老师和档案馆吴小强老师也做了精彩点评。评委们一致认为决赛的辩题具有现实意义，也希望双方辩手在取得好成绩的同时，进一步拓宽知识面，提高辩论水平。（马天保　李迪）

5月26日　土木工程学院同时举办两项志愿活动

5月26日，土木工程学院同时举办了两项志愿活动。一是青协在何桂荣福利院举办了2012年第二季度的长者生日会。本次生日会参与的老人有陈伯等30多位老人，看到年轻人在台上又唱又跳，老人家也没有示弱，主动上台来了一段粤曲，场面可谓温馨感人。二是社工部在南亭码头举行南亭结营礼活动，共有40名来自土木工程学院和华南师范大学的志愿者和36名小朋友参与了活动。活动分为学习和游戏环节，让南亭村的小朋友们在活跃的氛围中学到知识，体验和接触到更丰富的世界。（土木工程学院团委）

5 月 27 日　华软学子夺得第三届全国软件设计大赛二、三等奖

5 月 27 日，第三届"蓝桥杯"全国软件专业人才设计与创业大赛在北京大学百周年纪念讲堂落下帷幕，广州大学华软软件学院学子一举摘取全国二等奖 3 项、三等奖 8 项。此外，华软学院还获得"优胜学校奖"的荣誉称号，连续三年获此殊荣。

来自全国 900 所院校的 1.5 万多名选手和 200 多个创业团队参加了大赛，参赛院校的规模及参赛水平均有大幅度的增长。其中，广州大学华软软件学院软件工程系 09 软件工程（软件开发）李骁桐同学获得 C/C＋＋程序设计本科组二等奖，09 软件工程（软件开发）谢豪杰同学、骆延楠同学获得 Java 软件开发本科组二等奖。游戏系 09 计算机科学与技术（网络游戏设计）王景灿等 8 名同学获得三等奖。

华软学子在颁奖典礼上

据悉，大赛结束后，比赛主

办方工信部人才交流中心和大赛战略合作伙伴 IBM 公司将为获奖选手和创业团队继续提供就业推荐、技术培训、国际认证、创业跟踪辅导等一系列增值服务。而获得总决赛三等奖及以上选手，如果获得本校免试推研资格，将获得北京大学软件与微电子学院、北京交通大学、北京信息科技大学、西南大学、华南理工大学等众多知名院校的面试资格，并优先录取为硕士研究生。各学校纷纷表示，大赛是学校软件专业教育体系的有益补充，一方面起到以赛促学的效果，一方面也是检验教育成果的一杆标尺。竞赛的方式和结果，客观上可为相关专业的教师完善教学方法提供参考和帮助。（陈石宇）

5 月 27 日　地理科学学院毕业生总结表彰大会暨毕业晚会圆满落幕

5 月 27 日晚，地理科学学院 2012 届毕业生总结表彰大会暨毕业晚会在演艺中心正式拉开帷幕。院长吴志峰、党委书记林媚珍、副院长林彰平、党委副书记刘向晖等学院领导出席本次活动。

党委书记林媚珍致辞，刘向晖副书记宣读表彰决定，优秀班主任林淑玲和黄竞同学家长分别代表教师和家长发言。几年来，2012 届毕业的研究生和本科生通过不断努力，顺利完成学习任务，涌现出许多思想先进、品行端正、成绩优异或学有所长的优秀学生。吴志峰、林媚珍、林彰平等领导代表学院为他们颁奖。

总结表彰大会结束后，精彩纷呈的毕业晚会拉开帷幕，晚会内容丰富，包含歌曲舞蹈、魔术快闪、器乐演奏等精彩纷呈的节目。现场欢呼声、掌声时时响起。大家用精彩的表演向即将离校的师兄师姐表达了不舍之情及美好的祝福，活动受到毕业

学院领导与学生合影

生和家长们的一致好评。（地理学院学工办）

5月29日　"考出成绩，研习未来"考研讲座

5月29日下午2点在文清楼117室，以"考出成绩，研习未来"为主题的人文学院考研讲座开讲，人文学院副院长哈迎飞教授主讲。

哈迎飞老师首先介绍了学院的基本情况，对人文学院的专业、师资队伍、研究方向、学术成果与交流和学院未来的发展规划进行了初步的介绍。哈迎飞老师指出，人文学院拥有出色的师资队伍，而且每年都有和其他学校乃至国外高校进行学术交流。她鼓励同学们多参加相关的学术交流

哈迎飞老师在讲座中

报告会，从而丰富自己的知识面。随后哈迎飞老师对广大人文学院的研究生招生做了详细充分的讲解。哈迎飞老师结合今年和往年的招生情况对考研作出介绍，讲座结束之前，哈迎飞老师还为在场提问的同学解答了一些关于考研的问题。她强调，同学们一定要结合自己的兴趣，选择适合自己的专业和老师，为自己开辟出一条精彩的考研之路。（人文学院学工办）

5月29日　地理沙龙第二讲"走遍千山万水"

5月29日晚，"成才有我"地理学术沙龙第二讲举行。此次沙龙讲座主题为"走遍千山万水"，主讲教师为地理科学学院院长吴志峰教授。

讲座伊始，院长以照片形式与同学们分享了从幼年到博士期间各个阶段的成长经历，风趣幽默的语言不时博得大家的掌声和笑声。接着，他向同学

们讲解了地理学的经世致用，并且为同学们分析了地理科学的现状及发展前景。最后，院长对学院未来发展作出了展望，鼓励同学们努力学习，继续深造，力争成为有所作为的人。（孙莉　虞一舟）

讲座结束后合影

5月29日　"奥飞动漫有限公司"来美术与设计学院举办宣讲会

　　5月29日，广东奥飞动漫事业有限公司潮流事业部总监周斌先生来到美术设计学院，为学院师生举办了一场精彩的讲座。本次讲座由阙镭教授主持，学院党委书记詹武致，主题内容为：玩具设计，产品规划和市场营销营销。

奥飞人力资源部吴国强经理做由奥飞出资举办的奥飞杯星创意心设计，2012全国玩具创意设计大赛赛事的参赛方法、时间安排、奖项设置、大赛评委等进行了介绍。周斌总监主讲了奥飞企业文化，以及动漫文化产业开发的规律。詹书记最后从目前玩具行业的就业情况，市场需要等方面详细为同学们讲解了在校生积极参与赛事的重要性，以及了解玩具行业产业链运作模式，磨练自己，把握机会，对于将来走向社会的影响。（美术设计学院学工办）

5月29日　广州大学广州芭蕾舞团与艺术学校举办专场表演

　　5月29日，广州大学广州芭蕾舞团演员和广州大学广州艺术学校师生同台共舞，为学校师生带来了两场精彩而优雅的芭蕾舞表演，芭蕾舞团的团长暨艺术总监张丹丹担任演出主持。

　　芭蕾舞团的演员们带来了4支各具特色的芭蕾舞：《巴赫塔》、《睡美人》、《柴可夫斯基》、《黄河》，舞者淋漓尽致地演出获得满堂彩。当天，艺术学校的同学也踊跃参与了一次微型表演。表演分为古典剧目和现代舞两部分。古典剧目包括《雷蒙达女变奏》、《拿波里男变奏》、《巴赫塔女变奏》等芭蕾变奏集锦，现代舞包括《翎》、《夜色》、《青涩》等集锦，赢得了观众的一致好评。此次表演是我校2012年"高雅艺术进校园"系列活动之一，这也是学校芭蕾舞团与艺术学校第四次在校内举办专场演出。（王泉骄）

5月29日　数学与信息科学学院举行"双代会"

　　5月29日，广州大学数学与信息科学学院第四次团员代表、学生代表大会在讲学厅隆重举行。出席这次大会的有校团委副书记何瑞豪、学院党委副书记曾学毛等领导及其他兄弟学院的代表成员。大会选举产生了学院第四届

团委、学生会委员会委员，候选人精彩纷呈的演讲透露着他们对学生会、团委工作的认真负责和重视，从他们身上，我们看到了学生会、团委更加辉煌的明天。曾书记在讲话中对同学们提出了更高的要求，也给予了更多的寄往。本次双代会在代表的监督下以严谨、公正、公开、公平的原则有序地进行，代表们一直保持着高涨的热情积极参与投票选举。最后，大会在《光荣啊，中国共青团》的乐曲中圆满结束。（杜亚辉）

5 月 30 日　诵中华经典　赢青春荣光

5 月 30 日晚，由外国语学院、旅游学院和计算机学院联合举办的中华经典诵读大赛在文新 406 室举行。比赛由三个环节组成：第一环节是古诗文背诵；第二环节古诗文接龙；第三个环节是默写古诗文。参赛选手在舞台上充分展示了其深厚的古诗文功底，诗句倒背如流。选手们精心准备，表现出色，赢得了观众的阵阵喝彩。经过一轮精彩的角逐，旅游学院最终摘得了桂冠。（黄楚君）

5 月 31 日　第三届"院团结合"艺术实践课程展演

5 月 31 日晚 7：30 时，广州大学"院团结合音乐舞蹈人才培养创新实验区"第三届艺术实践展演活动在广州大学演艺中心大剧院举行。本次展演活动由广州大学音乐舞蹈学院、广东省教育厅《"院团结合"音乐舞蹈人才培养模式创新实验区》项目组、

广东省高等教育教学改革项目《"院团结合"艺术人才培养模式创新的探索与实践》项目组主办，广州大学音乐舞蹈学院"院团结合"艺术实践课程组承办。广州大学党委书记易佐永、副书记赖卫华、副校长徐俊忠教授、党办校

办主任秦春、广州芭蕾舞团张丹丹团长、广州歌舞团史前进团长、音乐舞蹈学院院长马达教授、党总支书记苏沛祺以及学校部分师生观看了演出。（音乐舞蹈学院学工办）

我们的大学

June 六月

6月1日　广州市第三劳教所来数学与信息科学学院交流 ……………… 127

6月1日　谢杏芳来校为学生开教学课 ………………………………… 127

6月1日　黄卉同学赴港参加"第二届粤港澳音乐教育论坛"汇报会 … 128

6月2日　"走新型城市化道路，建设绿色生态广州"环保志愿活动 …… 129

6月2日　学生荣获第三届广东大学生英语综合技能大赛第三名 ……… 130

6月3日　师生团队获中国（广东）大学生时装周指定面料团体创意

　　　　大赛"最佳面料运用奖" ………………………………… 130

6月3日　"建筑狂想曲"闭幕 …………………………………………… 131

6月4日　2012届贷款毕业生诚信教育及还贷会议召开 ……………… 131

6月5日　旅游学院召开第五次"双代会" ……………………………… 132

6月5日　教育学院09级学前教育成果晚会 …………………………… 133

6月5日　人文学院学生党员"永葆党员先进性"培训课 ……………… 133

6月5日　外国语学院举办2012年英语师范生教育技能大赛 ………… 134

6月6日　骊歌未央，再续华章——人文学院毕业生晚会 …………… 135

6月7日　地理学术沙龙——"认识遥感的应用领域" ………………… 135

6月7日　何穗鸿教授受聘并举行《美学》真谛讲座 ………………… 136

6月7日　董天策教授开讲：论新闻与公关的博弈 …………………… 137

6月8日　新闻与传播学院学生赴市政技术学院巡演 ………………… 137

6月8日　生命科学学院召开"双代会" ………………………………… 138

6月8日　焦皓华同学大埔田野调查汇报会 …………………………… 139

6月8日　学生在广东高校模拟联合国大会比赛中获奖 ……………… 139

6月10日　第十六届全国大学生英语辩论赛华南赛区比赛在我校闭幕 … 140

6月12日　附属艺术学校再夺英国黑池舞蹈节拉丁集体舞冠军 ············ 141

6月12日　欢送志愿者陆诗婷同学赴塞舌尔 ·················· 141

6月12日　外语短剧大赛在演艺中心举办 ···················· 142

6月13日　学生获得"格力杯"大学生科技竞赛一等奖 ·········· 142

6月14日　80名学生参加6·14世界献血者日主题活动 ········ 143

6月14日　外国语学院在学校"两项制度"工作总结会作交流发言 ······ 144

6月15日　新传网第三届记者团工作总结大会顺利落幕 ········· 144

6月15日　二十八个学生党支部总评会上各展风采 ··············· 145

6月15日　梁信慕教授来音乐舞蹈学院讲学 ·················· 146

6月17日　广州大学学生荣获广东省"十大身边好人"称号 ········· 146

6月20日　实施人才国际化战略　近二十名学子将出国（境）交流 ····· 147

6月20日　爱心捐款援助毕业生的病重父亲 ·················· 148

6月25日　体育学院举行庆祝建党91周年大会 ················ 148

6月26日　广州大学隆重举行2012届毕业典礼 五千余名学子接受
"拨穗" ·· 148

6月26日　中欧二维动画创作交流会在美术与设计学院召开 ········· 150

6月27日　行政法名家王锡锌教授莅临法学院进行学术讲座 ········· 150

6月29日　欢送2012年西部（山区）计划志愿者 ············· 151

6月30日　音乐舞蹈学院召开校友分会筹备会议 ··············· 151

6月1日　广州市第三劳教所来数学与信息科学学院交流

6月1日，广州市第三劳教所苏桂标一行来到数学与信息科学学院进行考察和交流。学院副院长唐春明、周展，党委书记何建勋、副书记曾学毛以及校团委副书记何瑞豪、校党委宣传部副部长黄志凯等人出席会议。会议中学院代表、学校代表与第三劳教所的代表就有关学院师生对第三劳教所服刑人员进行帮教工作等问题进行了深入详细的交流，促进学院与第三劳教所的共同发展与合作。（杜亚辉）

6月1日　谢杏芳来校为学生开教学课

6月1日下午，前羽毛球女单世界冠军谢杏芳受聘为广州大学客座教授，并在体育馆为体育学院专业学生开了首堂教学课。谢杏芳老师首先带领20多名学生进行了课前热身，然后就发球、接发球和后场扣球以及吊球等技术环节逐一进行了讲解与示范，并针对学生们的具体情况进行辅导。在课的最后部分还应邀分别与学生搭配进行了男双和女双的友谊比赛，将整个互动活动的气氛推向高潮。

谢杏芳曾经是中国羽毛球女单一号选手，是许多世界大赛的绝对主力，占据世界女单排名第一的宝座很长时间，为国家赢得许多荣

誉，也为自己的家乡广州争得光彩，深受广大球迷的喜爱。2009 年以 8 个世界冠军的佳绩退役，现任广州驻北京办事处办公室副主任，同时在北京大学社会学系攻读硕士学位。谢杏芳老师将定期来校为体育学院的学生教授羽毛球课程，她的加盟定会为我校培养更多更好的羽毛球专业人才，进一步促进和推动我校羽毛球运动的发展、提高起到积极重要的作用。（体育学院学工办）

6月1日　黄卉同学赴港参加"第二届粤港澳音乐教育论坛"汇报会

6月1日下午2时，音乐与舞蹈学院在文逸楼 620 教室举行赴香港参加"第二届粤港澳音乐教育论坛"硕士研究生黄卉同学的学习汇报。音乐舞蹈教育研究所所长陈雅先教授主持了此次报告会，马达院长、刘瑾副院长、研究生班主任屠金梅博士以及学院 2010 级、2011 级全体硕士研究生参加了此次汇报会。在汇报会上，黄卉从会议的创办背景、回顾第一届粤港澳音乐教育论坛、第二届会议的主要内容以及参加会议的主要学习收获 4 个方面向大家全面地展示了她在香港的学习所得。

此次报告较全面地展示了粤港澳三地的教育制度、音乐课程和教学方法，从音乐的角度诠释了不同文化下的教育的差异，让大家切实地意识到创意教学的重要性，并引发了对当前大陆音乐课程和教学的深入思考和研究的热情。马达院长和陈雅先教授对黄卉同学的此次汇报给予了赞扬，肯定了她在专业研究上的细心和勤奋，执着和热情。（音乐舞蹈学院学工办）

6月2日 "走新型城市化道路，建设绿色生态广州"环保志愿活动

6月2日上午，由广州市环保局、城乡建设委员会主办、广州立白企业有限公司协办，主题为"走新型城市化道路，建设绿色生态广州"纪念6.5世界环境日宣传活动在越秀区英雄广场隆重举行。活动由广州市环保局局长罗思源同志主持，广州市领导万庆良、陈建华等出席了活动。广州大学环境科学与工程学院100多名师生作为广东省高校的唯一代表参加了本次活动。

活动中，环保志愿者代表宣读了"治理PM2.5，你我共同参与"倡议书；广州立白企业集团公司等十多家企业代表现场签署了"不过度包装"承诺书。接着，出席活动的市领导与市民代表共同按下按钮，宣布启动"广州新空气质量污染综合防治五年计划"。

活动当天，环境科学与工程学院展出了大学生志愿者历年环保宣传活动的累累硕果，图文并茂的展区吸引了大批市民的围观。广大学子积极践行环保理念、锐意创新，利用废旧物料制作出许多实用美观的环保小用品，赢得了在场的市领导和市民的一致赞赏。罗定贵教授现场回答了陈建华市长的提问，还简要介绍了学院将环保专业知识及技能应用在社会服务方面的工作经验。最后，陈建华市长鼓励我校志愿者要坚持把环保宣传、服务工作做好、做大，让环保意识深入人心。并与学院环保志愿者合影留念。（环工学院团委）

6月2日　学生荣获第三届广东大学生英语综合技能大赛第三名

2012年6月2日，第六届广东大学生科技学术节之第三届广东大学生英语综合技能大赛在广东外语外贸大学报告厅举行。由广州大学外国语学院刘志杰、钟柳婷、和陈思勍3名同学所组成的"sandwich"队作为代表参加了比赛。

本次比赛以模拟记者招待会的形式将时事热点和专业知识相结合，着重考察选手们听说读写译的综合能力。我校代表队首先担当翻译方，对发言方的新闻发布、观众提问及对手回答进行翻译。我校队员在整个翻译过程表现沉着冷静，睿智灵敏。在担任发言方的环节中，队员用流利的英文和机智的表现打动了在场的观众和评委，最终获得了第三名。（詹晓云）

6月3日　师生团队获中国（广东）大学生时装周指定面料团体创意大赛"最佳面料运用奖"

6月3日晚上，在2012中国（广东）大学生时装周总决赛中，广州大学美术与设计学院熊忆老师带领09服装班4位同学杨瑞君、罗颖瑶、翁菲丹、梁敏婷，设计制作系列服装设计作品《Hepburn（赫本）》获得指定面料团体创意大赛"最佳面料运用奖"。决赛展演中，服装设计班学生余丽婵同学作为专职模特参与了作品的表演。

本次指定面料团体创意设计大赛，引入

获奖团队成员

全面竞争机制，18所高等院校争相报名。最终，组委会和指定面料企业共同评选出广州大学美术与设计学院、华南理工大学设计学院、华南农业大学艺术学院等10所院校进入指定面料团体创意设计大赛决赛。（美术设计学院学工办）

6月3日 "建筑狂想曲"闭幕

6月3日，建筑与城市规划学院第七届建筑文化节闭幕式在理工南楼710室举行。学院潘文彬副书记为闭幕式致辞，本届文化节闭幕式的宣传视频播放后，周臻、龙小明老师为本届文化节速写大赛、职业生涯规划大赛、院快题比赛、筑纸大赛、建筑杯篮球赛、环保袋设计大赛各奖项获奖的同学颁奖，获奖的代表纷纷发表获奖感言，场上气氛热烈起。本届文化节在新增特别环节"给一年后自己的一封信"的愿望圆满闭幕。（张昭）

6月4日 2012届贷款毕业生诚信教育及还贷会议召开

6月4日至5日，学生处在讲学厅连续召开两场2012届贷款毕业生诚信教育及还贷会议。今年我校借款学生共886人，贷款共1453笔。

会议强调贷款学生要注重诚信，诚信问题不仅影响个人生活，也影响学校声誉，并直接影响着下一届新生的借贷。借款学生不需要办理贷款担保或抵押，但需要承诺按期还款，保持良好的信用记录，为个人积累良好的信誉财富。对于违约学生，其违约行为将会被载入个人征信系统，并承担相关法律责任。此

学生纷纷咨询还贷的相关问题

外，学生处相关负责人还详细讲解了学生还贷程序及国家助学贷款基本知识。借款生可通过学生在线服务系统 http：//www.csls.cdb.com.cn 了解相关信息和进行在线注册、在线贷款申请、在线提前还贷申请及学生信息维护等。

我校自2007年开始实施新的助学贷款制度，目前已借出6批贷款，历年

来还款情况良好，如期还款率达99.7%，其中约七成学生提前还清贷款。（学生处）

6月5日　旅游学院召开第五次"双代会"

6月5日19点，旅游学院第五次团员、学生代表大会在图书馆讲学厅隆重举行。旅游学院党委副书记刘绍东老师、校团委副书记何瑞豪老师、院学工办主任仇妙芹老师、团委书记陈志明老师及兄弟学院的代表出席了本次会议。

大会开幕后校团委副书记何瑞豪老师首先致辞，学院团委书记陈志明老师、学生会主席赵骏杰同学分别作共青团第四届委员会工作报告、第四届学生会工作报告，李倩仪同学作关于"共青团广州大学旅游学院委员会团费收支情况"的报告。大会第二项内容是团委委员候选人竞选演讲和学生会委员候选人竞选演讲，各位候选人激情澎湃，斗志昂扬，纷纷阐述为团委、学生会奉献一份力量的意愿和举措。大会第三项内容是投票选举共青团旅游学院第五届委员会委员、第五届学生会委员会，经各位代表现场投票、计票，

新老委员合影

选举产生了学院团委、学生会第五届委员。投票结束后，学院党委副书记刘绍东在讲话中强调"双代会"对同学们成长成才的重要性，期望各位同学能齐心协力协助团委、学生会开展好工作。

会议结束后新旧两届委员现场合影留念。我们有理由相信，新一届团委、学生会委员定能为团委和学生会出谋划策、积极工作，为学院构建一个美好的明天！（旅游学院团委、学生会）

6月5日　教育学院09学前教育成果晚会

6月5日晚上，教育学院学前教育系在演艺中心A1广场，隆重举办09学前教育术科成果晚会"你是我的星光"。成果晚会的节目丰富多彩，包括：古典舞《雨中花》、朝鲜族舞蹈、儿童舞《love song》、器乐合奏《彩云追月》、音乐小剧《星光班考试》、现代舞《feel》、环保秀走台（DIY Catwalk Show）、儿童故事《猜猜我有多爱你》、合唱《哩哩哩》等节目，吸引了众多的广大学子前往观看。（教育学院学工办）

晚会中的《朝鲜舞蹈》

6月5日　人文学院学生党员"永葆党员先进性"培训课

6月5日下午，以"永葆党员先进性"为主题的人文学院党生党员先进行教育培训课在文清楼210室举行。这次培训课特别邀请了泰中文联主席林栩先生和人文学院秘书系的徐国荃教授作演讲。人文学院前党委书记徐元平、党委副书记李芬出席了这次培训课。

林栩先生作演讲时，跟大家分享了自己上山下乡、中越自卫反击战、写作以及拍电影的经历，并以此告诫大家"不要躺在父辈给的温床里"，要有自己的人生目标与理想，

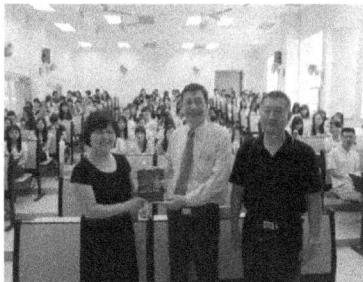

李芬向林栩先生赠送纪念品

133

要不断地创新，不断地超越自己，让自己的人生充满激情与活力。

接着，徐国苓教授以"礼仪与修养"为主题作演讲。她引用孔子的"礼者，敬人也"道出了礼仪的实质是对别人的尊重。徐教授认为，修养是由内而外的，礼仪表现在自尊和尊人，体现在为人处事的细节上。她还提到，现代大学生应当识礼、守礼、行礼、尚礼，因为礼仪教养是个人呈给社会的名片。课后，第一党支部的刘晓林同学表示从林栩先生精彩的演讲懂得了要有艰苦磨砺才会有精彩人生的道理。（人文学院学工办）

6月5日　外国语学院举办2012年英语师范生教育技能大赛

2012年6月5日，外国语学院举办2009级英语师范生教育技能大赛。外国语学院院长肖坤学教授等教师受邀出席本次大赛并担任评委。

比赛通过授课环节和才艺表演展示参赛选手作为一名英语老师必备的师范教育技能。授课环节分为小学组和初中组进行，选手们自信从容，通过板书与多媒体课件等，运用多种教学方法绘声绘色地展现教学成果，课堂气氛活跃；才艺表演比赛使场内更加精彩纷呈，全场不时爆发出热烈的掌声。最终，来自2班的周思敏同学获得了授课比赛一等奖；来自1班姚明珊同学漂亮的书法和来自2班曾圳柳、梁嘉仪同学的双节棍表演获得才艺表演一等奖。

这场英语师范生教育技能大赛，不仅促使师范生更加系统地掌握英语教学的基础知识，较好地运用教育教学的各种基本技能，提高了学院英语教师教育专业学生的综合素质。（外国语学院学生会）

6月6日　骊歌未央，再续华章——人文学院毕业生晚会

6月6日晚上7点，人文学院"骊歌未央，再续华章"毕业生晚会在广州大学演艺中心隆重举行，学院副院长汪磊、党委副书记李芬、团委书记冯建生和学工办老师刘军军和全体毕业生出席晚会。

晚会总共分为三个部分："感恩的心"、"爱在毕业时"和"那些年，我们一起上过的大学"，每个部分都以一段学生拍摄的微电影拉开序幕，结合了"选修"、"校园网"等话题，以视频、表演等多种手法呈现，让毕业生们在短短3个小时里重温大学4年的美好时光，记录和颂扬了大学4年间的师生友情。

晚会上不仅有人文艺术团、TOMA舞团带来火热的舞蹈，还有"人文巨 sing"选手带来美妙的歌声，更有魔术、话剧、栋笃笑等精彩的表演。人文模特队的模特们更身着我校美术与设计学院今年的毕业作品走秀，博得阵阵掌声。

晚会现场

然而，除了学生精心准备的表演，老师的参与也不可缺少。汪磊、王凤霞、叶从容和李俏梅4位老师上台朗诵《永远的祝福送给你们》、罗兵老师即兴的口琴表演，与观众舞动手里的荧光道具交织成一片斑驳的灯影。

这温馨的一刻，让在场的师生难以忘怀。（人文学院学工办）

6月7日　地理学术沙龙——"认识遥感的应用领域"

6月7日晚，地理科学学院学术沙龙第三期最后一讲拉开帷幕。本场沙龙

由崔海山老师主讲，就地理遥感技术在生活中的应用与学术研究，结合崔老师的多方考证与评析，从最为实际的角度阐述了当今时代地理通信专业的广泛运用与大好前景。

在崔老师的话题引导下，同学们的思维被很快调动起来，老师的精彩陈述更使同学们原本认为不真实的课本知识变活了，令人耳目一新。崔老师展示的研究成果和实习照片，也让同学们在有限的时间获得了一场知识的饕餮盛宴，为每个人展示出了专业知识的无穷潜力，成为此次沙龙最大的亮点。（文博）

讲座结束师生合影留念

6月7日 何穗鸿教授受聘并举行《美学》真谛讲座

6月7日晚7时，何穗鸿教授聘任旅游学院客座教授仪式暨《美学》真谛讲座在文俊东楼406室举行。院长张河清教授、党委书记胡幸福教授、副院长方忠权教授、党委副书记刘绍东老师出席了仪式并聆听了讲座。

首先进行的是客座教授聘任仪式，院长张河清教授向何穗鸿教授颁发客座教授聘任书。何穗鸿教授是中国散文学会会员、中国硬笔书法家协会会员、广东省摄影家协会会员，在书法及摄影方面具有很高造诣。

何穗鸿教授在讲座阐释《美学》真谛时，向现场观众展示了几幅自己的书法及摄影作品，结合自己创作时的真实感受来与观众们分享自己对于《美

学》的独特认识。他强调，有
真情实感的作品才真的"美"，
人云亦云地跟风产生不了
"美"的感受。现场观众皆认
真倾听，与教授积极互动。

此次何穗鸿教授对《美
学》的阐释为旅院学子带来丰
富的知识熏陶与艺术鉴赏机会。
（旅游学院团委、学生会新闻
中心）

聘任仪式现场

6月7日　董天策教授开讲：论新闻与公关的博弈

6月7日下午，暨南大学董天策教授关于"新闻与公关的博弈—危机传播
中应对主体与报道主体的互动"的讲座在广州大学新闻与传播学院会议室如
期举行。副院长戴剑平教授主持此次讲座。

讲座中，董教授就"突发事件与突发事件报道"、"危机传播的三类主体
及其互动"、"危机传播的问题及其解决
路径"、"相关理论的重新审视"4个方
面全面阐释了危机传播的常态—新闻与
公关的博弈。并与学院师生互动讨论了
王立军薄熙来事件、川大中毒事件、
"5.26"深圳飙车案等新闻热点。

董天策教授在讲座中

副院长戴剑平教授高度肯定了这次
讲座的现实意义，他表示："广州大学人
文社科高端论坛邀请全国各高校知名专
家教授前来交流，有利于推动我校学科建设和专业发展。"（新闻与传播学院
学工办）

6月8日　新闻与传播学院学生赴市政技术学院巡演

6月8日，新闻与传播学院学生党支部的党员在孙凌副书记的带领下来到

位于花都区的广州大学市政技术学院，在该院的演播大厅进行了语言艺术巡演，演出主要有朗诵、魔术、歌舞和独唱等表演形式，其中由 11 普播班范紫霄与 10 普播班刘哲表演的朗诵——《蚁族》，声情并茂，打响演出的第一炮。而后，11 粤播班严瀚英的魔术表演则将全场气氛推向高潮，赢得阵阵掌声。

两院师生合影

节目结束后，观看演出的学生在语言艺术方面进行交流广州大学市政技术学院的学生们踊跃提问，新闻与传播学院的学生一一作出解答。（新闻与传播学院学工办）

6月8日　生命科学学院召开"双代会"

6月8日18点，生命科学学院第四次团员、学生代表大会在文新楼113室成功举办。出席本次"双代会"的有党委书记吴毅、副书记肖杏烟、学工办主任李燕冰、团委书记林龚勇、华南理工大学辅导员陈强、广州市学联主席汪超，以及来自各个年级的125名团员、学生代表。

本次"双代会"在学校党委和上级团组织的正确领导下，围绕贯彻落实科学发展观、促进学生成长成才的中心工作积极开展各项筹备工作。会议代表审议并通过了《筹备工作报告》和

团委、学生会成员合影

《代表资格的审查报告》，认真总结了学院团委和学生会的工作，选举产生了新一届团委、学生会委员会。

吴毅书记在会议闭幕式上讲话时不仅肯定了团委、学生会的出色工作，也赞扬了"为学生服务"的精神，并且希望共青团、学生会能再接再厉，服务学生成长成才。他最后用温总理"人生的价值是属于有觉悟、有知识、有才能的人"的话与同学们共勉，希望同学们能不断地进步。（生命科学学院学工办）

6月8日　焦皓华同学大埔田野调查汇报会

6月8日下午，在文逸楼620教室举行了音乐舞蹈学院硕士研究生焦皓华同学赴大埔县田野考察的汇报会。院长马达教授、副院长刘瑾教授、音乐舞蹈教育研究所所长陈雅先教授、研究生班主任屠金梅博士以及学院2010级、2011级全体硕士研究生参加了此次汇报会。

汇报会中，焦皓华同学从"为什么要做田野"、"田野工作的前期准备"、"田野资料整理"等方面，与大家分享了他在的大埔的田野调查经验，并运用视频音响资料为大家展示了精彩真实的调研过程。

田野调查是民族音乐学最基本、最重要的研究方法。只有建立在坚实、科学的实地调查和丰富的现场音乐资料积累基础上的课题，在学术上才可能有所发展、有所发现、有所突破。焦皓华同学的汇报会为全体研究生今后课题研究的实地调查方法提出了指导性的建议。（音乐舞蹈学院学工办）

6月8日　学生在广东高校模拟联合国大会比赛中获奖

6月8日-9日，广州大学城及周边地区高校模拟联合国大会比赛在广东外语外贸大学大学城校区举行。本次活动意在借助广外模拟联合国大会（GWMUN）自身的影响力，加强广州大学城及周边地区高校之间沟通交流，促进相互间的学习与发展，推动模拟联合国活动在广东省的蓬勃发展，为广东省有更多的高校参加2013年的中国模拟联合国大会作充分的准备。本次比赛有来自中山大学、广州大学、华南农业大学、华南师范大学、南方医科大学、广东工业大学、广东商学院、广州中医药大学、深圳大学、广东技术师范学院等多所高校选手参与，参加的高校数、参与学生人数为历次广东省模拟联合国大会中最多的一次。

广州大学外国语学院09级学生徐冰作为英国代表，充分展示了其纯正流利的英语口语和敏锐的才思，用创意和口才征服了评委和观众，从来自各高校的选手中脱颖而出，获得了大赛"最佳外交风采奖"。（李黎）

参赛选手合影

6月10日　第十六届全国大学生英语辩论赛华南赛区比赛在我校闭幕

6月10日，由共青团中央学校部、全国学联秘书处、北京外国语大学主办的第十六届"外研社亚马逊杯"全国大学生英语辩论赛华南赛区比赛，于广州大学落下帷幕。我校副校长陈爽、共青团广东省委员会学校部部长冯永忠等领导出席了闭幕式。

来自海南、福建、贵州、广西和本省的46所兄弟院校参与了本次大赛华南赛区的比赛。经过3天紧张的角逐，中山大学获得冠军，华南农业大学获得亚军，广州大学和福州大学获得季军。华南赛区共有12支代表队获得晋级全国总决赛的资格。

广州大学外国语学院同"外研社"共同承办了本次比赛，并组织了近40名志愿者参与本次赛事的服务工作。该活动不但可以提高学生的英语辩论和英语学习的兴趣，有利于培养学生的综合能力和整体素质，对我校培养全

陈爽副校长为我校选手颁奖

方位人才具有积极的作用，而且将扩大广州大学在当地及周边省市乃至全国的影响力。（高珊）

6月12日　附属艺术学校再夺英国黑池舞蹈节拉丁集体舞冠军

6月12日，广州大学附属艺术学校国标专业团队继连续第二年获得第87届英国黑池舞蹈节摩登集体舞冠军之后，在拉丁集体舞决赛中，再次夺得该项冠军。这是附属艺术学校连续第二年获得英国黑池舞蹈节摩登、拉丁集体舞的双料冠军。（高良铨）

6月12日　欢送志愿者陆诗婷同学赴塞舌尔

6月12日，"赴塞舌尔志愿者陆诗婷同学欢送会"召开，校团委、音乐与舞蹈学院相关领导出席会议。校团委何晓晴书记代表学校为陆诗婷颁发奖金。现场，师生们为陆诗婷送上最真挚的祝福，希望她在塞舌尔注意安全，一切平安。

据悉，我校音乐与舞蹈学院2009级音乐教育3班90后在读大学生陆诗婷入选为国家第五届援塞舌尔志愿者，将于6月底前往当地进行为期一年的志愿教授小提琴活动。本次前往塞舌尔的志愿者共有18名，包括多名医疗人员、一名工程师、一名钢琴教师及一名小提琴教师等。陆诗婷告诉记者，她将在塞舌尔首都维多利亚以及周边小岛的音乐培训机构给当地居民上课，同时她将会尝试着结合塞舌尔的音乐元素，创作出一份崭新的作品，促进中国与塞舌尔的文化交流。

据了解，塞舌尔全名塞舌尔共和国（Republic of Seychelles），是坐落在东部非洲印度洋上的一群岛国家。中塞1976年建交以来，两国关系发展顺利。（林佩雯）

6月12日　外语短剧大赛在演艺中心举办

6月12日晚，由广州大学学生处、教务处和校团委主办，外国语学院承办的广州大学"英才放眼世界，语出惊人成就"系列活动之外语短剧大赛在演艺中心举行。院长肖坤学、副院长覃鸿怀、徐歆玉、党委副书记鄢智青及王芳等老师出席了此次活动。

经历初赛和复赛的层层筛选成功进入本次决赛8个班级，以"戏说新语"为主题，努力创新，为同学们献上了一部部别出心裁的外语短剧作品。用日语演绎潜行追击给观众带来了别样的风采；穿越时空的还珠格格新颖独特；反串搞怪的灰姑娘赢得全场热烈的掌声和欢呼声；改编自外国名著《简爱》以及著名电影《美丽人生》的精彩短剧表演给人们以心灵的震撼。最后，外

国语学院 10 级 6 班、11
级和 10 级日语班分获冠
军、亚军和季军。经过 50
名大众评委的投票表决，
刘燕燕和杨舒瑜获得最佳
配角奖，叶万森和刘志杰
分别获得最佳男女主角
奖项。

此次大赛不仅使同学
们开拓了眼界，提高了外
语的实践运用能力，而且
为同学们的全面发展创造
了良好的英语学习氛围和学习环境。（潘苑芳　詹晓云）

6月13日　学生获"格力杯"大学生科技竞赛一等奖

"格力杯"第六届中国制冷空调行业大学生科技竞赛（华南赛区）决赛于6月13日－14日正式举行。据悉，本届比赛分为本科生组和研究生组，在全国共设立华北、华东、华中、华南4个赛区。共有来自广东、福建、广西等地区的广东工业大学、华南理工大学、广州大学等15所高校的制冷、建

环、热动等专业 300 余名学生参加了华南赛区的初赛，经过层层选拔，共 10 支本科生代表队和 3 支研究生队参加本届竞赛的决赛。广州大学在本次大赛中取得较好成绩，由土木工程学院徐晓宁教授指导的研究生蒋仁娇获得研究生创新设计一等奖，朱赤辉老师和李峰老师指导的由 08 级建筑环境与设备工程专业的卢佑波、黎敏婷、夏可超组成的本科生组获得了三等奖。

据悉该竞赛目前已经成功举办 5 届，在国内众多高校、行业企业中引起了积极反响和普遍关注。这项活动通过考察大学生的专业理论知识、实践操作能力和创新设计能力，鼓励大学生将理论知识与实践相结合，促进大学生全面发展，对培养制冷空调行业创新型人才起到了十分重要的作用。（土木工程学院学工办）

6 月 14 日 80 名学生参加 6·14 世界献血者日主题活动

6 月 14 日，由共青团广东省委员会、广东省教育厅、广东省卫生厅、广东省红十字会和广东省学生联合会联合主办的"2012 年广东大学生无偿献血主题活动暨广东省血站开放月启动仪式在大学城华南师范大学广场举行，广州大学 80 名学生参加本次献血活动。

在活动现场，我校红十字会"广大献血站"宣传摊位，吸引了很多嘉宾和同学围观，宣传摊位主要为献血的同学解答献血相关知识，同时还设计一些有趣好玩的小游戏与同学们互动，现场气氛热烈。

据悉，10 年来，我校无偿献血工作取得了突出成绩，累计超过 30000 人次参加了无偿献血，为广州血站供应近 11.25 吨的全血。广州大学献血总人数持续居广州地区高校前列，献血量占高校献血量的 1/6，连续 10 年被评为广州市无偿献血先进单位。（高良铨）

6月14日　外国语学院在学校"两项制度"工作总结会上作交流发言

6月14日，广州大学召开"领导干部联系班级与专任教师值班"两项制度实施四年工作总结交流会。陈爽副校长对各学院"两项制度"开展的情况给予肯定，要求有关部门和学院以学生为本，健全"两项制度"的激励和保障机制，进一步突显"两项制度"的实效性。

会上，梁碧茹书记代表外国语学院做了交流发言。梁书记介绍了"两项制度"在学院的执行情况，谈到了工作开展中的几点体会：一是充分利用各级平台和资源为学生成长服务；二是充分调动师生参与"两项制度"工作的积极性；三是要进一步思考和健全激励保障机制。

"两项制度"实施以来，学校领导、老师走进班级、走进宿舍、走进活动，拉近了师生间的距离，促进了师生间的互动，对加强学风建设，改进学生的教育和管理起到了积极的作用。（外国语学院学工办）

6月15日　新传网第三届记者团工作总结大会落幕

6月15日中午，新闻与传播学院新传网第三届记者团总结会议暨换届大会在学院会议室举行。学院党委书记伍建芬、副书记孙凌、学工办吴谦老师应邀出席，新传网记者团17名成员参加了本次会议。

会议由记者团团长梁舒仪主持。梁舒仪总结了新传网记者团这一年来的工作，同时指出记者团的不足，

新传网第三届记者团总结会议暨换届大会

"与其他部门的合作较少，资源共享方面做得还不够。"最后，她宣布新传网记者团第四届的团长由 10 级记者班的陈曦担任，而副团长则分别由 10 级记者班的赖庚谷和 10 级广告班的钟桂银担任。然后，新任团长陈曦进行就职发言。她回顾了自己在新传网两年的工作经历并表达了自己对即将离开的"同事"的不舍，以及对团队以后发展的期望。

随后，学院党委书记伍建芬、副书记孙凌均发表了讲话。院党委副书记孙凌在发言时表扬了团队的工作，但也表示记者团在"传帮带"方面要继续努力，给予新进的记者更多机会去尝试，去提高。（新闻与传播学院学工办）

6 月 15 日　二十八个学生党支部总评会上各展风采

6 月 15 日，广州大学举行 2012 年学生党支部"优秀党日"主题活动总评，28 个学生党支部通过展示各支部开展党日活动的精彩，角逐"优秀党日"荣誉，最终评出了一等奖 3 名、二等奖 6 名、三等奖 11 名及若干名优秀奖。

据了解，校属各党支部为认真贯彻落实校党委的工作部署，在本学期围绕"提升质量创建一流，服务学生健康成长"和"爱党爱国爱人民，为建设幸福广东、幸福广州作奉献"的主题，开展了"优秀党日"的主题活动。经各党支部自主申报、所在单位党委（党总支）推荐和学校评审，对 62 个党支部申报的"优秀党日"活动项目予以立项，其中学生党支部 35 项。

经过结项和初步评审，此次共有 28 个学生党支部报送的"优秀党日"进入学校总评，各支部通过幻灯片、电子杂志、视频等形式展现了党日活动开展过程中的精彩片断。总评按思想性、目的性、内容与形式、党员的参与度、活动的组织、活动的实际效果和现场演讲进行评分，最终，外国语学院 2009 级学生党支部、人文学院中文系学生第三党支部、商学院学生第二党支部获得一等奖；外国语学院 2011 级学生党支部、音乐舞蹈学院第二学生党支部、桂花岗纺织服装学院学生党支部、公共管理学院 2010 级学生党支部、地理科学学院研究生党支部等（联合）、化学化工学院化学系学生党支部获得二等奖；教育学院教育学系学生党支部等 11 个党支部获得三等奖，另外 8 支学生党支部获得优秀奖。（魏榆力）

6月15日 梁信慕教授来音乐舞蹈学院讲学

6月15日下午2点，联合国教科文组织本土文化及创意教育研究观测所所长、香港教育学院文理学院副院长、文化与创意艺术学系主任、博士生导师梁信慕教授，在广州大学文逸楼620教室为音乐舞蹈学院研究生和教师作了一场题为《概念化音乐教育研究（Conceptualizing Research in Music Education)》的学术讲座。梁教授的讲座持续了两个多小时，他的演讲充满激情，语言生动朴实，其对音乐教育研究设计中的"概念化"内蕴解读的独到见解和深刻体悟，给师生们留下了深刻印象。这次讲座为音乐教育科学研究提供了新的学习借鉴范式，对提高学生论文写作的能力，增强教师的科研写作意识以及科研写作水平都有很大的启发作用。（音乐舞蹈学院学工办）

6月17日 广州大学学生荣获广东省"十大身边好人"称号

6月17日，广州大学计算机学院"322学雷锋团队"应邀出席由广东省精神文明建设委员会办公室和南方电视台主办的"寻找身边好人"公益活动颁奖典礼，并被授予"十大身边好人"称号。南方电视台刘卫副台长为他们作了颁奖，获奖理由是："默契前行——让感动更有力量"。

"寻找身边好人"专题活动是由广州市精神文明办主办、南方卫视与一汽巴士公司联合策划承

黄海平（左4）陈伟（左5）在领奖

办的一项大型公益活动，从 2012 年 4 月至今，前后历时 2 个多月。该活动通过电视、网络展播了各社区提供上来的 50 位好人的感人故事，展示新时代广州人古道热肠、乐善好施、正义勇敢、坚守责任和积极向上的品格和精神。4 月初，"322 学雷锋团队"长期照顾行动不便同学的事迹被报纸、电视台等媒体报道后引起了社会的广泛关注，经观众网络投票，从 50 个"身边好人"候选对象中脱颖而出，被授予"十大身边好人"称号。（李洪波 陈毅光）

6 月 20 日　实施人才国际化战略 近二十名学子将出国（境）交流

自学校提出大力实施人才国际化战略以来，新闻与传播学院积极响应，在已有的平台基础上，加强与国际教育学院及对口海外高校的合作，本学期以来，学院陆续开展了美国南卡莱罗纳大学、英国格林姆斯比学院的项目交流会，并就澳大利亚科廷大学等暑期项目展开宣传咨询。在南卡莱罗纳大学交流项目上，国际教育学院负责的老师亲临现场，针对学院学子感兴趣的传媒专业对接、在美国的学习生活等问题展开充分交流，还有两名来自其他学院的同学就他们已经结束的南卡交流经历进行详细介绍。最终，2010 级 4 名学生确定参加该项目，于 2012 年 9 月赴美访学。

除了南卡大学，与英国格林姆斯比学院的合作更体现了新闻与传播学院国际化办学深度拓展的趋势。学院此前已派出两批同学赴英该学院交流学习，李辉副院长和徐晖明副教授也已飞赴英国与对方商谈合作意向，双方的诚意合作由此延续，格林姆斯比学院国际合作项目总监安德鲁先生亲临广州大学为学院报名同学一一作英语口语面试，并最终确定 11 名学生参加 2012 年 9 月至 12 月在格林姆斯比学院的访学交流。学院将同时派出李祥伟、席红两位老师赴该学院开展访问学者之旅。

除了以上同学获得访学资格，新闻与传播学院还有两名大一的同学通过了学校与美国高校合办"1＋2＋1"项目的考核，从 9 月起在美国合作高校接受为期两年的学习；一位大三的同学获得推荐前往台湾义守大学进行一个学期的交换学习，总计下学期出国（境）交流学习人数达到 17 人，为全校各学院之冠。（新闻与传播学院学工办）

6 月 20 日　爱心捐款援助毕业生的病重父亲

6 月 20 日，地理科学学院全体师生为邓同学身患重病的父亲发起了献爱心捐款活动，活动最终筹得善款接近两万元。

邓同学是地理学院 08 级物流 2 班的一名贫困学生，5 月 11 日其父亲因肺积水在中山大学附属第三医院住院就医，其后被确诊患恶性间皮瘤。单是化疗，费用就高达 20 多万。这对一个普通农村家庭来说，无疑是无法应付的。

主管毕业生工作的辅导员在开展就业调查时了解到这个特殊情况后，马上与学院领导班子沟通。组织发动全院师生伸出援助之手，为邓同学慷慨解囊，共同帮助他们渡过难关。（刘晓亮）

6 月 25 日　体育学院举行庆祝建党 91 周年大会

6 月 25 日晚上，体育学院在图书馆一楼讲学厅举行庆祝建党 91 周年大会，本次大会共有体育学院师生党员 126 人参加。在会议上，学院党委蔡琼生副书记首先就庆祝建党 91 周年做了专题报告，号召全体党员学生要认真学习党的历史，结合日常活动，重温党的丰功伟绩，牢记党员的宗旨和义务；在平时要以党员的标准严格要求自己，在同学中树立鲜明的榜样作用。会议还进行了新党员的入党宣誓。（体育学院学工办）

6 月 26 日　广州大学隆重举行 2012 届毕业典礼　五千余名学子接受"拨穗"

6 月 26 日，广州大学 2012 届学生毕业典礼暨学位授予仪式在体育馆隆重举行，4698 位本科生，757 位研究生穿着学校的学士服、硕士服分成两批，分别在上午和下午参加了毕业典礼。校领导易佐永、庾建设、赖卫华、董皓、禹奇才、陈永亨、陈少梅、陈爽，校长助理邓成明、傅继阳以及有关部门负责人、各学院院长身穿导师服，微笑着为每位毕业生逐一拨穗，授予学位证书。

毕业典礼上，校党委书记易佐永宣读了《关于表彰 2012 届本科毕业生先进个人的通报》和《关于表彰 2012 届优秀毕业研究生的通报》。校领导向优秀毕业本科生、研究生代表颁发了优秀毕业生荣誉证书，并为西部计划、山区计划、三支一扶志愿者颁发证书与奖金。

副校长陈爽主持典礼。庄严的国歌声后，毕业典礼正式开始。庾建设校长代表学校全体教职员工，向圆满完成学业的 4698 名本科生、757 名研究生表示热烈祝贺！同时向为同学们的成长付出辛勤劳动的各位老师和教职员工表示崇高的敬意！向关心广大、爱护广大、支持广大的各位家长和社会各届人士表示衷心的感谢和诚挚的问候！

临别之际，作为大家的师长和朋友，庾校长提出了几点希望与大家共勉。一是希望同学们在新的起点上，始终保持一颗进取心，保持学习和思考的热情，以一种谦虚的态度、求知的热情，探求新知、追求真理、超越自我；二是希望同学们在今后的工作学习中，脚踏实地，明德有责，把实现自我价值和服务社会联系起来，积极进取、奋发有为、建功立业，为党、为人民多作贡献；三是希望同学们尽快适应社会，学会吃亏，懂得包容，在吃亏和包容中创造机会，开辟出一条适合自己发展的光明大道。

教师代表、人文学院副院长哈迎飞教授在典礼上发言。她祝福广大毕业生能够自强不息、努力拼搏、诚信乐观、高尚博爱；并希望毕业生之间懂得德业相劝、过失相规、礼俗相交、患难相恤。毕业生代表、公共管理学院学生彭星源表达了自己对母校领导和老师们深深的谢意，并祝福母校发展蒸蒸日上。他真情的流露也道出了现场 5000 余名毕业学子的心声。

最后，5000 多名毕业生逐一上台接受学位授予人的拨穗，接受学位证书，并合影留念。（刘红弟　马天保）

易佐永书记宣讲表彰决定

6月26日　中欧二维动画创作交流会在美术与设计学院召开

6月26日下午，中欧二维动画创作交流会在广州大学图书馆讲学厅隆重举行。会议由美术与设计学院动画系主任阙镭副教授主持，副院长陈其和教授致欢迎词，来自广州大学美术学院、广州美术学院、华南农业艺术学院、广东外语外贸大学等十多所院校的专家、教授、学生以及特新科技公司的同仁参加了本次会议。会议开始前，学院汪晓曙院长还与 Antonio·Manfredi 进行了深入的学术交流。

两位主讲嘉宾分别是来自意大利的动画专家 Antonio·Manfredi 和深圳方块动漫堂文化发展有限公司行政总裁钱国栋先生。钱国栋先生介绍了《风云决》、《闪闪的红星》、《甜心格格》等国产优秀动画影片的一线创作经验，和现场热情洋溢的同学们进行互动问答，并赠送《甜心格格》的系列公仔给参与互动的同学留作纪念，气氛热烈。（美术与设计学院学工办）

汪晓曙院长与主讲嘉宾

6月27日　行政法名家王锡锌教授莅临法学院进行学术讲座

6月27日，北京大学法学院副院长、公众参与研究与支持中心主任王锡锌教授莅临法学院，开展了一场题为"公众参与和行政过程：理念和制度分析框架"的学术讲座。讲座由法学院苗连营院长主持，10级、11级的全体研究生出席并认真聆听了讲座。

王教授娓娓道来贯穿于公众参与的基本理论和程序价值，其敏捷的思维、雄辩的论证、优美的描述给了大家思想上的共振、精神上的愉悦。在王教授结束主题报告后，聆听讲座的师生们分别就"制订中的广东省依法行政条例"、听证会制度中的"民主缺席"等问题请教了王锡锌教授。王教授对提问的精彩应答和发人深省的见解展现了在相关研究领域的精深造诣，令在场师生深受启发。讲座最后在热烈而欢快的气氛中圆满结束。（法学院学工办）

6月29日 欢送2012年西部（山区）计划志愿者

6月29日，我校为2012年西部（山区）计划志愿者们举行了欢送仪式，陈爽副校长及相关部门负责人出席仪式。

陈爽副校长在欢送致辞中充分肯定了我校多年来西部（山区）计划志愿服务工作的成效，寄语志愿者们要牢记学校的殷切期望，克服困难、敢于挑战，努力提升个人综合素质，利用所学知识服务西部、服务山区，圆满完成志愿服务工作，为广州大学争光、为自己的人生旅途添彩。（校团委）

6月30日 音乐舞蹈学院召开校友分会筹备会议

6月30日上午，音乐舞蹈学院召开了校友分会筹备会议，学院党总支书记苏沛祺、副书记刘小燕，学工办廖争荣、何怡雯老师以及历届校友代表30人出席了会议。

筹备会上，苏沛祺书记向校友们介绍了校友分会成立的目的、意义以及校友会章程、学院的建设发展情况，鼓励大家进言献策。刘小燕副书记也从多角度关心校友们近况，让校友们深刻感受母校的温暖。众位校友也畅所欲言，讨论了学院校友分会成立的细节，并以各自成长与发展经历，为学院的教学和人才培养提供了建设性意见。

筹备会让校友们熟悉了母校及学院的发展概况，确定了校友分会各届联络员骨干，建立了联系通讯录，为将来举行正式校友分会成立大会打下了良好基础，实现了校友工作的预期目标。（音乐舞蹈学院学工办）

音乐舞蹈学院校友分会

July 七月

7 月 2 日　William Post 教授来音乐舞蹈学院讲学 ······························ 155

7 月 3 日　新媒体产学研基地挂牌 ·· 155

7 月 4 日　2012 年暑假学生家庭走访活动启动 ······························· 156

7 月 4 日　商学院学生暑期三下乡活动启动 ································· 157

7 月 5 日　地理科学学院学生入选中科院暑期夏令营 ··················· 157

7 月 5 日　广州大学学生暑期巡回义演受群众好评 ····················· 158

7 月 7 日　关注农村留守儿童，传授知识传递爱心 ····················· 158

7 月 7 日　青马工程学员担任广州首批大学生党代表工作室助理 ····· 159

7 月 8 日　"爱心点亮希望，书香润泽童年"关爱留守儿童暑期社会实践

　　　　　活动 ··· 159

7 月 9 日　地理科学学院暑期实践活动五队齐发 ························· 161

7 月 9 日　学生家庭经济情况调查到增城 ································· 162

7 月 9 日　实践磨练真知　青春报效祖国 ································· 162

7 月 10 日　新闻中心师生赴广西采风 社会实践主打广东精神 ········· 163

7 月 11 日　暑期"三下乡"英语综合实践活动启动 ····················· 163

7 月 12 日　"三下乡"义教实践活动 ····································· 164

7 月 17 日　易佐永书记等校领导接见在大埔做田野工作的研究生曾璐莹

　　　　　··· 164

7 月 22 日　广州大学新疆学员在广州市区开展社会实践活动 ········· 165

7 月 23 日　环境科学与工程学院小分队赴西部山区开展暑期社会实践 ··· 166

7 月 24 日　广州大学学生龙狮队省赛再创佳绩 ························· 166

7 月 26 日　学生在大学生沙盘模拟经营大赛全国总决赛获奖 ……………… 167

7 月 28 日　陈爽副校长出席新疆喀什赴广州大学培养计划学员专题座谈会
　　　　……………………………………………………………………… 167

我们的大学子

大学生文化素质发展日志年编

（2012）

7月2日　William Post 教授来音乐舞蹈学院讲学

为了进一步促进学生基本乐科的学习能力和视唱练耳音乐专业修养，7月2日上午9时，音乐舞蹈学院邀请了美国阿拉斯加大学 William Post 教授在广州大学文逸楼620教室进行主题为"视唱策略与技巧"的学术讲座，参加讲座的有学院领导、老师、研究生、本科生等。William Post 教授的这场讲座通过展示大量丰富、生动的实际教学课例，为在场的师生们提供了许多切实可行的多声部视唱和节奏训练方法，使我们充分了解到音乐基础理论知识与视唱练耳相结合在基本乐科学习中的重要意义。同时，William Post 教授在教学中秉承的美国视唱练耳的教学思想和理念对学院进一步推行全国高校音乐教育本科专业《乐理与视唱练耳》课程的教学改革有着积极的借鉴意义。（音乐舞蹈学院学工办）

7月3日　新媒体产学研基地挂牌

7月3日，筹备已久的新闻与传播学院与广东电台珠江经济传媒共建新媒体产学研基地挂牌仪式正式举行。当天出席仪式的领导有广东电台总工程师刘建国先生、广东电台珠江经济传媒总监周小新先生、副总监陆敏华先生携珠江经济传媒各部门负责人。新闻与传播学院代表出席的有院长纪德君教授、副院长戴剑平教授、副院长田秋生教授、党委副书记孙凌老师和专业教师刘玉萍副教授。

本次挂牌旨在广州大学新闻与传播学院能与广东电台珠江经济台共同依循友好合作、互利互惠、共同发展的原则，充分利用"珠江经济台珠江网络传媒节目创新研发基地"暨"广州大学新媒体产学研基地"的优势，共同实现新媒体产学研结合的目标。（新闻与传播学院学工办）

学院领导（右）与珠江经济传媒负责人（左）为基地揭牌

7月4日　2012年暑假学生家庭走访活动启动

7月4日，广州大学在图书馆副楼一楼讲学厅举行2012年暑假学生家庭走访活动培训暨启动仪式，学生处及公管学院相关负责人、所有调查员参加了会议。

会上，相关负责人传授了走访工作的技巧及方法，强调了本次活动的任务及相关要求，特别强调了安全意识。本次活动的任务是：向学生家长以及当地居民宣传国家助学贷款及学校资助政策，派发有关宣传资料；在走访所在地管理部门的协助下，张贴资助政策宣传海报；通过外围观察、上门访问等方式，了解学生的家庭状况，向走访家庭赠送纪念品、对确定为经济困难的家庭送上慰问信和慰问金；在走访当地发放《广东省高校国家助学贷款问卷调查》；对各个环节的活动进行拍照存档、根据所收集的材料撰写调查报告和总结等。

本次调查工作从7月初开始，8月底结束，历时两个月，主要对来自全校各学院的90多个样本进行调查。共招募了50名调查员，分成22个小组，以小组为单位分别走访广东省内的多个市、区的乡镇及村庄。参与此次活动的同学纷纷表示，这是一次难得的锻炼及实践的机会，也是他们深入家乡、基层，了解民生民情的大好时机，一定可以收获良多。活动也将于9月份召开

小结分享会。（学生处）

7月4日　商学院学生暑期三下乡活动启动

7月4日，2012年广州大学商学院学生暑期社会实践活动正式启动。当天在肇庆市鼎湖区团委协助下，由我院团委书记曾梅华老师、学工办张丽芬老师带队的肇庆鼎湖分队作为本次活动的首发队伍前往目的地。本次三下乡活动的三个分支为肇庆鼎湖区分队、佛山顺德区分队和蓝精灵支教队。

从实践中得真知，本次三下乡活动通过对地方特色企业的调研，让学生亲身加入企业的经营过程中，从实践中领悟商道，提升自身专业知识水平。（商学院学工办）

7月5日　地理科学学院学生入选中科院暑期夏令营

7月5日，中国科学院研究生院传来喜讯，地理科学学院09级学生陆启荣、陈剑波同学成功申请参加由中科院举办的暑期大学生夏令营活动。在经过层层审核、分类、讨论和筛选来自全国各高等院校上千份申请材料后，两人分别被中国科学院南海海洋研究所和中科院研究生院资源与环境学院录取，参加为期6天的暑期夏令营学术活动。

据悉，中国科学院研究生院为进一步推进中科院优质教育资源共享，促进与全国高校的相互了解，开阔学生视野，每年都会举行相关的夏令营活动。参加学习的学生将被优先考虑推荐为中科院2013级免试硕士研究生。本次夏令营活动学员的录取，是本着适应中国科学院未来的专业发展方向、满足科研需要这一原则，综合考虑学生的专业背景、学习成绩、科研能力及实践经验等全面素质。（地理学院学工办）

7月5日 广州大学学生暑期巡回义演受群众好评

暑假期间，音乐舞蹈学院与体育学院部分学生共同组成"圆梦艺术服务队"，将各种文艺表演带进基层，与群众共同分享艺术的快乐与精彩。

此次暑期学生巡回义演共走进了三个基层街道和乡村。7年5日，"文艺进矿泉，奉献乐万家——2012年广州大学音乐舞蹈学院学生暑期社会实践活动"在白云区矿泉街瑶台怡苑拉开序幕；7月6日，"文艺进坑头，奉献乐万家——2012年广州大学音乐舞蹈学院南村镇坑头村暑期学生社会实践活动"

在番禺区坑头村举办；7月9日，"校园社区相辉映，文化创新添光彩——素社地区'喜迎十八大'暨'羊城之夏'活动文艺演出"在海珠区素社街文化站精彩上演。

演出中，同学们用甜美的歌喉、优美的舞姿、精湛的乐器演奏、精彩的武术表演表达了对祖国的热爱，对党团的热爱以及对美好生活的热爱。每场演出座无虚席，基层民众反响良好。（何怡雯 廖争荣）

演员留影

7月7日 关注农村留守儿童，传授知识传递爱心

7月7日，为了学习和弘扬雷锋精神，传播社会主义文化，落实"三爱一奉献"的主题教育实践活动，发挥党员先锋模范作用，把知识传授给乡村的孩子，公共管理学院组织学生党团员组成暑期社会实践队，策划了"心系农村留守儿童，传授知识传递爱心"梅州暑期三下乡活动。

学生给留守儿童上课

此次"三下乡"活动受到当地政府、学校、企业的大力支持，梅州电视台也对此次活动进行了报道。借助本次社会实践活动，学院准备与水车镇中心小学建立固定下乡实践点，长期向当地传授知识，支持当地社会经济发展。（谢玲）

7月7日 青马工程学员担任广州首批大学生党代表工作室助理

7月7日上午，由广州市委组织部、团市委、市学联联合举办的广州地区高校青年马克思主义者培养工程学员担任党代表工作室助理上岗仪式在白云区景泰街家庭综合服务中心举行。来自全市各区（市）党团机构负责人、党代表工作室负责人、党代表和来自中山大学、华南理工大学、广州大学等6所广州地区高校青马工程学员骨干参加了活动。

据了解，我校80多名青马工程学员将分批次到天河区教育系统党代表工作室担任实习助理，协助处理工作室相关事务，到辖区中小学开展校园文化、科技实践、大手拉小手等丰富多彩、形式多样的结对活动。学员将深入街道社区调研，了解民情民意，协助党代表做好联系党员群众工作。（校团委）

7月8日 "爱心点亮希望，书香润泽童年"关爱留守儿童暑期社会实践活动

7月8日至10日，为了深入贯彻十七大精神，迎接十八大的召开，深化农村留守儿童的关爱活动，关爱留守儿童德智体的全面发展，广州大学师生24人一行应在梧州市蝶山区挂职团干部谭镜华的邀请，在学校团委副书记何瑞豪、旅游学院党委副书记刘绍东带队来到梧州市蝶山区

旅游学院党委副书记刘绍东和蝶山区团委副书记陈小宇签订协议书

与蝶山区团委共同开展"爱心点亮希望，书香润泽童年"暑期社会实践活动。这次活动的主要内容是践行雷锋精神、关爱留守儿童、共建社区文化。

为了使广州大学旅游学院和夏郢镇的关爱留守儿童的活动能持续发展，7月8日下午，实践队伍来到梧州市蝶山区夏郢镇思安村，举行了两地建立关爱留守儿童服务点签约揭牌仪式暨关爱留守儿童活动。广州大学旅游学院党委副书记刘绍东和蝶山区团委副书记陈小宇签下协议书，并为服务点揭牌，加强广州大学与梧州市蝶山区长期合作，共同关注梧州留守儿童的成长。师生一行为每位小朋友送上书包和各式精美文具和书籍，大学生志愿者们也送上自己特别为小朋友准备的小礼物，小朋友们的一张张欢欣的笑脸感动了在场的每一个人。

7月9日，实践队伍来到梧州市蝶山区富安社区参加梧州青年创先争优、文明进社区，暨共青团市民学校开班仪式。在开班仪式上，共青团梧州市委向社区赠送书籍和物资一批。广州大学团委、旅游学院向共青团雷锋书屋捐赠2000册书籍，旅游学院向共青团市民学校捐赠活动费3000元，广州大学向社区15名困难留守儿童赠送慰问物品。

开班仪式结束后，"安全保护营"之学生暑期安全教育是共青团市民学校开班的第一节课。来自梧州市公安特巡警支队的民警针对学生暑期常见的安全问题，向小朋友们做细致的分析和讲解。而第二节课是由市青少年宫老师带来的舞蹈课，也让孩子们在舞蹈中感受到生活的乐趣。同时，由广州

我校团委和旅游学院向广西梧州市共青团雷锋书屋捐赠2000册图书

大学旅游学院师生在社区广场举行高尔夫球体验活动，参加开班仪式的领导、志愿者和社区居民踊跃参加体验活动。随后，广州大学实践队伍参观并调研了梧州学院大学生综合发展中心（微型企业创业园）、中恒集团、茂圣茶业有限公司和梧州市相关旅游景点，如中山纪念堂、龙母庙、李济深故居等。（谭镜华）

7月9日 地理科学学院暑期实践活动五队齐发

7月9日，地理科学学院2012年暑期实践活动启动。在学院党委副书记刘向晖和辅导员李红宾老师的带领下，大塘街挂职实践服务队来到大塘街道办事处，与大塘办事处的领导及工作人员共同参加"大学生青春社区行"启动仪式。大塘社区党支部李书记对参加实践的同学到来表示热烈欢迎。刘向晖副书记感谢大塘对地理学院社会实践活动的支持，并鼓励同学们要认认真真学习，踏踏实实做事，在有限的时间里学得宝贵的社会经验。

今年地理学院共有5支暑期实践队伍，分别是：大塘街道办暑期挂职实践队，赵广军暑期实践队，西汉南越王墓实践队，09地理信息系统暑期实践队，暑假天文夏令营实践队。

大塘街道办暑期挂职实践队主要内容是到大塘挂职锻炼，体验参与公务员全方位工作；赵广军暑期实践队主要是到江南西街道办的生命热线，为家庭、老年做辅导工作；西汉南越王墓志愿活动队是今年新开展的实践项目，同学们的工作是协助博物馆开展宣传活动；09地理信息暑期实践队是到珠江规划大厦的外业测量；暑假天文夏令营实践队是给佛山市南海区青少年军校的小朋友开设讲座、实验活动和制作天体模型等教学活动。（郭舒婷）

七月

2012大学生"青春社区行"活动启动仪式

7月9日　学生家庭经济情况调查到增城

7月9日，广州大学学生家庭经济情况调查队增城分队对我校所抽取的增城学生的家庭展开了家庭经济情况的全面调查。拉开了广州大学走访学生家庭活动的序幕。

广州大学学生家庭经济情况调查活动是在国家开发银行广东省分行的大力支持下，由广州大学学生资助管理中心、广州大学学生处举办，由广州大学公共管理学院承办的，对我校的学生家庭经济状况进行抽样调查活动。为保证调查活动的顺利开展，所有参与人员除了参加专题的培训会外，还提前做好路线规划、人员分工、熟读调查问题以及与走访家庭做好访前沟通等一系列准备工作。通过调查工作使学校准确了解家庭经济困难学生实际的家庭状况，合理使用各种资源，使资助资源发挥最大的效能，同时学校也通过调查员将学校对家庭经济困难学生的关爱送到家庭，表达学校对表个学生的关怀。（甘健强）

调查员与被调查家庭合影

7月9日　实践磨练真知　青春报效祖国

7月9日，化学化工学院暑期社会实践团队前往从化市良口镇开展暑期大学生"三下乡"活动。在为期三天的实践活动中，化学化工学院团队紧扣"手牵手，维护食品安全；心连心，构筑环保家园"的主题，开展了一系列积极活动，包括9日下午走

大学生与中小学生活动后合影

访军烈属、低保户和普通村民家庭的活动；10日上午以"食品安全和环保"为主题的义教活动；11日上午在良口镇集市展开的以"关注食品安全，三打两建；建设幸福从化，保护环境"为主题的展览和宣讲活动，活动引起当地居民极大兴趣并积极参与。

化学化工学院本次暑期社会实践活动，社会影响广泛而热烈，引起了当地媒体的采访和报道。不仅促进了学生的全面发展，而且为当地村民了解、学习食品安全及环保的知识和建设幸福从化做出了一定的贡献。(化学化工学院学工办)

7月10日 新闻中心师生赴广西采风 社会实践主打广东精神

7月10日，广州大学新闻中心18名师生组成采风团前往广西柳州，展开为期4天的新闻采风活动。本次活动的主题为"寻找青春足迹，弘扬广东精神"，目的在于领略西部山区的巨大变化，展现"西部计划"志愿者乐于奉献的品质，弘扬"厚于德、诚于信、敏于行"的广东精神。(新闻中心学生记者团采风报道组)

7月11日 暑期"三下乡"英语综合实践活动启动

7月11日，2012年暑期社会实践暨英语夏令营启动仪式在东莞市石龙第三中学准时开始。此次活动围绕"青春辉映党旗，实践创造幸福"主题，力求将专业知识和社会实践紧密结合。外国语学院党委副书记鄢智青、学工办主任廖旺星、团委书记李黎出席了此次活动。

启动仪式上的留影

鄢副书记在讲话

中指出，此次英语夏令营可以帮助大学生了解、认识、感恩社会，提高服务意识，在活动中展示并检验自我。她对参加此次活动的志愿者表达了美好的祝愿，希望志愿者付以实际行动，积极进取，为自身也为外国语学院争得荣耀，同时预祝此次实践活动取得圆满成功。（詹晓云）

7月12日 "三下乡"义教实践活动

7月12日—7月21日，教育学院团委前往广州市白云区新和学校开展了主题为"欢乐一夏，梦想同行"为期10天的三下乡暑期实践活动。该下乡活动深入广州市农村地区，志在丰富当地学生以及外来务工子弟的暑期生活，大学生老师和小学生们一起规划暑假，寻找梦想，帮助小学生们树立为梦想而奋斗的信心。该活动既丰富了小学生的暑假生活，也让大学生在活动中学会了独立，锻炼了自己多方面的能力，在实践中成长，活动受到了新和学校师生以及家长的一致好评。（教育学院团委）

大学生与小学生合影

7月17日 易佐永书记等校领导接见在大埔做田野工作的研究生曾璐莹

7月17日，广州大学党委易佐永书记、赖卫华副书记、徐俊忠副校长等领导赶赴广州大学挂钩扶贫点大埔县，与大埔县人民政府建立全面战略合作关系并签署合作协议。在此期间，易佐永书记等领导接见了正在大埔做田野考察的音乐舞蹈学院的2010级音乐教育方向硕士研究生曾璐莹。曾璐莹同学向学校领导汇报了在大埔县开展广东汉乐田野工作的情况。校领导赞扬了曾璐莹同学的良好学风，徐俊忠副校长鼓励小曾做学问做研究不能只关在房间里，要尽量走出去做实地采风，才能真正的有所收获。徐俊忠副校长还关切地询问了曾璐莹同学在大埔调研工作期间的吃、住、行等生活问题，并在县

政府的关心下解决了住宿等问题，小曾备受鼓舞。（音乐舞蹈学院学工办）

曾璐莹在调研中

7月22日　广州大学新疆学员在广州市区开展社会实践活动

7月22日，新疆喀什地区赴广州大学培养学员按照培养计划的安排，由学生处会同学员领队、辅导员组织全体学员在广州市区进行社会实践活动。全体学员在带队老师带领下，到广东科学中心、黄埔军校旧址纪念馆、花城广场、海心沙、广州塔等单位和地点进行了参观学习与考察。

活动结束后，学员们纷纷表示，通过这次在广州市区代表性景点的参观学习与考察活动，增加了科普知识的学习、开拓视野；接受了爱国主义教育和革命传统教育；通过游览广州名胜与标志性建筑，让他们加深入了解岭南文化和广州城市建设发展的成果，领略广州深厚的历史文化底蕴及独具魅力的城市之美，感受广州作为国家中心城市和综合性门户城市改革开放以来取得的巨大成就。（岑英杰）

参观科学中心

7月23日　环境科学与工程学院小分队赴西部山区开展暑期社会实践

7月23日，环境科学与工程学院结合"挑战杯"立项项目，组织学生在假期随专业教师赴贵州省黔东南自治州岑巩县进行社会实践。通过实地的考察，了解当地的自然环境和工业发展情况。通过采集水样和进行水样的监测分析，做出保护当地环境特别是水资源的规划措施。

同学们向贵州省岑巩县环保局搜集了气象（年均降水与蒸发）、水文（水系分布图）、地形图、土壤（土壤图）、地质环境（地质图）以及人口分布与数量、产业结构与规划、土地利用类型及其分布（土地利用图）、社会经济发展规划（人口、经济结构）等信息，并通过居民访问等初步了解了禾山溪水源地保护区内的典型土地类型，之后采集了土样并在实验室做降雨模拟实验，探究保护区内不同类型土地因降雨对溪水水质的影响。

暑期社会实践告一段落，但他们还需在今后的实验中继续努力，完成未解决的问题，为禾山溪水源地保护区建立一套适合于其特点的、完善的评估体系，进

实地考察现场

而对于西部山区农村水源地保护工作尽自己的一份绵力。（环境学院学工办）

7月24日　广州大学学生龙狮队省赛再创佳绩

7月24日至26日，广州大学学生龙狮队在由广东省体育局社会体育中心主办的"2012年广东省传统龙舞、麒麟锦标赛"上再创佳绩。

这次比赛，我校共派出43名运动员分别参加了传统舞龙男子组、女子组比赛及等级赛，传统南狮地青比赛及等级赛。其中，男子舞龙获得青年组第一名、等级赛一等奖；女子舞龙获得青年组第一名、等级赛一等奖；狮队获

得第六名、等级赛二等奖。

广州大学学生龙狮队于2006年组建，主要由体育学院的学生组成，实行校团委与学院两级管理。曾代表学校参加2007年第八届全国大学生运动会开幕式、2008年广州站奥运火炬传递、2010年"中华经典诵"等大型活动的演出。（曾秀霞）

广大龙狮队2012锦标赛颁奖合影

7月26日　学生在大学生沙盘模拟经营大赛全国总决赛获奖

7月26日，第八届全国大学生"用友杯"沙盘模拟经营大赛全国总决赛在桂林开幕。包括香港特别行政区在内的全国30个省、市、自治区的96支代表队参赛，比赛于7月29日结束。

广州大学商学院的梁佳、陈官鹏、阮雪恩、田燕萍、陈文炜同学组成的代表队在指导老师郭成、汤萱的带领下，经过校赛、省赛和网络赛的层层筛选，代表广东省在本届比赛取得三等奖的好成绩，同时我校代表队陈官鹏同学荣获信息化实战赛项最佳单项奖。（孟强）

7月28日　陈爽副校长出席新疆喀什赴广州大学培养计划学员专题座谈会

7月28日，广州大学举行了新疆喀什赴广州大学培养计划学员专题座谈会，副校长陈爽现场了解新疆学员在我校两个月来的生活学习情况，倾听学员们的建议和意见。学生处、教务处、保卫处、后勤产业集团、饮食中心、宿管中心、少数民族工作办公室等部门负责人、新疆喀什地区培养学员领队、辅导员及全体 108 名学员参加了座谈会。

副校长陈爽说到学校非常重视新疆学员的培养，各部门也做了大量的工作，克服了很多困难，保障了新疆学员的学习生活。领队和辅导员老师也尽心尽力，确保了本学期培训工作的顺利完成，下一步学校将会提供更多的机会，更好的平台，让学员们展示自己，也会多带领学员们走出校园，进行实践。她期待学员们能够在两年间努力学习，学到真正有利于工作的知识，并利用假期进行休整，以全新风貌迎接更精彩的学习生活。

教务处相关负责人总体介绍了学校针对新疆学员制定的培养计划，表示会根据学员的建议和意见，适当调整教学计划，开展更多的课外实践活动，开放选课，提供更多的学习选择权。学生处相关负责人则介绍了学校管理及后勤保障的情况，表示学校将在各方面进一步丰富学员的课外实践活动和文娱体育活动，能够更加适应在广州、在我校的学习与生活。

座谈会上，新疆学员踊跃发言。他们对其学员构成复杂、基础不一的特点以及其将要就业的岗位，如何更好的安排好下来一年半的学习实践活动，提出了若干建议。校领导和各部门负责人认真听取学员们的疑惑和意见，并就有关问题进行了耐心的解答。（王泉骄）

August 八月

8 月 1 日　张彬哲同学在贵州参加全国春晖行动 ······························· 170

8 月 2 日　广州大学 50 名师生代表广州市教育系统横渡珠江 ············· 170

8 月 6 日　生命科学学院师生赴信宜帮扶贫困学生 ···························· 171

8 月 6 日　公共管理学院"环卫工人生存与发展状况"调查实践 ········ 171

8 月 8 日　广州大学喜获全国大学生智能汽车竞赛华南赛区奖项 ·········· 172

8 月 16 日　广州大学自主研发机器人亮相国际信息产业周 ··············· 173

8 月 22 日　学生在第三届中国大学生服务外包创新创业大赛获奖 ········ 173

8 月 25 日　华软软件学院学子斩获全国大学生智能汽车竞赛一等奖 ······ 174

8 月 27 日　学生在 2012 全国大学生网络技术大赛获铜牌 ················· 174

8 月 29 日　道德讲堂用身边人的感人事迹传递道德力量 ··················· 175

8 月 1 日　张彬哲同学在贵州参加全国春晖行动

8 月 1 日，广州大学新闻与传播学院学生张彬哲在贵州，参加其入选全国校媒举办的春晖行动，作为期 7 天的采访宣传活动。

春晖行动是共青团贵州省委于 2004 年根据唐代诗人孟郊《游子吟》的感人意境，创意、发起的一项大型社会公益活动，旨在"弘扬中华文明、反哺故土亲人"，充分发挥"亲情、乡情、友情"的情感纽带，激发赤子情怀，感召游子返乡，共同促进家乡经济文化发展，促进社会和谐进步。2006 年，春晖行动荣获中国公益与慈善领域政府最高奖——中华慈善奖"最具影响力慈善项目"；2010 年，春晖行动被中宣部盛赞为"一个伟大但人人可为的活动"；2011 年 6 月 1 日，中共中央主办的机关刊物、国内最高理论思想阵地《求是》杂志刊文夸赞春晖行动为"我国社会公益建设的一道亮丽风景"，是"公益中国一亮举"。近期，春晖行动还被国家行政学院政治学部和人民网评为中国 20 个"社会管理创新优秀案例"。

据悉，此次春晖行动在全国共选拔 50 名大学生记者，其中包括文字记者、摄影记者、摄像记者等，我校学生张彬哲作为入选的 12 名文字记者之一参与了此次活动。活动期间，张彬哲所写的稿件和所拍的摄影作品均被中国青年报官方网站采用，并纳入活动精选集锦，其表现深受中国青年报和全国校媒老师的好评。（李荟）

8 月 2 日　广州大学 50 名师生代表广州市教育系统横渡珠江

8 月 2 日，广州横渡珠江活动在中大码头鸣枪下水。这次活动吸引广州、佛山、肇庆、清远、东莞、中山等 6 市共 40 个方队、2100 多人参加。

参加横渡的 50 人方队主要由来自化学化工学院、保卫处等单位的老师代表及体育学院师生组成。他们都是通过自主报名及通过严格选拔挑选出来的，并在游泳专业老师的带领下接受了一周的强化训练。

我校连续 7 年代表广州市教育系统参加横渡珠江活动，受学校领导委托，体育学院相关负责人在现场指挥我校方队活动。

另悉，今年的横渡珠江活动首次出现志愿者组成的"广州志愿者横渡珠江方阵"。我校外国语学院09级学生姜源穗通过严格选拔进入志愿者游渡方阵，并在活动过程中受到团市委副书记安建国等领导的慰问和接见。姜源穗同学为横渡珠江50名正式志愿者方阵中的6名女志愿者泳手之一，也是我校唯一一位进入方阵的志愿者泳手。（周志俊）

8月6日　生命科学学院师生赴信宜帮扶贫困学生

为响应省教育厅、团省委关于以"幸福广东，青春奉献"为主题的号召，宣传党和国家关于扶贫帮教的政策，推动贫困山区两个文明建设，生命科学学院师生于8月6日至8月11日在粤西贫困山区信宜市开展了一系列以"深入贫困山区体验生活，服务山区"为主题的暑期社会实践活动，受到当地政府和人民的欢迎。

许航瑜同学创办的"学子加油站"是我校"挑战杯"创业大赛项目，它的最大特色是盈利与义务共存，对有困难证明的学子进行免费培训，培训的大部分收入用于慰问和帮助困难儿童，他们的努力转化了不少问题少年，帮助了不少迷惑学生，同时让不少信宜籍的大学生主动回到家乡，充实假期生活，奉献青春社会。（侯丽萍）

探望信宜市贫困儿童

8月6日　公共管理学院"环卫工人生存与发展状况"调查实践

8月6日开始，由公共管理学院师生组成的"环卫工人生存与发展状况"调查小组进行了首次调研活动，一直到假期结束，调查小组的成员将走遍了广州6大片区，对环卫工人的生存与发展状况进行了实地考察，加深了对环卫工人行业的认识和思考。

在深入实地考察中，调查小组发现被喻为"城市美容师"的环卫工为我们的城市发展发挥了不可磨灭的作用，但调查显示，社会各界对环卫工不仅缺乏关注，而且存在各种歧视环卫工的现象。而广州市环卫工人行业协会会长周会长在接受学生采访时，详细介绍了环卫行业体制改革前后的利弊，有助大家对行业发展历史和路径的认识。

类似的社会调查活动，可以让广大师生更好地将理论与社会实际相结合，加深同学们对社会群体，尤其是相对弱势群体的认识和关心，使他们能够在未来的学习和工作中，更好地学有所长、学以致用。（唐勇）

环卫工人问卷调查

8月8日　学生喜获全国大学生智能汽车竞赛华南赛区奖项

近期，在教育部主办的第七届"飞思卡尔"杯全国大学生智能汽车竞赛华南赛区大赛上，我校两支队伍分获得华南赛区二等奖和三等奖，实验中心黄文恺、龙晓莉、刘长红获优秀指导老师称号。

本次比赛在厦门大学嘉庚学院举行，我校实验中心信息技术应用实践基地派出四支车队参赛。经过激烈的角逐，由余铭军、陈新鹏、曾敏杰组成的"龙卷风队"获得摄像头组二等奖，由苏健威、薛海茂、许泉儒组成的"双头龙队"获得光电组三等奖。

据了解，"飞思卡尔"杯全国大学生智能汽车竞赛以"立足培养，重在参与，鼓励探索，追求卓越"为指导思想，旨在促进高等学校素质教育，培养大学生的综合知识运用能力、基本工程实践能力和创新意识，激发大学生从事科学研究与探索的兴趣和潜能，倡导理论联系实际、求真务实的学风和团队协作的人文精神。（叶旭）

8月16日　广州大学自主研发机器人亮相国际信息产业周

8月16日，在琶洲国际会展中心开幕的2012中国（广州）国际信息产业周上，广州大学实验中心机器人制作训练实验室通过舞台剧的新颖方式全面展示新时代的高科技机器人，国家工业和信息化部副部长杨学山，广州市市委副书记、市长陈建华等领导们对我校机器人展品演示给予了高度的评价。

广州大学师生精心编排了舞台剧，由迎宾＆导游机器人Aisee和巡逻＆安防机器人至尊宝担任主持。两个机器人对话幽默，肢体动作灵活丰富，主持之余，机器人Aisee更指挥乐团演奏民乐《茉莉花》，手部动作的精细令人啧啧称奇，赢得了观众和参展商的关注。现场还展示了航拍飞行器、蛋形机器人、手机控制的电动儿童车等相关产品，均让人大开眼界。（林颖）

国家工业和信息化部副部长杨学山，广州市市长陈建华等参观我校展位

8月22日　学生在第三届中国大学生服务外包创新创业大赛获奖

8月22日-25日，在教育部、商务部和无锡市政府联合举办的"第三届中国大学生服务外包创新创业大赛"上，由计算机科学与教育软件学院学生谢景智、陈仲铭，华软软件学院学生魏文彬组成的广州大学代表队，在与众多名校竞争后，以"基于LBS和SNS的健康服务平台——

广东美食王"项目参加决赛，最终获得上报类项目组三等奖。

另外，8月26日－28日，计算机科学与教育软件学院学生彭灏、钟国伟组成的 Dcore 团队，在教育部、工业信息化部和江苏省政府联合举办的第一届"中国软件杯"大学生软件设计大赛中，以"基于安卓的移动应用开发"作品获得优秀奖。（计算机学院学工办）

8月25日　华软学院学子斩获全国大学生智能汽车竞赛一等奖

继华软软件学院电子系学子获得全国大学生智能汽车竞赛华南赛区一、二等奖后，8月25日，该院电子系"华软电子一队"王乐、司徒达安两位同学远赴南京参加全国总决赛，斩获全国大学生智能汽车竞赛总决赛光电组一等奖。

本次入围全国总决赛的是来自全国近400所高校1700多支队伍在各赛区分3种不同组别进行激烈角逐最终决出的165支队伍，其中光电组、摄像头组、电磁组各55支。在强强对决中，比赛赛道的难度和竞争激烈性都远超华南赛区，华软学院代表队伍"华软电子一队"（光电组）在预赛中顶住压力发挥出了自己应有的水平，成功晋级了决赛。最终，华软软件学院代表队再次力压多所211、985

参赛选手及指导老师合影

高等院校，战胜了众多传统强队，继取得华南赛区一等奖后，在全国总决赛中成功斩获一等奖。（林延军）

8月27日　学生在2012全国大学生网络技术大赛获铜牌

8月27日，在北京航空航天大学举行的"H3C 杯"2012年全国大学生网络技术大赛决赛中，由计算机科学与教育软件学院组织的"广州大学二队"代表队（09网络工程1班陈树辰、09网络工程2班廖泽根，指导教师：温武）荣获本科组铜牌，"广州大学一队"代表队（09 网络工程 2 班高南兴、09 网络工程 2 班黎达明，指导教师：李鹏）荣获本科组优胜奖。

本次比赛共有 22 支本科参赛队进入了决赛，比赛内容涵盖数据中心网络、高级路由交换技术、组网方案、设备配置等方面，各参赛代表队经过理论笔试、设备配置操作及现场抢答等 3 个环节，共评出金牌奖 1 名，银牌奖 3 名，铜牌奖 5 名。（计算机学院学工办）

8 月 29 日　道德讲堂用身边人的感人事迹传递道德力量

为深入贯彻落实党的十七届六中全会精神，扎实推进社会主义核心价值体系建设，广州大学积极推进"道德讲堂"建设。8 月 29 日下午，由学校主办的广州大学道德讲堂在行政西二楼会议厅举行。校党委副书记赖卫华出席，党委宣传部及学生处、校团委相关负责人和 200 多名师生参加了讲堂，共同经历了一次道德教育。

本次道德讲堂围绕"唱歌曲"、"学模范"、"诵经典"、"谈感悟"、"送吉祥"五个环节展开，内容丰富。观众无不沉浸其中，这群大学生传递出的顽强意志和互助友爱精神使得现场时而安静地倾听，时而大力鼓掌。（欧阳又梅）

道德讲堂现场

September 九月

9 月 1 日　商学院法学院二年级学生迁回大学城校区 …………………… 179

9 月 3 日　150 名志愿者参加迎国检公共文明引导志愿服务 ………… 179

9 月 4 日　学校举行优秀导生总结表彰暨 2012 级新生导生培训大会 …… 180

9 月 4 日　我校学生陆诗婷赴塞舌尔开展志愿服务 ………………… 180

9 月 5 日　欧科集团在地理科学学院设立学生奖学金 …………… 181

9 月 6 日　我校与黄埔区旅游文化局共同举办"文化长洲·艺术印象"
系列大赛 ……………………………………… 182

9 月 8 日　给新生回家的感觉　广州大学温情迎接 2012 级新生 ……… 182

9 月 8 日　土木工程学院迎来外籍留学生报到 ……………… 182

9 月 10 日　人文学院举行 12 级新生大会 ………………… 183

9 月 11 日　2012 级本科生开学 庾建设鼓励新生上好大学第一课 ……… 183

9 月 11 日　飒爽英姿——法学院新生军训 ………………… 184

9 月 11 日　汤国华教授获法国政府授予"法国艺术与文学勋章" ……… 185

9 月 12 日　我校喜迎 2012 级研究生新生 ………………… 186

9 月 12 日　环保志愿者赠亚运火炬 ……………………… 186

9 月 12 日　人文学院 12 级新生军训宿舍内务标准严格 ……… 187

9 月 12 日　新闻与传播学院 2012 级研究生新生与导师见面 ……… 187

9 月 14 日　帕多瓦孔子学院举办第四届饮食文化节 ……… 188

9 月 16 日　生命科学学院举行军民联欢会 ………………… 189

9 月 17 日　我校举行专题讲座倡导大学生理性爱国 ………… 189

9 月 18 日　"奉献青春热血　彰显爱国情怀"大型无偿献血活动 ……… 190

9月18日　我校举行"理性爱国 争创优良校风学风"主题班会和团日

活动 ……………………………………………………………… 190

9月18日　2012级研究生开学典礼举行 ………………………………… 191

9月18日　我校首批大学生SYB创业培训班结业 ……………………… 191

9月18日　地理科学学院组织开展"理性爱国,为中华崛起而读书"

主题班会活动 …………………………………………………… 192

9月19日　广州电视台副台长费勇做客"南方传媒前沿讲坛" ………… 192

9月19日　研究生新生看专场芭蕾享受"精神大餐" …………………… 193

9月20日　旅游学院"新星灵动闪耀"迎新联欢晚会 …………………… 194

9月21日　数学学院研究生组队参加第九届"华为杯"全国研究生数学

建模竞赛 ………………………………………………………… 194

9月23日　我校啦啦队获全国联赛广州站两项第一 …………………… 195

9月24日　我校召开新生军训汇报表演暨总结表彰大会 ……………… 195

9月24日　地理科学学院再获军训工作先进学院称号 ………………… 196

9月25日　易佐永书记参加音乐舞蹈学院班级主题班会 ……………… 196

9月25日　天文科普走进南海执信中学校园 …………………………… 197

9月25日　意大利萨兰托大学David Katan教授应邀来外国语学院讲学

…………………………………………………………………… 197

9月25日　我校面向2012级新生举办人文素养系列讲座 ……………… 198

9月26日　党建创新"书记项目"之学生宿舍"五室一站"启动 ……… 198

9月27日　我校举行"青春·前行"国庆迎新晚会 …………………… 199

9月30日　成才之路系列讲座之——美好人生,操之在我 …………… 200

我们的大学

大学生文化素质发展日志年编

(2012)

9月1日　商学院法学院二年级学生迁回大学城校区

9月1日，在工作人员的帮助下，商学院、法学院暂时被安排在桂花岗校区学习生活一年的792名二年级学生按计划搬迁回到大学城校区。

本次搬迁工作在校区管委会、学生处、后勤产业处、保卫处和学院的密切配合下有序地进行着。学生自律委员会干部、两个学院的学生会及学生自发组成的志愿者团队组成搬迁服务队。在南五路一侧，充当指引者的不仅有身穿马甲的学生自律委员会人员，学院师生也积极出动，他们也帮忙照看行李。法学院的工作人员还配上绶带，金黄色的标志十分显眼。

搬迁按计划分四趟进行，每次八辆车，第一趟于上午9点在桂花岗出发，而9点40分记者赶往南五路的时光，路边已经停了四五辆大巴车，大大小小的行李满满地放在路边。几分钟后，又开来一辆大巴，已经是这趟的最后一辆。据学生处相关负责人介绍，第一辆车9点20分已经来到，工作进行十分顺利。

从桂花岗迁回的学生包括会计、金融、国贸、物流、电商、工程、工商、人力、法学等专业。他们基本以四人间为主，大部分按班集中安排入住。9月3日，这批大二的"新生"将在大学城校区开始新学期的学习。（欧阳又梅　曾惠玲）

9月3日　150名志愿者参加迎国检公共文明引导志愿服务

为了充分发挥志愿者在广州创建全国文明城市过程中提升城市文明程度的生力军和突击队作用，以最优状态迎接中央文明办对广州市开展的全国文明城市复检，我校共有150名志愿者报名参加迎国检公共文明引导志愿服务，他们将分别派驻黄埔大道、环市路以及大学城内各公交站点开展公共文明引导服务。不仅为广州市创建文明城市做出积极贡献，同时向广大市民展现了广大学子良好的精神风貌和综合素质。

9月3日中午，陈爽副校长、校团委以及相关学院负责人慰问参加迎国检公共文明引导志愿服务的志愿者们。陈爽副校长充分肯定了我校参加广州创文志愿服务工作的成效，并寄语志愿者们要牢记学校的殷切期望，克服困难、敢于挑战，圆满完成迎国检志愿服务任务，为广州大学争光。（校团委）

9月4日 学校举行优秀导生总结表彰暨2012级新生导生培训大会

9月4日下午，优秀导生总结表彰暨新生导生培训大会在讲学厅举行。学生处负责人、各学院辅导员及342名新生导生参加。会上表彰了2011－2012学年导生工作成绩突出的61名优秀导生，优秀导生代表、公共管理学院学生黄冬涛作了精彩发言，与新生导生分享了导生工作的体会和收获。此外，学生处在培训讲座中对导生工作的意义、主要内容、基本原则以及今年迎新工作需要注意的重点问题等方面进行了全面、系统的辅导。

我校从2005年起开始实施导生制，每一届导生都能积极协助学院辅导员及班主任开展新生班集体的日常教育和管理工作，引导和帮助新生适应大学学习和生活，在新生教育过程中发挥了积极作用，为配合学校做好新生思想政治教育和学风建设做出了积极贡献。导生在工作过程中也得到了全方位的锻炼。（学生处）

9月4日 我校学生陆诗婷赴塞舌尔开展志愿服务

9月4日，我校音乐舞蹈学院大三学生陆诗婷随着广州第三支援塞舌尔服务队的18名志愿者从白云机场出发，化身"中非友谊使者"，奔赴非洲岛国塞舌尔开展为期1年的志愿服务。出发前，副校长陈爽亲切慰问并鼓励诗婷，叮嘱她注意安全，调整心态，克服困难，尽快适应环境，希望她能够充分发挥专长和优势，投入到当地志愿服务中去，体现广州大学生良好的综合素质和中国志愿者精神风貌，并能将志愿服务的点点滴滴记录下来，回校后与广大师生共同分享。

从600多人中脱颖而出，成为18个援助塞舌尔志愿者中唯一的"90后"，对于陆诗婷而言，这是一份殊荣，也是一份责任。陆诗婷表示，一直以来，她的成长发展与学校培养息息相关，学校为她提供了发挥特长、提升自我的平台，让她成长成材，而今天，又为她提供了如此难得的志愿服务机会，因此，她会加倍珍惜机会。陆诗婷觉得这次是作为一个知识的传授者赴塞，意义重大，作为一名小提琴老师，希望自己能够向当地人传达出音乐的内在意蕴。（校团委）

9月5日　欧科集团在地理科学学院设立学生奖学金

9月5日，欧科集团熊爱武董事长、李敬副总经理等一行4人到地理科学学院洽谈签订"欧科精英学子"奖学金以及实习基地合作协议等事宜。院长吴志峰、副书记刘向晖、GIS系系主任夏丽华等老师出席了本次会议。

"欧科精英学子"奖学金专为地理科学学院研二以上研究生及大二以上本科生设立，每年奖励7名学子，目的为了实现学

协议签订会现场

生和企业对接，不断激发学生对专业学习的热爱。这是该学院继设立"南方数码优创人才奖学金"后的又一项新举措，得到了学院师生热烈欢迎。（刘晓亮）

9月6日　我校与黄埔区旅游文化局共同举办"文化长洲·艺术印象"系列大赛

近日，由我校与黄埔区旅游文化局共同合作举办"文化长洲·艺术印象"绘画、摄影、DV 创作大赛，目的是让更多青年了解历史、体悟文化，使青年创意与历史文化、生态文化、旅游文化产生共鸣，同时用不同的记录方式将长洲这一历史文化名地通过多角度、多层次地向广大市民展现。

9月4日下午，"文化长洲·艺术印象"绘画、摄影、DV 创作大赛采风活动培训会在我校举行，黄埔区旅游文化局、社科处、校团委相关负责人以及近百名采风团成员参加了培训会。

该次大赛获奖作品将于"2012年中国·广州第五届黄埔杨桃欢乐节"中向广大市民展示，让广大市民充分认识长洲、了解长洲。（校团委）

9月8日　给新生回家的感觉 广州大学温情迎接2012级新生

又到一年迎新时。9月8日，7200 多名新生陆续到校报到。当天，学校各部门、各学院和近 5000 学生干部做好了充分准备，以学院为单位的 22 个接待点迎新工作进行十分顺利。在交通疏导、新生引导、简化手续、服务项目上投入了大量的人力物力，以层出不穷的迎新花样，绝不喊累的真心笑脸，给新生和家长营造回家的感觉。（王泉骄　高珊）

9月8日　土木工程学院迎来外籍留学生报到

9月8号，正是 2012 年广州大学迎新日，在迎接普通新生的同时，广州大学土木工程学院迎来了来自卢旺达的留学生。外籍学生入读广州大学不算是罕见，这次土木学院能迎来外籍留学生，反映了广州大学土木工程学院的知名度在不断提升。外籍学生的入读是土木学院人才培养另一个新的开端，他们的到来能促进该学院往更多元化的方向发展，相信土木学院的实力会因此在日后得到继续的提升。（李奕挺）

卢旺达留学生

9月10日　人文学院举行12级新生大会

9月10日晚上7点，人文学院2012级新生大会在演艺中心隆重举行。人文学院院长刘晓明在讲话中强调，大学与中学是截然不同的，所以应该用不同的态度去面对。他认为，大学生要有质疑、批判、创新的精神，将中学学习到的外源性知识转化为主体性知识，善于思考，积极转型。（人文学院学工办）

新生大会在演艺中心隆重举行

9月11日　2012级本科生开学 庾建设鼓励新生上好大学第一课

9月11日上午，广州大学隆重举行2012级本科新生开学典礼暨军训动员大会。来自全国21个省、自治区、直辖市以及港澳台的6769名本科新生，将在军训中开始大学生活的第一课。

校长庾建设代表全校师生员工向新生表示诚挚的祝贺和热烈的欢迎，向承训部队表示衷心的敬意和感谢。他简单介绍了我校发展现状，并向新生提出几点希望和要求。一是明确责任，胸怀大志。希望同学们志存高远，胸怀远大理想，把人生规划与时代需求联系起来，与社会发展联系起来，勇担社会责任，争取通过四年的学习，成长为有理想、有抱负，能挑重任的栋梁之材。二是深入实践，勇于创新。同学们要尽快实现从中学到大学的转变，从被动学习向主动学习的转变。做到勤于学习、善于思考、勇于探索、敏于创新，不断发现问题、研究问题、解决问题，努力成为高素质、高层次的创新人才。三是学好专业，全面发展。要珍惜在广州大学的四年学习时光，充分利用良好的教学和科研资源，在学好专业的同时多参与各种社团活动及丰富校园文化生活，培养团队意识和团队精神，在实践参与中缔结友谊，累积资本，开创美好未来。

校党委易佐永书记向军训团授旗

最后，他希望新生在军训生活中严格认真、锻炼自我，上好大学第一课。（王泉骄）

9月11日 飒爽英姿——法学院新生军训

放下行囊，布置好"新家"，9月11日，法学院的新生们开始了为期14天的军训生活。军训中，新生们学习站军姿、齐步走、正步走，还将学习实用的急救和消防知识技能等基本内容。尽管骄阳当头，尽管汗流浃背，在四位教官的带领下，新生们迎接挑战、坚持训练；尽管很苦很累，但他们展现着"90后"独特的风采，也将会成为人生中不可抹去的独特印记。法学院团委学生会

在队列训练

红十字会则承担了在军训期间为新生们服务保障的重任，除了红会两位部长坚守着岗位之外，团委学生会每一位部长在整个军训期间都实行了轮班制，为新生、为军训服务着，确保新生们能以最佳状态完成每天的训练任务。（法学院学工办）

9月11日　汤国华教授获法国政府授予"法国艺术与文学勋章"

法国驻广州总领事代表法国政府于9月11日下午3：00在广州大学行政西二楼会议厅举行仪式向建筑与城市规划学院院汤国华教授授予"法国艺术与文学勋章"（Ordre des Arts et des Lettres）一级骑士勋位。法国驻广州总领事馆总领事白屿淞向汤国华教授颁发了勋章。近20

法国驻广州总领事白屿淞给汤国华（左）授勋。

家媒体纷纷报道。"法国艺术与文学勋章"，是法国4种部级荣誉勋章之一，该勋章授予在艺术或文学领域享受盛誉，或者对弘扬法国和世界文化作出特殊成绩和杰出贡献的法国人和外国人，其中，文学艺术骑士勋章是法国政府授予文学艺术界的最高荣誉，该勋章由法国文化部授予，每年只有极少数享有很高声誉的艺术家有资格获得。目前，仅有45名华人获此殊荣。

汤国华是广州大学建筑与城市规划学院教授，他同时还担任该校岭南建筑研究所所长和广东省文物保护专家委员会委员。在从事教学、科研、服务社会的30年里，他不仅出版了多部建筑学专著，而且带着他的研究生和本科生在保护历史文化遗产中也倾注了巨大的精力。他倾尽了14年的心血和汗水，用来主持整体大维修国家级文物广州圣心大教堂。另外他从1996年至今16年中，不间断主持广州沙面建筑群研究和保护。（建筑学院学工办）

9月12日　我校喜迎2012级研究生新生

新学期伊始，广州大学又迎来了新一批研究生莘莘学子，他们将在这里开始他们美好的三年研究生生活。9月12日，922名博士、硕士研究生新生来到学校，在各学院完成了注册，并在校研究生会干部们热情的协助下办理入住宿舍，顺利完成新生报到手续。

按照学校关于2012级新生入学工作的通知安排，研究生处召开迎新工作会议，对2012级新生报到做出详细部署。公寓管理中心对提前报到的100多名外地学生提前安排入住。报到当天，校研究生会、各学院研究生分会在校内红棉路、B-1宿舍、B-21宿舍设置了3个新生接待点，派出近60名研究生会成员，以热情的微笑和真诚的态度，竭尽全力为新同学提供宿舍查询、引导帮助和搬运行李等便利的服务，并向新生免费提供宿舍安排表和饮用水。研究生会干部们贴心周到的人性化服务，受到新生及新生家长们的称赞。（研究生处）

9月12日　环保志愿者赠亚运火炬

9月12日下午，南沙区副区长余若兰一行莅临我校，将一位不肯透露姓名的亚运火炬手珍贵的亚运火炬赠与我校学生社团绿色动力协会。副校长陈爽，党办校办、党委宣传部、校团委等相关部门负责人及校学生会、校学生社团联合会、绿色动力协会的学生代表参加转赠仪式。

据悉，余若兰副区长是受某位不肯透露姓名的亚运火炬手所托，将这份珍贵的亚运纪念品转赠给我校绿色动力协会的。在两年前传递火炬的过程中，绿色动力协会的志愿者们一声声加油呐喊深深地鼓舞了同为环保志愿者的他，所以他决定将珍贵的亚运火炬转赠予可爱的志愿者们，也为他们加油、鼓劲。（绿色动力协会）

9月12日 人文学院12级新生军训宿舍内务标准严格

9月12日，人文学院部分导生在教官的带领下，前往宿舍楼 B23 参观内务样板房。据了解，12 级新生的内务检查将于明早进行。

宿舍的门、窗、柜子、桌椅、墙壁均不能贴海报、贴纸等物品，也不能够有蜘蛛网和灰尘。重要物品必须锁在柜子里。书架上不可以摆放杂物，只能在左手边放一个壶桌面上可以摆放电脑，抽屉里则只能摆放书、笔记本和笔。椅子整齐地必须靠在桌子边上。床上允许放三件物品——席子、被子和枕头。席子的边缘必须与床的边缘平行。被子叠好后放在席子顶部的正中央，枕头放在被子上。床下可以摆放行李箱和书包，但必须摆放在内侧的位置。床下的外侧统一用来放鞋，上铺的同学放在左边，下铺的放在右边，所有鞋子必须居中对齐。

洗漱台上只能放洗漱用具——杯子、牙膏和牙刷，其中杯柄的方向要一致，牙膏和牙刷头所指的方向也要一致。毛巾需整齐地挂在钩子上，下摆必须在同一水平线上。另外，水桶必须整齐地摆在洗漱台下。沐浴露、洗发精等物品均要整齐地放在桶里。拖把、扫把、垃圾桶则要整齐地排列在洗衣机旁（部分宿舍没有洗衣机，则统一靠墙放好）。此外，大件的衣物（如长衣、长裤）应晾在靠宿舍一侧的钢索上，小件的衣物（如背心、袜子）则晾在另外一侧。（人文学院学工办）

9月12日 新闻与传播学院 2012 级研究生新生与导师见面

9月12日下午，新闻与传播学院 2012 级研究生新生与导师见面会在文逸楼会议室举行，伍建芬书记、纪德君院长、戴剑平副院长、田秋生副院长及徐晖明博士等领导和导师出席了本次见面会。

作为该学院传播学硕士点的学科带头人，徐晖明博士向大家介绍

2012 级研究生新生导师见面会现场

了学院传播学科硕士点发展现状和课程设置等情况。他希望新生在学习阶段中要"加强思维逻辑的培养，不要局限于本专业的维度，应该从专业视角出发，探知整个社会"。

伍建芬书记总结发言时说："研究生学习比本科的时候更辛苦，所以现在要做好吃苦准备，排除困难，集中精力，快乐并顺利地完成"。她提醒广大研究生新生，"有知识不一定有智慧，有智慧不一定有道德，研究生们要扎实理论，砥砺人格，做到德才兼备。"并祝愿研究生新生的"人生从这里起飞，梦想在这里实现。"（新闻与传播学院学工办）

9 月 14 日　帕多瓦孔子学院举办第四届饮食文化节

当地时间 9 月 14 日，广州大学与帕多瓦大学合作建立的意大利帕多瓦孔子学院隆重举办了第四届饮食文化节。帕多瓦孔子学院理事长、帕多瓦市议员、威尼斯华人商会负责人、海尔集团驻意大利总干事、帕多瓦大学语言中心副理事长、帕多瓦太极协会理事长和武术教练、帕多瓦 Bertand Russell 语言学校教师代表以及孔子学院的学生代表、华侨代表等共同参加了活动。

晚会上，中外来宾 100 余人欢聚一堂，场面热闹非凡。孔子学院理事长 V. Milanesi 教授、意方院长 Marcello Ghilardi 博士、帕多瓦市华人议员夏景文先生、威尼斯华人华侨总会秘书长周耸先生发表了热情洋溢的讲话，对孔子学院在传播中国语言文化方面的工作予以充分肯定。学生代表和教师代表领取了 HSK 和 YCT 考级证书，展示了学生们一年来学习汉语的收获。会上还介绍了主题为"筷子和饺子"的中国饮食文化，与会嘉宾热情参与到包饺子等游戏环节中，掀起晚会高潮。在中国传统美食的品尝活动中，宾主进一步了解了中国文化，增进了彼此友谊。

饮食文化节是帕多瓦孔子学院精心打造的品牌项目之一，已经连续举办 4 届，在当地产生广泛影响。《欧华联合时报》、《欧洲侨报》以及意大利当地媒体也对此次活动进行了采访。（孔子学院哈莎）

9 月 16 日　生命科学学院举行军民联欢会

9 月 16 日晚，生命科学学院在南五路举行了新生与承训部队军民联欢会，这次联欢会可以让教官和新生他们发挥创意，展现美丽青春的极好机会。联欢会上每个班级的新生代表都有精彩的表演，经过了这么多天辛苦的军训生活，这是十分难得的一次放松。联欢会结束前军训营长的领导均发言鼓励同学们在接下来的军训中要坚持并更加努力地夺取好成绩。（生命科学学院学工办）

联欢会场景

9 月 17 日　我校举行专题讲座倡导大学生理性爱国

为了进一步引导大学生认清形势，倡导理性爱国、智慧爱国、文明爱国，9 月 17 日晚，我校举行了以"从钓鱼岛主权之争谈大学生如何理性爱国"为主题的专题讲座。讲座由公民与政治教育学院教授刘雪松主讲，校团委全体干部、各学院团委书记、学生会主席、第二期青马工程全体学员以及各学生社团负责人聆听了讲座。

刘雪松老师就"当前国际国内的形势、大学生如何认清当前形势、理性爱国的实质及如何理性爱国"三个方面做了深入浅出的阐述，让同学们在了解钓鱼岛事件背后错综复杂的国际形势的基础上，清晰认识到要真正的爱

国，真正地继承和发扬民族精神，必须以理性的心态、合理的途径、文明的姿态去抒发爱国情怀。

会后，同学们纷纷表示，这次专题讲座不仅让自己对中日关系有了更深更广更全面的了解，同时也清晰认识到：爱国，不仅要有激情，还要有理性和智慧；爱国，要的不是冲动，而是踏实地学习。学好专业，为将来建设现代化社会打好基础，才是最大最真的爱国。（校团委）

9月18日　"奉献青春热血 彰显爱国情怀"大型无偿献血活动

9月18日，校团委、校红十字会在广州大学献血站举行为期6天的"奉献青春热血 彰显爱国情怀"无偿献血活动。

在活动现场，很多同学自觉报名参加献血，他们表示，"在'九一八'这个特殊日子，让我们用一腔热血关爱同胞，关爱祖国，奉献爱心，理性爱国"。在现场看到，同学们勇敢地挽起衣袖，用自己的热情奉献青春热血，以此来表达自己的爱国情怀。

这次献血活动目的是为倡导广大团员青年关爱社会、理性爱国的精神，践行服务社会，奉献爱心的理念，增强团员青年的社会责任感和使命感，通过参加献血活动，让同学们表达对祖国的热情，对历史的铭记。（校团委）

9月18日　我校举行"理性爱国 争创优良校风学风"主题班会和团日活动

9月18日下午，我校在全校学生中举行了"理性爱国争创优良校风学风"为主题的主题班会和主题团日活动。学校党委高度重视此次活动，明确指示教育和引导学生理性爱国，增强学生的遵纪守法意识，达到凝聚人心、统一思想、维护大局稳定的效果。各学院领导、班主任、辅导员、团委书记全部进入班级和团支部对学生开展教育引导工作。

各学院、各班级和团支部以此为契机开展爱国主义教育，通过老师讲解《钓鱼岛问题由来及中国政府的严正立场》的学习材料、集体讨论等形式，详细介绍钓鱼岛事件的由来及日本政府的非法行径、我国的应对措施等，坚决反对在反日"购岛"游行出现的打砸抢烧等违法行为，要求广大学生理性爱国，自觉维护大局稳定，不做任何违法违纪事情。广大同学在班主任、辅导员和团委书记的引导下进行了广泛的讨论，并就如何正确表达爱国热情发表了自己的看法。主题班会和主题团日活动还积极引导同学结合实际，将爱国报国热情转化到学习实践和优良校风学风创建的具体行动中，倡导校园文明行为，共同努力创建优良校风学风，建设和谐校园。（学生处）

9 月 18 日　2012 级研究生开学典礼举行

9 月 18 日下午，广州大学 2012 级研究生开学典礼演艺中心隆重举行。校领导庾建设、赖卫华、董皞、禹奇才、陈永亨和陈爽及各学院党政领导、导师代表出席典礼。副校长徐俊忠主持大会。

校长庾建设代表校党委、行政和全校师生员工向 922 名博士、硕士研究生表示衷心的祝贺和热烈的欢迎。他介绍了我校发展现状，并向新生提出希望和要求：一是要有坚定的理想信念；二是要注重培养创新精神和创新能力，着力提高自己发现问题，分析问题，解决问题的能力；三是要积极投身科学研究，严格遵守学术道德；四是放眼世界，学好英语。最后，他祝愿同学们把握机遇，努力拼搏，立志通过三年的学习，把自己打造成一名品学兼优，对社会有用的拔尖人才。（佘巧枝）

9 月 18 日　我校首批大学生 SYB 创业培训班结业

9 月 18 日，我校大学城校区第一期 SYB 创业培训班创业培训合格证书颁发仪式在文俊西就业服务大厅举行。首批大学生 SYB 创业培训是由广州市海珠区人力资源和社会保障局、广东省海之珠职业培训学校与我校招生就业工作处合作共同举办，广州市海珠区人力资源和社会保障局和我校招生就业处负责人、相关授课老师和本期创业培训班学员共同出席了证书颁发仪式。

在证书颁发仪式上，我校招生就业处负责人和广州市海珠区人力资源和社会保障局劳动就业训练中心负责人先后作了发言，肯定了 SYB 创业培训对促进我校学生增强创业意识、培养创业能力的重要作用，鼓励结业的学员继续在创业的道路上努力拼搏，带动更多的大学生投身到创业的征途中来。（唐蕾）

9月18日　地理科学学院组织开展"理性爱国，为中华崛起而读书"主题班会活动

9月18日，地理科学学院响应学校号召组织开展"理性爱国，为中华崛起而读书"主题班会活动。各班班主任认真负责，按时到位并带领同学积极发言，热烈讨论时事政治，气氛热烈，成效显著。联系学生班级中层干部曾演期、杨勇百忙中抽空参加了班会课并做了发言。班会上，班主任积极调动班级气氛，就日前各地民众举行的上街游行事件，结合学校下发的学习材料，从历史的角度还原真相，让同学们正确认识当下的国际态势，引导学生理性表达爱国情绪，防止被别有用心的人利用，真正做到"不参与，不围观"，坚决抵制"打、砸、抢、烧"等违法行动中。

同学们对学校、学院组织的主题班会表示十分拥护，班主任的全程参与也给班会课增添了气氛。此次班会的召开，使同学们的爱国之心得以凝聚，懂得表达爱国情怀的方式需要理性，唯有自身的强大方能赢得世界的尊重。身为大学生肩负祖国强大的历史使命，更要发奋图强，努力读书，为中华的崛起而读书。（地理科学学院学工办）

人事处副处长杨勇到联系的班级参与班会课

9月19日　广州电视台副台长费勇做客"南方传媒前沿讲坛"

9月19日下午，广州电视台副台长费勇莅临新闻与传播学院，就"媒体与文化传播"为主题掀开了该院"南方传媒前沿讲坛"第一讲。

讲座上，费勇从"传播对象"、"传播方式""传播效果"三个方面具体阐述了自己对媒体发展的一些观点。他还结合浙江卫视节目"中国好声音"分析了电视节目如何引起注意力、影响力的营销方式。据纪德君院长透露，邀请专家开讲一系列高水平讲座，是为加强该院与学界业界的广泛联系，开

拓师生学术视野，改善知识结构，提高创新意识，为该院营造更好的学术文化氛围。（新闻与传播学院学工办）

师生们认真聆听

9 月 19 日　研究生新生看专场芭蕾享受"精神大餐"

近日，研究生迎新教育正陆续进行，学校举办研究生芭蕾舞专场表演，900 多名研究生在特意准备的"精神大餐"中享受校园新生活。

9 月 19 日晚，专门为研究生新生精心安排的芭蕾舞迎新专场演出在演艺中心举行，被誉为中国最年轻最有活力的广州芭蕾舞团为研究生带来了高雅的艺术盛宴，同学们在悠扬的旋律中感受艺术，享受芭蕾舞带来的愉悦。副校长徐俊忠、研究生处及部分学院相关负责人和研究生新生观看了演出。

据悉，本次研究生迎新教育和培养学术能力、提升艺术素质等方面紧密结合。在开展观看芭蕾舞迎新专场表演和学术报告之外，学校还将举行一系列活动。（黎莉芩　胡涛）

9 月 20 日　旅游学院"新星灵动闪耀"迎新联欢晚会

9 月 20 日晚，旅游学院迎新联欢晚会在学生活动中心举行，晚会现场内坐满了身着军装的旅游学院新生。各班新生表演者发挥聪明才智、使尽浑身解数、独创独特手法倾情演出，其中中法商务旅游与休闲班则以调侃《中国好声音》及其他几则耳熟能详的广告的表演赢得现场新生们的阵阵掌声与欢笑。（陈秀妮）

新生们在表演节目

9 月 21 日　数学学院研究生组队参加第九届"华为杯"全国研究生数学建模竞赛

9 月 21 日至 25 日，广州大学数学与信息科学院研究生组建的 9 支队伍参加了第九届"华为杯"全国研究生数学建模竞赛。全国研究生数学建模竞赛（National Post-Graduate Mathematic Contest in Modeling：GMCM）是在全国范围内举行的、面向研究生群体的赛事活动，其宗旨在于考察研究生的创新能力、实证研究能力和团队合作能力。

参赛队员在仔细审题

在这四天的时间中，我校 9 组参赛的研究生运用他们的集体智慧，实现了个人能力与团队合作的融合，在规

定的时间里完成了多篇高质量的论文。此外，本次竞赛得到了研究生处领导和校研究生会的大力支持。（数学学院学工办）

9月23日　我校啦啦队获全国联赛广州站两项第一

9月23日，由国家体育总局体操运动管理中心主办的"2012年全国啦啦操联赛暨中国啦啦之星争霸赛（广州站）"在我校体育馆举行。广州大学啦啦队分别在花球、技巧两个项目中获得本组该级别的第一。

本次比赛中，广州大学啦啦队报了花球类大学五级和技巧类大学六级，并第一次尝试了新的难度，其中，大部分队员是练了一年的新学员，能取得如此骄傲的成绩，所有队员都非常满意。（林佩雯）

9月24日　我校召开新生军训汇报表演暨总结表彰大会

为期14天的2012级新生军训已结束，24日上午，我校召开新生军训总结表彰大会，一批在军训中表现突出的先进集体和个人受到表彰，6700多名新生精神抖擞，士气高昂地接受学校领导的检阅。

校领导易佐永、庾建设、赖卫华、禹奇才、陈永亨及学校各部门、各学院负责人出席了大会。副校长陈爽主持大会。

大会在庄严的国歌声中拉开序幕。在嘹亮的军乐声中，校长庾建设对军训方队进行检阅。"同学们好！同学们辛苦了！"校长一边走一边向同学们致以亲切问候，表达了校领导的亲切关怀；同学们响亮地回应，口号声响彻云霄，

展示着新生蓬勃朝气和豪迈的情怀。

最后，大会上还表彰了一批在军训中表现突出的先进个人和集体，并授予锦旗与证书。（高良铨　林雪漫）

9 月 24 日　　地理科学学院再获军训工作先进学院称号

9 月 24 日上午，学校隆重举行 2012 级新生军训总结暨表彰大会。经过 14 天的艰苦训练，地理科学学院 202 名本科生以良好的精神面貌圆满完成军训任务，以全校总分第二名的成绩再次荣获"军训工作先进学院"，同时还获得先进连队的光荣称号。40 位新生荣获军训积极分子称号，4 位导生被评为军训优秀导生，学院推荐胡艳芝、李红宾两位同志获评学校军训先进工作者称号。

军训期间，新生中涌现出一大批优秀学员，他们为了集体荣誉而战：轻伤不下火线、积极在学校新闻网投稿、宿舍收拾得窗明几净等等，为的就是给学院争得荣誉。为了及时巩固军训成果，学院及时召开了的总结表彰会议，鼓励学生将优良传统带到以后的学习生活中去，努力将自己培养成为德智体美全面发展的合格人才。短暂的军训留给我们很多的思索和感动，至此，学院学生军训工作连获 7 次该殊荣，这既是学院院优良传统的延续，也是全院上下共同努力的结果。（胡艳芝）

9 月 25 日　　易佐永书记参加音乐舞蹈学院班级主题班会

9 月 25 日下午，易佐永书记再次来到音乐舞蹈学院所联系的 2011 级音乐（1）班，参加班级"爱国、励志、成才、报国——以优良学风迎接党的十八大"的主题班会并和同学们亲切座谈。学院党总支书记苏沛祺、副书记刘小燕出席了本次班会。

通过本次主题班会，同学们对自身的学习目标、学习差距有

主题班会现场

了清晰的了解，通过对时政的关注和探讨，增强了爱国情感和民族责任感，纷纷表态要将领导关怀和爱国情怀及时转化为强烈的学习动力，以扎实的学习促动自己勉励自己，早日成才，报效祖国。（音乐舞蹈学院学工办）

9月25日　天文科普走进南海执信中学校园

9月25日，为了使天文科普知识普及化，应南海执信中学之邀，广州大学地理科学学院天文爱好者协会由会长刘霞飞带队走进中学校园，与中学生零距离互动，让神秘的天文逐渐生活化。

本次活动主要以天文图片展和游戏的形式进行，除了展出丰富的图片内容外，还组织中学生进行月面拼图游戏、"千里眼"游戏，引领同学们来发掘天文之趣事。协会的同学还设计了两款以"月婵娟""流星雨"为主题的纪念书签，以此作为奖品鼓励中学生的学习。活动吸引了许多中学生、老师及中校领导参加并赢得了他们共同的好评。天文爱好者协会的大学生也在中学天文科普的宣传活动中使自己得到了提升。（地理科学学院学工办）

9月25日　意大利萨兰托大学David Katan教授应邀来外国语学院讲学

9月25日，广州大学博学讲坛—"解读文化凝视及其在翻译中的重要性"在文清楼110室举行。来自意大利萨兰托大学的外聘专家David Katan教授应外国语学院邀请作为此次讲座的主讲人。该院蒋晓萍副院长、梁凤娟博士以及团委书记李黎老师出席了此次活动。蒋晓萍副院长向同学们介绍了David Katan教授的履历，为本次讲座拉开了序幕。

David Katan 教授以眼睛获取信息的特点简明生动地切入了文化凝视这一主题。他继而从 technical、formal、informal 这三个不同层次向同学们阐述了文化的有界性。他认为不同的国家有不同的文化模式，而对文化凝视的理解有利于我们开阔思维并成为一名优秀的翻译员。在问答环节 David Katan 教授对同学们提出的问题一一作出了解答，并鼓励同学们多听多看从而扩大知识面。整个讲座气氛轻松活跃。

此次讲座使同学们认识到文化凝视对翻译的重要性，开阔了他们的思维，为其成才之路打下了基础。（外国语学院学工办）

9 月 25 日 我校面向 2012 级新生举办人文素养系列讲座

9 月 25 日下午，广州大学博学讲坛人文素养系列讲座在模拟法庭开讲，主讲教师精彩的讲述受到学生们的欢迎。

当天，新闻学院院长纪德君教授开始了 2012 级新生人文素养系列讲座的第一讲：《千秋功罪任评说——漫谈〈三国演义〉中的曹操》，纪教授用"治世之能臣，乱世之奸雄"对曹操进行评价，并通过对曹操一生当中的三个阶段来诠释曹操是如何一步一步从"英雄"到"奸雄"到"奸贼"的转化。通过纪教授精彩的剖析，同学们对三国时期的曹操有了更深层次的认识。讲座接近尾声，很多同学积极地向纪教授请教自己的疑惑，纪教授耐心的为学生们一一解答，现场气氛热烈。最后纪教授寄语现场同学："多看名著，多写文章，多参加社会实践，这样你能够走向成功的彼岸。"（校团委　社科处）

9 月 26 日 党建创新"书记项目"之学生宿舍"五室一站"启动

9 月 26 日下午，学校党委抓基层党建创新"书记项目"领导小组在 B12 栋学生宿舍举行现场办公会议，听取学校各职能部门的工作汇报，部署下一阶段工作。校党委书记易佐永、副书记赖卫华以及各职能部门负责人参加会议。

在听取学生处、宣传部、教务处、招生就业处、校团委、研究生处等职能部门的工作汇报后，易佐永对各部门前一阶段的工作给予充分肯定，表示各部门做到思想上高度重视、行动上有落实，措施得力、效果显著。他对下一阶段开展"书记项目"提出三点要求。

会后，易佐永、赖卫华等参加了 B12 学生党建工作站、社区服务站揭牌暨"五室一站"开放仪式，为学生党建工作站、社区服务站揭牌，并兴致勃勃参观了"五室一站"，鼓励现场工作人员努力摸索，为在全校学生宿舍楼推广"五室一站"积累经验。

为落实学校书记项目中"拓展育人范畴，搭建全方位育人新平台"任务，校党委组织部、学生处安排，由土木工程学院牵头在 B12 定点开展学生党建工作站、社区服务站和"五室一站"的试点工作。（刘红弟　张彬哲　岑英杰）

9 月 27 日　我校举行"青春·前行"国庆迎新晚会

9 月 27 日晚，我校"青春·前行"2012 年国庆迎新晚会在体育馆隆重举行。近 7000 名新生齐聚一堂享受了一场动感十足、活力四射的青春盛宴，校领导易佐永、赖卫华、陈爽以及各学院领导与同学们一同观看了精彩纷呈的演出。

晚会在激情洋溢的龙狮表演中拉开了序幕。悠绵的笛声、婀娜的舞姿、有力的武术、时尚的猫步……一个个生动的节目不断在舞台上呈现，一阵阵由衷的赞美也不断从台下传来。晚会在歌曲联唱《青春前行》中徐徐落幕。在晚会结束时，校党委书记易佐永同志代表校党委、行政为同学们送上了诚挚的祝福，希望他们珍惜大学

生活，拥有美好未来。（朱艳芬）

9月30日 成才之路系列讲座之——美好人生，操之在我

9月30日，广州大学桂花岗纺织服装学院成才之路系列讲座第三十六讲之——"美好人生，操之在我"在桂花岗校区举行。中宏保险广东总裁钟健辉先生应邀作题为"从内心出发，挖掘最真实的自己"的讲座，讲座的主要内容包括大学生性格分析、择业心态、人生选择及如何步入人生成功之路，针对当前大学生所处的社会背景及面临困境，主讲人鼓励该院大学生在学习期间要建立正确的人生观与择业观，努力为自己的大学之路铺下一层坚实的基础。讲座为广大学生指明了方向，让广大学生为自己的提供了一份人生选择的良好借鉴与启示，取得了良好的效果。（王广华）

October 十月

我们的大学

10 月 9 日 地理科学学院率先召开受助学生年度教育暨公益组织成立大会

·· 204

10 月 9 日 数学与信息科学学院新老学生交流会顺利举行 ·············· 204

10 月 10 日 荷兰莱顿大学学者来我校举行学术讲座 ····················· 205

10 月 10 日 计算机学院举办"反本开新读《论语》"讲座 ·············· 205

10 月 11 日 第二十六期人文社科高端论坛举行 ··························· 206

10 月 11 日 相约公管，励志起航——新生入党前专题教育 ·········· 206

10 月 11 日 "用爱心传情"军服回收活动 ······························· 206

10 月 12 日 地理科学学院 2012 级新生入党动员大会隆重召开 ········· 207

10 月 12 日 数学与信息科学学院新生体育赛事结束 ····················· 207

10 月 12 日 瑞士洛桑联邦理工学院学者来我校举行学术讲座 ········· 208

10 月 12 日 学校资助硕士研究生开展"广州研究" ····················· 209

10 月 13 日 学生获广东省外语师范生教学技能大赛一等奖 ············· 209

10 月 13 日 2012 年师生研修会顺利结束 ······························· 210

10 月 15 日 人文学院曾大兴教授主讲唐宋十大词人讲座 ·············· 210

10 月 15 日 新闻与传播学院 12 级新生举行升旗礼暨红歌赛 ·········· 211

10 月 15 日 志愿者结束广州国际智慧城市展览会服务工作 ············ 211

10 月 16 日 会展竞技群星耀 百花齐放满园春 ························· 212

10 月 16 日 面向 2013 届毕业生第一场大型专场招聘会举行 ·········· 212

10 月 16 日 学生社团招新活动开始 ···································· 213

10 月 16 日 人文学院举行女性健康讲座 ······························· 213

10 月 16 日 人文素养系列讲座继续开讲 曾大兴教授话文人词鼻祖温飞卿 ………………………………………………………… 214

10 月 16 日 生命科学学院学生干部培训课 …………………………… 214

10 月 16 日 保密教育进校园 专家向学生作专题报告 ………………… 215

10 月 16 日 化学化工学院发挥党员教师作用加强师生交流 ………… 216

10 月 17 日 杰青进校园活动在我校举行 ………………………………… 216

10 月 18 日 王永平做客南国讲堂解读新型城市化与转型升级 ……… 217

10 月 21 日 "梦想的传承，理想的交接"优秀学生党员事迹分享会 … 217

10 月 21 日 人文学院"青葵杯"辩论赛初赛 ………………………… 218

10 月 22 日 我校获"三打两建"专项行动知识竞赛奖 ……………… 218

10 月 22 日 地理科学学院"十佳学生"表彰暨"欧科精英学子"
奖学金颁奖典礼 ……………………………………………… 218

10 月 22 日 数学与信息科学学院承办广州大学道德讲堂活动 ………… 219

10 月 23 日 我校举行外省籍新生辅导报告会 ………………………… 220

10 月 23 日 美术与设计学院举行"正面与背面"素描作品展 ………… 220

10 月 23 日 旅游学院"定格青春 见证蜕变"主题视频制作大赛 ………… 220

10 月 23 日 我校举办第四届化学实验技能大赛 ……………………… 221

10 月 23 日 我校学生热心公益 募捐救助白血病儿童 ……………… 221

10 月 23 日 外国语学院师生与国际顶尖学者零距离接触 …………… 222

10 月 23 日 我校举办第七届英语演讲大赛 …………………………… 222

10 月 23 日 学术沙龙讲座："我们生活在地理学家的时代" …………… 223

10 月 23 日 化学化工学院举办学生干部交流会 ……………………… 224

10 月 23 日 商学院举行暑期社会实践活动表彰大会 ………………… 224

10 月 25 日 旅游学院评选"优秀学风班" ……………………………… 225

10 月 26 日 载歌载舞 新疆学员欢度古尔邦节 ……………………… 225

10 月 27 日 学生喜获 ACM – ICPC 亚洲区域赛银牌 ……………… 226

10 月 27 日 我校 49 名学生完成 ADIUT 项目培训将赴法学习 ………… 226

10 月 27 日 学生作品在广东省"高校杯"软件设计竞赛（本科组）获奖
…………………………………………………………………… 226

10 月 28 日 我校学生获 2012 年"外研社杯"全国英语演讲大赛一等奖
…………………………………………………………………… 227

10 月 29 日 旅游学院举办大学生涯规划大赛宣讲会 ………………… 227

大学生文化素质发展日志年编
（2012）

10 月 30 日　我校第四届化学实验技能大赛决赛 …………………………… 228

10 月 30 日　我校征兵工作全面铺开 ……………………………………… 228

10 月 30 日　应天常教授讲中外名主持人　………………………………… 228

10 月 30 日　我校举行少数民族文艺汇演欢度古尔邦节 ………………… 229

10 月 31 日　美术与设计学院学生勇夺《白杨奖 – 最佳漫画提名奖》 … 229

十

月

10月9日　地理科学学院率先召开受助学生年度教育暨公益组织成立大会

10月9日下午，地理科学学院在文新楼206室召开了"地理科学学院受助学生年度教育暨公益组织成立大会"。出席本次大会的有学生处副处长陈爱平、学院党委副书记刘向晖，学工办主任刘晓亮，辅导员胡艳芝以及全体受助学生、各班团支书。

陈爱平副处长的发言拉开了大会的序幕。向大家传达了"公益积分手册"推行的初衷、目的、意义，她鼓励全体受社会资助的学生积极投身社会和学校的各种公益事业，学会付出，懂得感恩，带动全校同学形成一种"我为人人，人人为我"的氛围。据悉，该院是学校号召受资助学生多做公益服务活动以来，率先在全院范围内进行专题动员的学院。相信在日后的学习和工作中，该院的公益组织必能发挥助人为乐的精神，展现地理人的良好风貌！（刘晓亮　胡艳芝）

10月9日　数学与信息科学学院新老学生交流会顺利举行

10月9日下午，数学与信息科学学院在理工南楼举行新老学生交流会。"大学分为四年，同时也分为四个阶段。"，一位已开始实习的大四师兄正在和新生们分享自己的经验。新生们都非常认真地记录下每一个细节，并对自己心中的疑惑进行了提问。整个交流会以最简单的问答互动方式来引导新生适应大学生活。在轻松活跃的氛围中，师兄师姐们耐心地解答新生生活中的一个个难题，疏导他们内心的障碍，还特别对大家比较感兴趣的"如何正确认识大学老师的作用"、"考研深造"、"工作实习"等话题进行了更加深入的剖析。

这场交流会彰显出老生对新生无私的关怀与付出，愿新生们在实现梦想的道路上披荆斩棘，勇往直前！（杜亚辉）

10月10日　荷兰莱顿大学学者来我校举行学术讲座

应广州大学十三行研究中心邀请，荷兰莱顿大学哈里·科尼普斯希尔德博士和玛格丽塔女士近日访问我校，并在我校举行了学术讲座。

哈里博士1944年出生于荷兰林堡省海尔伦，在乌特勒支大学攻读数学、物理与天文学的本科与硕士学位，并进而在莱顿大学历史系攻读历史学博士学位，主要研究领域是天主教会史与流行音乐史、亚洲历史、美国与荷兰关系史等领域的研究。2012年10月9日上午，哈里·科尼普斯希尔德教授和玛格丽塔女士在我校举行了《欧美流行音乐发展史及其社会影响》的学术讲座，放映了珍贵的演唱会录像，生动讲述了欧美流行音乐发展史以及深远的社会影响，进行了活跃的交流，受到师生的欢迎。（广州大学十三行研究中心）

10月10日　计算机学院举办"反本开新读《论语》"讲座

10月10日下午，计算机学院在理工南楼322室为2012级本科生举行了题为"反本开新读《论语》"的讲座。

蒋沛昌先生的讲座分析了当代国人对待孔子的态度和研读《论语》的流派，对《论语》的若干经文做了现代诠释。所谓"反本"，乃是全面了解祖国优秀的传统文化真实内涵、实在精神；所谓"开新"乃是在全球性文化的激荡下，努力更新和开创自身的民族文化。

蒋老先生在讲座结束时祝愿大家：学而时习，果行育德。开物成务，素雅芬芳。（计算机学院学工办）

讲座后合影

10 月 11 日　第二十六期人文社科高端论坛举行

10 月 11 日，广州大学第二十六期人文社科高端论坛在文俊西楼模拟法庭举行，中国人民大学法学院院长、博士生导师韩大元教授就"中国宪法实施的挑战与未来发展"这一主题进行了精彩的演讲，广州大学副校长董皞教授主持了本次讲座。这次讲座是一场专业知识的盛宴，不仅让同学们学习到了知识，也让同学们领略了国内学界知名学者的风采。（法学院学工办）

10 月 11 日　相约公管，励志起航——新生入党前专题教育

10 月 11 日晚，为了帮助新生提高思想境界和端正入党动机，公共管理学院分党校在图书馆讲学厅举办了对 2012 级新生入党前的专题教育活动，学院党委书记谢俊贵教授担任本次专题活动的主讲人，谢书记从做好个人发展规划方面引导新生们积极向党组织靠拢，严格自己，自律奋进，努力提高个人素质，创造条件向党组织提出入党申请，将自己的个人发展与组织集体的发展联系起来，做一个具有崇高理想品质、对社会有用的人。（甘建强）

10 月 11 日　"用爱心传情"军服回收活动

10 月 11 日 12 点至下午 6 点，由人文学院学生会生活部在 B3 和 B14 宿舍前开展军服回收活动。新生们将军训中穿过的军服洗净捐出，使军服资源得到了回收利用，充分体现了"用爱心传情"的活动宗旨。

回收现场一角

10 月 12 日　地理科学学院 2012 级新生入党动员大会隆重召开

10 月 12 日，地理科学学院 2012 级新生入党动员大会在我校图书馆讲学厅召开。党委副书记刘向晖、学院辅导员、党支部成员及全体 12 级新生出席此次会议。

会议伊始，党委副书记刘向晖同志在讲话中指出，入党不仅是公民投身祖国建设的好途径，也是公民找到精神信仰与寄托的好方式。地理系学生党支部副书记陈舒容和资源环境系学生党支部副书记贾绳之分别对学院党支部的基本情况和新生入党程序作了详细介绍。通过介绍学院党支部组织结构及职能分工，展示党日丰富活动，秀出学生党员风采，让新生对学院党支部基本情况有全面的认识，树立党员榜样，激发同学们加入党组织的激情与热情。最后，地理系学生党支部书记刘晓亮老师和资源环境系学生党支部书记胡艳芝老师在动员大会总结发言时明确了党组织"成熟一个，发展一个"的发展原则，希望全体新生能够积极踊跃地向党组织靠拢，为党组织注入新鲜的力量。（地理科学学院学工办）

10 月 12 日　数学与信息科学学院新生体育赛事结束

10 月 12 日下午，数学与信息科学学院为期四天的新生拔河赛和篮球赛完美地划上句号。新生们通过本次体育竞赛，不仅是培养了队员之间的默契，更重要是增强了班级之间的凝聚力。同时本次活动成功开启了新生们丰富多彩的大学生活之门，在新生的大学生涯里抹上了绚丽的一笔。（杜亚辉）

赛后领奖

10 月 12 日　瑞士洛桑联邦理工学院学者来我校举行学术讲座

应机电学院邀请，瑞士洛桑联邦理工学院微波、传输光子学和纳米光子学计量实验室 Luc Thévenaz 教授，10 月 7 日为学院师生就他在布里渊分布式光纤传感器的研究进展做了一场学术讲座。

Luc 教授从研究布里渊分布式光纤传感器的目的开始讲座，循序渐进地讲述了他研究的过程和研究的成果。

Luc 教授在光纤传感技术理论及应用、光纤信息传输方面有很高的造诣，是布里渊时域散射分析仪（瑞士 Omnisens 公司生产）的发明人之一，与韩国 Kumoh National University of Technology 和日本东京大学有广泛的合作，在分布式光纤传感及应用领域处于世界领先地位。（机电学院学工办）

10 月 12 日　　学校资助硕士研究生开展"广州研究"

近期，学校开展硕士研究生"广州研究"立项资助项目，大力鼓励研究生围绕广州经济社会发展实际问题开展毕业论文写作。

该项目目的在于促进研究生及其导师更好关注地方经济社会发展所遇现实和历史问题的同时，亦能引导研究生走向社会实践、深入田间地头进行研究，培养研究生脚踏实地、求真务实的学风，切实提高研究生科研创新能力，进一步达到提高研究生培养质量的目的。

此次"广州研究"项目确定资助36项开展研究。资助项目有涉及城市人口、住房保障、绿化、公共安全、流动人口管理、垃圾分类等公众关心的课题，也有涉及空巢老人、低碳城市、生态城市、少数民族、人体器官捐献等政策层面的课题，还有涉及文化创意、体育教育与普及等文化层面的课题。这些课题紧密结合学生的开题报告，要求以毕业论文形式完成研究。（研究生处、社科处）

10 月 13 日　　学生获广东省外语师范生教学技能大赛一等奖

10 月 13 日，首届广东省高等院校外语专业师范生教学技能大赛总决赛在华南师范大学举行。我校外国语学院 2009 级英语（教师教育方向）学生方茗和梁嘉仪两位同学在总决赛本科组比赛中双双获得一等奖。

本次大赛的主题是英语词汇和语法内容的教学。我校选送的两位选手展示了外国语学院英语专业师范生扎实的常规教学技能和教学设计，她们标准的语音语调、准确流畅的教师课堂用语、工整的板书、教学课件的设计令评委及观众眼前一亮。（陈丽虹）

获奖选手

10月13日　2012年师生研修会顺利结束

10月13日晚，2012年广州大学师生研修会活动顺利结束。全校50多名教师、近280名学生参加了本次研修活动。校党委副书记赖卫华出席了研修会联谊晚会暨最受学生欢迎老师颁奖典礼。

参加本届研修会活动的有2012年最受学生欢迎的老师、青年马克思主义者培养工程导师、各学院团委书记、第二期青年马克思主义者建设工程培养对象、各学院优秀学生代表、校级学生组织及各学院团学组织骨干。研修会通过最受学生欢迎的教师与学生进行两天的深度交流，遴选一批表现特别优秀的大学生，有计划地重点培养，促使其更加坚定理想信念，推动其积极实现发展规划并成为综合素质较高的精英之才。（校团委）

赖卫华（左一）向最受学生欢迎老师团队颁奖

10月15日　人文学院曾大兴教授主讲唐宋十大词人讲座

10月15日，由人文学院曾大兴教授主讲的主题为"唐宋十大词人——2012年省级精品视频公开课暨专题系列讲座"第一讲在文俊东楼209室举行。

曾教授向同学们分别讲解了词、燕乐、唐宋词的基本概念。在授课的过程中，曾教授还引用《离骚》等名篇与温庭筠的作品作比较，让同学们更直观可感地感觉到温庭筠的艺术成就。（人文学院学工办）

同学们在台下地认真听课

10 月 15 日　新闻与传播学院 12 级新生举行升旗礼暨红歌赛

10 月 15 日早晨 7 点，新闻与传播学院 2012 级新生在图书馆广场举行升旗仪式暨红歌合唱比赛。学院党委副书记孙凌、学工办主任吴谦老师、辅导员谭丰云老师等出席本次活动。在升旗仪式之后的红歌比赛中，普通话播音 2 班荣获第一名。2 班班长陈东民说"这次获奖，得益于同学们高度的配合和班干部的相互协调，我感到非常高兴。"（新闻与传播学院学工办）

活动现场

10 月 15 日　志愿者结束广州国际智慧城市展览会服务工作

10 月 15 日，外国语学院一支由三个年级翻译专业同学组成的志愿服务队，在叶霭云老师的指导下结束了为第三届中国广州国际低碳环保产品和技术展览会暨广州国际智慧城市展览会的服务工作，现场协助外事接待对象包括英国、美国、韩国、法国、瑞士、意大利驻广州领事馆的代表、市委书记万庆良、奥运冠军谢杏芳等。

服务期间，外国语学院学生展现出良好的风貌，以饱满的热情、专业的服务为展览会的顺利举行提供了有力的后援支持，受到了举办方的肯定和赞扬。同时，学生还见识了国际会议的组织工作和同声传译工作，提高了专业学习水平。（外国语学院学工办）

10 月 16 日　会展竞技群星耀 百花齐放满园春

10 月 16 日 14 时，2012 全国商科院校技能大赛会展项目策划竞赛广州大学旅游学院赛区团体选拔赛，在文新楼 208 室隆重举行。旅游学院会展系王晓伟、曾燕闻等老师，会展协会前任会长曾倩茵等同学受邀担任本次大赛的评委。

选拔赛事在进行中

此次选拔赛，既为学生们提供了锻炼自身技能、提升综合素质的平台，又给予了学生开拓视野的机会。希望广大学子继续超越自我，勇敢前行！（谢宁）

10 月 16 日　面向 2013 届毕业生第一场大型专场招聘会举行

10 月 16 日上午，中国银行广东省分行下属 23 个支行联合在我校设摊招聘，吸引了校内外大批毕业生前来应聘，中国银行广东省分行此次招聘的专业涵盖了经济学、法学、文学、理学、工学、管理学等学科的毕业生，专业面广。据了解，本次招聘会是我校组织的第一场面向 2013 届毕业生大型专场招聘会。（严惠旭）

招聘会现场

10 月 16 日　学生社团招新活动开始

10 月 16、17 日，由我校学生社团联合会主办的 2012 年学生社团招新活动在红棉路隆重举行，共有 86 个学生社团参与其中。我校副校长陈爽亲临现场观看了开幕式表演和巡游活动。

今年社团招新活动以嘉年华的形式展开，各式各样的摊位齐聚红棉路，招新场面一片热闹。社联负责人表示，今年的"百团大战"由巡游、风采展示和摊位游戏及书签兑换等内容组成，比去年更为完善，更多地为学生社团考虑，活动更彰显人性化，这也让新生有更多的机会发展其兴趣爱好，丰富其课余生活。（校团委）

风采展示一角

10 月 16 日　人文学院举行女性健康讲座

10 月 16 日下午 2 点，人文学院 12 级全体女生健康教育会在图书馆讲学厅举行。该院邀请了广州市第一人民医院的侯倩宇医生为新生讲授相关知识，学工办主任刘军军老师和学工办副主任陈永添老师出席了这次的讲座。

这次的讲座让同学们学会作为一名女生要自尊自爱，不能因为好奇而做出伤害自己的行为。还要学会保护自己，学会说"不"！

10月16日　人文素养系列讲座继续开讲　曾大兴教授话文人词鼻祖温飞卿

10月16日下午，我校博学讲坛人文素养系列讲座继续开讲。广东省词学研究专家、我校人文学院曾大兴教授担任主讲，讲坛主题为"文人词鼻祖温飞卿"。

曾大兴说，古代诗人大多不懂音乐，为人又清高，所以文人词显得尤为可贵。因而一个真正的词人要能精通音律又能知晓创作。而小令词的鼻祖温庭筠精通音乐，在作词上又有很高造诣——"能弦吹之音，为侧艳之词"。温庭筠是文人中第一个大量写词的人，而由后人整理的词集《花间集》为他确定了文人词鼻祖的地位。

曾教授以幽默的语言解释了温庭筠仕途不得志的各种原因，其清晰的思维和惊人的口才引起现场欢笑声不断。在解读温庭筠代表作时，曾大兴带头鼓励观众一起朗读熟悉的诗词，并采用一种时尚的方式把"弄妆梳洗迟"的古代孤独女子比喻成现代社会没有约会只能在家里睡觉的"睡美人"等，在阵阵笑声中，观众进一步了解了温飞卿的诗词，也把讲座推向一个高潮。（李晓纯）

10月16日　生命科学学院学生干部培训课

为了进一步加强学院学生干部队伍建设，提高学生干部的综合素质和工作能力，发挥团的基层组织和学生会干部"自我教育，自我管理，自我服务"的积极作用，以便更好地开展学生工作。10月16日下午，生命科学学院全体学生干部在文新楼423课室举行干部培训课，学院党委副书记肖杏烟以"如何当一名合格的学生干部"为题目，给学生干部上了生动幽默且意义深远的一课。

生科院学生干部培训活动能让思想与实践有机结合，使每一位学生干部都能认清在为同学服务的工作中收获宝贵的人生财富。（生命科学学院学工办）

10 月 16 日　保密教育进校园　专家向学生作专题报告

　　为促进大学生树立保密观念，普及保密知识，按照我校保密委的部署和"纪律教育月"的要求，由学生工作部、团委联合组织，10 月 16 日下午，广州市国家保密局副局级巡视员王笑言应邀来校在图书馆附楼报告厅做专题报告。学校各级团委、学生会（研究生会）学生干部、青年马克思主义者培养工程学员共近 400 名学生聆听了一场精彩的报告会。

　　报告分保密概念和保密法、保密常识和保密红线及学生为走向社会做好准备三个部分展开，王笑言首先深入浅出地介绍了什么是保密和国家秘密，进而梳理了古时人们对保密的认识、几代领袖对保密的论述和党的保密工作传统，无论是引用春秋战国伍子胥的历史传说，还是回顾我国保密法制建设历程，王笑言始终了强调保密的重要性。王笑言还立足于 2010 年新的《保密法》，进一步解析了国家秘密必须具备的三要素、保密工作方针及原则和 12 条保密红线这些保密方面的知识。（欧阳又梅　王安良）

10月16日 化学化工学院发挥党员教师作用加强师生交流

10月16日下午，化学化工学院师生党员开展"科技创新，党员先行"师生党支部交流活动。交流会通过"国赛风采展"、"校赛加油站"等环节，让在"挑战杯"国赛中取得优异成绩的学生党员作现场答辩演示和经验介绍，准备参加"挑战杯"校赛的团队模拟答辩，师生党员提问和点评，指导教师传授项目培育的经验，互动交流。活动很好地利用了支部共建的平台，把学术科研活动变成了"可近、可学"的师生交流活动。

9月以来，为响应和认真贯彻落实抓基层党建创新"书记项目"，加强学院教工党支部、学生党支部及入党积极分子之间的交流，发挥共产党员的先锋模范作用，化学化工学院党委组织师生党员开展了系列活动推动师生支部共建工作。（宋著立）

10 月 17 日 杰青进校园活动在我校举行

10月17日，由中共广州市委宣传部、共青团广州市委员会、人民网广东频道联合主办，广州大学团委承办的"把握前进航向领跑辉煌人生——给力广州新型城市化建设之杰青进校园"活动在广州大学举行。团市委副书记孙柱、我校副校长陈爽、市委宣传部网宣处处长江永忠、人民日报社广东分社网络部主任黄幸群等与创业大赛参加学生、学生干部骨干约300人共同参加了活动。（校团委）

活动现场

10 月 18 日　王永平做客南国讲堂解读新型城市化与转型升级

10 月 18 日，中共广州市第十届委员会委员、中共广州市委党校常务副校长、广州行政学院常务副院长、广州市社会科学界联合会副主席、广东省社会学会副会长王永平研究员应邀做客南国讲堂第 22 讲，为我校师生作题为"新型城市化与转型升级"的专题讲座。

在讲座中，王永平紧紧联系广州城市城市建设与转型升级的实际情况，以自己的亲身经历和丰富具体的案例，深入浅出地向大家解读了新型城市化与转型升级的内涵、意义及相互关系。谈到如何转型升级时，他提出要在技术、人才上下功夫。同时，他还联系学生成长的各个发展阶段，强调转型升级与每个人的发展都有密切关系，鼓励学生在学校努力学习，全面发展，为今后走向社会打牢坚实的基础。最后，他详细回答了观众现场提出的问题，并在黑板上写下了"厚德诚信敏行"几个大字，勉励大家践行新时期广东精神。（公共管理学院学工办）

10 月 21 日　"梦想的传承，理想的交接"优秀学生党员事迹分享会

10 月 21 日晚，以"梦想的传承，理想的交接"为主题的公共管理学院新生教育专题之优秀学生党员事迹分享会在文新楼 113 室举行。此次会议邀请了 2009 级黄冬涛和方雪贤两位学生党员与 2012 级新生分享他们的大学四年的优秀事迹。

本次分享会加深了新生对优秀党员的认识，引发新生的思考，从而在生活中向党组织靠拢，提高自身素质能力。（谢玲）

优秀学生党员在宣讲

10 月 21 日　人文学院"青葵杯"辩论赛初赛

10 月 21 日晚，由人文学院团委学术科技部举办的"青葵杯"辩论赛初赛在理工南楼 317－319 室举行，12 支新生参赛队伍分别围绕"大学教育教育平民化与精英化"和"举国体制办体育利与弊"进行辩论。辩论赛场面活跃，辩驳激烈，观众反应热烈。（人文学院学工办）

10 月 22 日　我校获"三打两建"专项行动知识竞赛奖

由广东省打传办、省工商管理局、省教育厅、省公安厅主办的防范传销进校园暨"三打两建"专项行动知识竞赛，于 10 月 22 日下午在华南理工大学的大学城校区举行。我校派出了商学院 3 名同学组成的代表队参赛，取得了三等奖的好成绩。

据介绍，此次知识竞赛活动是开展防范传销进校园暨"三打两建"专项行动宣传活动的重要内容，旨在以此为契机，兴起反传销宣传教育高潮，帮助学生识别传销陷阱，提高广大大学生防范误入传销的意识和自护自救能力。（刘奇萍）

10 月 22 日　地理科学学院"十佳学生"表彰暨"欧科精英学子"奖学金颁奖典礼

10 月 22 日下午，地理科学学院"十佳学生"评选表彰暨"欧科精英学子"奖学金颁奖典礼在文新楼 508 室隆重举行。陆启荣同学作为获奖学生代表的发表获奖感言，他在感谢欧科公司的同时，表达了同学们将继续发扬勇往直前，艰苦奋斗，奉献社会的决心。（地理科学学院学工办）

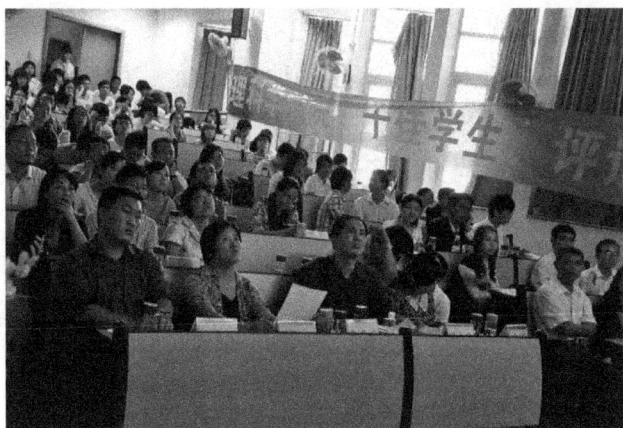

活动现场

10 月 22 日　数学与信息科学学院承办广州大学道德讲堂活动

为深入贯彻落实党的十七届六中全会精神，加强社会主义核心价值体系建设，结合我校德育工作实际，积极推进我校"道德讲堂"建设。10 月 22 日晚，由数学与信息科学学院承办的广州大学道德讲堂在图书馆一楼讲学厅举行，这也是我校第一次由学院承办

的道德讲堂活动。数学与信息科学学院师生 300 余人齐聚一堂，共同接受一次道德洗礼。（杜亚辉）

10 月 23 日　我校举行外省籍新生辅导报告会

10 月 23 日，以"规划大学经纬，追寻我的梦想"为主题的报告会在图书馆附楼举行，来自学生处的王国华老师担任主讲，2012 级外省籍本科生参加。报告会揭开了"翼起来"第二届大学生涯规划系列活动的序幕。

会上，王国华老师首先分享了他的学习方法与学习体验。接着，王国华围绕"学会做人、学会学习、学会生活、学会发展"四个方面展开报告。最后，王国华老师提出让热爱成为学习成功的关键、坚持好的学习习惯和做好学习计划以保证把学习搞好三点建议，并寄语新生不断坚持科学学习方法，让自己成为一名一流的大学生，为祖国和人民奉献自己的力量。（学生处）

10 月 23 日　美术与设计学院举行"正面与背面"素描作品展

10 月 23 日上午 10 点，《正面与反面》素描作品展在广州大学演艺中心一楼教学展厅开幕，展期为：2012 年 10 月 23 日——11 月 1 日。

出席这次展览的嘉宾有广州大学美术与设计学院院长汪晓曙教授、党委书记詹武教授、副院长吴宗敏教授、党委副书记温志昌、学院各系教师代表，以及来自广东省各高校的知名专家和企业家嘉宾们。（美术与设计学院学工办）

10 月 23 日　旅游学院"定格青春 见证蜕变"主题视频制作大赛

10 月 23 日下午 13 时，旅游学院第二届广告视频大赛在文新楼 224 室举行。围绕"定格青春，见证蜕变"这一主题，各参赛小组用不同的视频作品给出了不一样的阐释。其中，12 会展 2 班以《维他梦》为题，讲述了一群年轻人的追梦历程，博得了热烈的掌声。《责任从睁眼开始》，《有梦想谁都了不起》等作品，以独特的创意，丰富的内容，幽默的表现手法，感染了在座的嘉宾和评委，赢得了阵阵喝彩。（张耀纯）

参赛者展示视频

10 月 23 日　我校举办第四届化学实验技能大赛

10 月 23 日，广州大学第四届化学实验技能大赛开幕式拉开帷幕。副校长陈爽、相关部门负责人和参赛学生 400 多人出席了开幕式。

陈爽在开幕式讲话中勉励同学们学好化学，从知识的更新进步到思维的转变，从而达到"知行合一"。她希望同学们能用好科学技术，让化学的真正魅力在建设和谐社会中绽放。

广州大学第四届化学实验技能大赛吸引了来自化学化工学院、环境工程学院、生科院、土木工程学院等 421 名学生参加，参赛人数再创历史新高。化学实验技能大赛定于 10 月 30 日举行决赛。（林勇勇）

陈爽副校长与部门负责人参观实验项目

10 月 23 日　我校学生热心公益 募捐救助白血病儿童

10 月 23 日下午，由土木工程学院团委学生会社工部主办的义卖活动在校园展开。活动是为帮助湛江市坡头区龙头镇某村 13 岁患白血病的男孩谭胜宏筹集善款，活动得到同学们的积极参与。

当天的义卖活动吸引了我校 500 多名学生积极奉献爱心，其中包括不少外国留学生。据了解，此次活动通过义卖明信片和募捐的形式，共筹得捐款

3755.5元。负责该活动的许同学表示，为进一步帮助该患者，他将通过自己的力量扩大宣传，召集更多的同学积极参与到奉献爱心的行列中来。（王泉骄）

10 月 23 日　外国语学院师生与国际顶尖学者零距离接触

10月23日下午，跨文化交际与翻译领域的国际学术领军人物，意大利萨伦托大学的David Mark Katan教授（博导）应邀莅临我校，与外国语学院师生进行了面对面交流，为广大师生作了题为"Intercultural Competence in Language Mediation and Translation"（语言调停与翻译中的跨文化交际能力）的学术讲座。

近年来，外国语学院重视开展国际学术和文化交流，先后邀请多位专业相关领域的国际顶尖大师来访交流，旨在进一步推进学院相关专业领域的研究和把握研究前沿动态，也着眼于为全院师生提供更多接触国际知名学者的机会，拓宽学院与国内外高校交流合作的渠道，开阔师生视野，对学院发展将起到积极的推动作用。（外国语学院学工办）

10 月 23 日　我校举办第七届英语演讲大赛

10月23日晚，由外国语学院承办的"2012年广州大学第七届英语演讲大赛"决赛在行政西楼二楼会议厅举行。这次比赛共有12位来自不同学院的选手入围决赛。比赛分为定题演讲、即兴演讲和评委提问三个部分。选手们演讲从梦想、孝道、真我等角度陈述自己的观点，展现当代大学生的思想深度和青春风采。即兴演讲是个不小的挑战，选手们在假设可选择任意时空的话题中，包含了活在当下、对择偶标准、对美的追求、西式快餐等问题，选手们充满睿智的演讲，赢得了在场观众的阵阵掌声。（梁佩琦，杜惠宁）

决赛现场一角

10 月 23 日　学术沙龙讲座："我们生活在地理学家的时代"

10 月 23 日晚上，地理科学学院院长吴志峰教授为 12 级新生作"我们生活在地理学家的时代"为主题的讲座，既是新生入学教育的延伸，也是本学期学院学术沙龙讲座之一。

吴院长结合自身的经历，向同学们讲述了求学历程的成长与见闻，不仅向大家展示了无限险境的科考足迹，也增长同学们的见识，使同学们对地理学有了一个更为全面的了解与定位。同时，他还围绕"我们生活在地理学家的时代"这一主题，指出了美国地理学未来 10 年战略方向，并满怀期望地对我院的未来发展进行展望。（地理科学学院学工办）

10 月 23 日　化学化工学院举办学生干部交流会

为了让新生更快熟悉大学的新环境、新生活，10 月 23 日晚上 7 点至 9 点，化工学院在文新楼 4 楼举行了新老学生交流会。

本次交流会共有 300 多人参加，新生通过与老生的交谈，更好地了解到大学 4 年中他们应该做什么，应该去争取什么，应该去为什么努力，在 4 年后他们一定能交给自己一个完满的答案。（化学化工学院学工办）

新老学生交流场景之一

10 月 23 日　商学院举行暑期社会实践活动表彰大会

为鼓励大学生积极投身实践走基层，真正走进社会，服务社会，商学院 2012 年暑假社会实践活动表彰大会于 10 月 23 日晚上文清楼举行。

本次暑期社会实践表彰大会一方面给予了各个队伍一个展示实践成果的平台，让各队伍交流实践过程中奉献社会、锻炼才干、培养技能的收获与感受；另一方面，学院对社会实践当中表现出色的实践队伍与队员给予了表彰。较好地激发了师生们参与社会实践活动的积极性。（商学院学工办）

优秀队员领奖

10 月 25 日　旅游学院评选"优秀学风班"

10 月 25 日晚，旅游学院的"优秀学风班"评比活动在文新楼 119 室举行。通过对照学校设定的条件开展评选活动，学院各班交流了优秀班集体的管理和优良学风建设的经验。各学生班级在加强班集体建设、同学互帮互助、组织健康向上的各种活动、形成良好行为习惯等方面加深了全体学生对优良学风建设预期的认识，下一步各班级定能发挥优势，建设优秀学风班。

评选活动现场

（旅游学院学工办）

10 月 26 日　载歌载舞 新疆学员欢度古尔邦节

10 月 26 日，我校组织新疆喀什赴广州大学培养计划学员到番禺南沙永乐农庄举行了庆祝古尔邦节活动。喀什行政公署副专员王勇智在我校学生处相关负责人的陪同下出席了活动。

古尔邦节是我国维吾尔族的盛大节日，又称宰牲节。学员们首先便举行了宰羊仪式。此外，节日里还组织了"团结一致向前进"等多项团队活动，在晚上的篝火晚会中，学员们围着篝火唱起了自己民族的歌，跳起了自己民族的舞蹈，其乐融融。本次活动按照了比较传统的方式庆祝古尔邦节，让学员们感受节日的欢

篝火晚会

乐，同时也是为了培养学员们的团队意识。（少数民族学生工作办）

10 月 27 日　学生喜获 ACM – ICPC 亚洲区域赛银牌

10 月 27 – 28 日，第 37 届国际大学生程序设计竞赛（ACM – ICPC）亚洲区域赛金华赛区现场赛在浙江师范大学举行，我校参赛队伍顽强拼搏，获得银牌，在 86 所高校的 139 支参赛队伍中，学校排名 23，队伍排名 28，在广东省参赛学校中排名第三，是历届参赛以来获得的最好成绩。（计算机科学与教育软件学院学工办）

10 月 27 日　我校 49 名学生完成 ADIUT 项目培训将赴法学习

10 月 27 日上午，广州大学为 2012 届法国 ADIUT 项目 49 名学生举行了结业典礼。在结业典礼上，国际教育学院院长刘学谦教授代表学校高度赞扬项目班同学勤奋踏实的学习精神，对他们取得了优秀成绩表示祝贺，并勉励同学继续保持良好学习习惯，再接再厉，再创佳绩。法方代表、学生代表和老师代表在结业典礼也分别作了热情洋溢的发言。

据悉，ADIUT 项目是中国政府与法国政府教育部设立的中国学生进入法国学习的重点优生项目。经层层考核与选拔，我校今年共计招收了 49 名优秀高中生进入该项目学习，这些学生中有近 1/3 的同学高考成绩超过 600 分，分数最高的达到 668 分。他们目前已全部通过了法语培训及使馆签证工作，将于 11 月 14 日集体赴法国开展本科阶段的学习。（孙莹）

10 月 27 日　学生作品在广东省"高校杯"软件设计竞赛（本科组）获奖

10 月 27 日，第二十二届广东省"高校杯"软件设计作品竞赛决赛在广东技术师范学院举行。广州大学选送的作品获得了二等奖 2 项、三等奖 1 项。

本次比赛有华工、华师、广工等 15 所省内本科院校的 34 件作品参赛。我校进入决赛答辩演示的共有 2 项作品，计算机科学与教育软件学院 09 级学生杨镇豪、谢韵玲、黄晓红的参赛作品《基于 Android 平台的图文同步识别软件》（指导老师：刘淼）、09级梁海骅、许磊的参赛作品《智能服务机器人》（指导老师：金政哲）分别获得决赛二等奖；进入自由演示的是09级钟洁、郑燕燕、周涵的参赛作品《消息速递系统》（指导老师：金政哲），获得决赛三等奖。（计算机科学与软件教育学院学工办）

10月28日　我校学生获2012年"外研社杯"全国英语演讲大赛一等奖

10月28日，2012年"外研社杯"全国英语演讲大赛暨广东省大学生英语演讲大赛在仲恺农业工程学院举行。广州大学新闻与传播学院的何嘉玲同学及外国语学院的刘睿麒同学代表广州大学参加了比赛，分别荣获比赛的一等奖及优胜奖。（叶青）

何嘉玲（左一）、刘睿麒（右一）与指导老师合影

10月29日　旅游学院举办大学生涯规划大赛宣讲会

宣讲会现场

10月29日晚7：30，旅游学院第二届大学生涯规划大赛宣讲会在文俊东楼413室进行。邓媛惠、曾扬子同学与同学们分享了她们在大学生涯里的宝贵的经历与经验，并激励同学们认真规划人生，实现目标。希望本次宣讲会给同学们带来帮助，并祝愿同学们能够在本次大赛中取得优异的成绩。（方源致）

10 月 30 日　我校第四届化学实验技能大赛决赛

10 月 30 日，广州大学第四届化学实验技能大赛决赛在生化楼举行。一份份产品，一张张答卷，那略带余温的仪器向我们诉说了今天的精彩赛事，让我们深深感受到了学生们不懈的探索和求知精神，也展现了同学们扎实的实验基础。（化学化工学院学工办）

决赛现场的紧张场面

10 月 30 日　我校征兵工作全面铺开

今冬征兵工作全面铺开，10 月 30 日，学校召开 2012 年冬季征兵工作会议。今年上级兵役机关下达我校征兵名额 30 名。

会上，武装部负责人传达上级征兵文件精神，布置我校今冬征兵工作任务，今年上级兵役机关下达我校征兵名额 30 名。

校长助理周云在会上提出四点要求：一是认清形势，统一思想，增强做好征兵工作的责任感和使命感；二是采取有效措施，充分调动广大学子踊跃报名参军；三是严把关键环节，着力提高新兵征集质量；四是加强组织领导，确保今年征兵工作任务圆满完成。（林俊福）

10 月 30 日　应天常教授讲中外名主持人

10 月 30 日下午，新闻与传播学院南方传媒前沿讲坛第二讲，在文新楼 508 室如期举行，此次讲座邀请到了该院创始人之一应天常教授向学院同学作"中外名主持人研究"为主题的讲座。

讲座通过中外名主持人经历事例，帮助同学们开阔视野和知识面、了解到学界和业界最前沿的知识与信息，接触到最新的理论成果。学院 12 级广电 2 班的杨佳娜听完讲座后，告诉记者："听了应教授的讲座，收获颇丰。他的讲座幽默却不失教育性，让我对外国新闻界有了较深的了解，也明白到自己离真正的节目主持人还有很远的一段距离，会更加努力在不同层面提高自己的水平。"（新闻与传播学院学工办）

应天常教授在讲课

10 月 30 日　我校举行少数民族文艺汇演欢度古尔邦节

10 月 30 日下午，为庆祝古尔邦节、喜迎党的十八大，由学生处少数民族办公室主办的主题为"祖国颂，民族情"各民族文艺汇演在演艺中心举行。校领导赖卫华、禹奇才、陈爽等与少数民族学生共同欢度佳节。

当天的表演内容丰富，演出者汇集了喀什学员、新疆少数民族学生和音乐舞蹈学院学生等，每一个节目凭借独具魅力的服装和具有少数民族文化特色的演出而赢得观众的阵阵喝彩，全场观众更是边看着精彩的节目边打着

拍子响应着，台上台下一片欢腾，整场汇演在热烈而欢乐的气氛圆满结束。（刘燕颖）

10 月 31 日　美术与设计学院学生勇夺《白杨奖 – 最佳漫画提名奖》

在 10 月 31 日闭幕的［Aniwow! 2012］第七届中国（北京）国际大学生动画节上，美术与设计学院艺术设计系 10 室内设计专业的区成淦、余之弦、梁启华同学创作的漫画《拾荒旅途》，获得《白杨奖 – 最佳漫画提名奖》。

据悉"第七届中国（北京）国际大学生动画节"由国家广电总局、教育部、文化部、北京市政府、共青团中央、中国动画学会、世界动画学会指导，中国传媒大学主办。本届动画节共有全球 32 个国家和地区的 1486 部作品，其中包括 718 部国外作品参赛。来自美国、加拿大、英国、德国、法国、韩国等国家的百余位动漫界专家学者参加，50 余家国内外知名媒体互动。其中漫画单元作品有 500 多幅竞争，最终该院学生取得了最佳漫画奖第二名的好成绩。指导老师是雷莹、李小敏。（美术与设计学院学工办）

获奖证书

November 十一月

11 月 1 日　教育学院"喜迎十八大"主题团日活动 …………………… 233

11 月 1 日　我校举行 2012 级新生党员教育培训会 ………………… 233

11 月 2 日　人文聚众，华服凝心—人文学院第五届新生班服大赛完美

落幕 ………………………………………………………… 233

11 月 3 日　中国极地科考队专家来校作报告 ……………………… 234

11 月 3 日　Fly City 队在华南高校地理文化 Presentation 大赛获奖 …… 235

11 月 4 日　广州大学学生足球队勇夺省大学生足球挑战赛冠军 …… 235

11 月 5 日　学术沙龙之"地理学与地理空间认知" ………………… 236

11 月 5 日　"参数化性能结构——从理论到实践"讲座 …………… 236

11 月 6 日　学校举办大学生涯规划优秀作品宣讲会 ……………… 237

11 月 6 日　化学化工学院学生学习经验交流会 …………………… 237

11 月 6 日　"书相伴·心致远"教育学院第五届读书节 ………… 238

11 月 7 日　土木工程学院学生在全国专业设计大赛接连获奖 …… 239

11 月 8 日　广州大学师生收看收听胡锦涛同志在十八大上的报告 … 239

11 月 8 日　刘海贵教授主讲"新闻采写精讲" ……………………… 240

11 月 9 日　华软学院学生设计作品在央视播出 …………………… 240

11 月 10 日　活力社区，玩转英语 …………………………………… 241

11 月 11 日　男生节人文学院女生雷霆扫"独" ……………………… 241

11 月 12 日　第二届广州大学"菁英杯"高校高尔夫邀请赛完美收杆 … 242

11 月 13 日　《生死课》上《人民日报》 ……………………………… 243

11 月 13 日　"燃点新光，动力无限"化学化工学院迎新晚会 …… 244

11 月 13 日　商学院宿舍雅室大赛活动…………………………… 244

11 月 13 日　第六届研究生文化节在迎新晚会中开幕 ················· 244

11 月 13 日　"我与党共成长"演讲比赛 ····························· 245

11 月 14 日　学生获国际大学生程序设计竞赛亚洲区域赛银牌 ········· 245

11 月 16 日　胡翼青主讲"传播思想史研究" ························· 246

11 月 16 日　摄影展感受广州老城、老街道、老建筑的美与好 ········· 246

11 月 17 日　外国语学院 120 名志愿者结束"一奖两会"服务工作 ······· 247

11 月 18 日　外国语学院开展关工委老同志与学生新党员谈心活动 ······· 248

11 月 20 日　教育学院第七届多媒体课件制作大赛 ····················· 248

11 月 20 日　群英荟萃　牛刀小试 ——ERP 沙盘模拟大赛初赛 ········· 248

11 月 20 日　"创业政策进校园"暨"自主创业我能行"宣讲会 ········· 249

11 月 20 日　"驰骋职场，领先一步"模拟招聘会 ····················· 250

11 月 20 日　学习优秀校友，放飞青春梦想 ························· 250

11 月 20 日　摄影大篷车巡展暨摄影讲座 ··························· 251

11 月 20 日　学校足球联赛圆满结束 ······························· 251

11 月 21 日　八学院红十字会"学会感恩，与爱同行"联谊活动 ········· 252

11 月 21 日　共创"前台后院"合作新模式 ························· 252

11 月 23 日　法学院举办学生"法律游园" ························· 253

11 月 23 日　我校举行 2012 年辅导员校本培训 ····················· 253

11 月 25 日　旅游学院 2012 意大利、台湾交换生交流会 ············· 254

11 月 25 日　数学与信息科学学院学子走读百年辛亥文化 ············· 254

11 月 27 日　"凝聚班级力量　共筑美好明天"主题班会 ············· 255

11 月 27 日　人文讲坛：剖析莫言小说与诺贝尔奖的价值观 ··········· 255

11 月 27 日　"科技锋芒，生命炫彩"科技文化艺术节 ··············· 256

11 月 27 日　"筑梦·逐梦"学生公寓文化节之雅室评比大赛 ··········· 256

11 月 29 日　旅游学院西班牙交换生项目交流会 ····················· 257

11 月 29 日　"打开大门办媒体"签署共建协议 ····················· 257

11月1日　教育学院"喜迎十八大"主题团日活动

11月1日，为了让广大学生积极主动地去关注时事，更好地了解中国共产党的历史和光辉历程，增强作为共青团员的自豪感和凝聚力，努力当好国家建设的监督者和贡献者，同时提高该团支部的凝聚力、创造力与战斗力，教育学院团委开展了主题为"喜迎十八大"的主题团日活动。（教育学院团委）

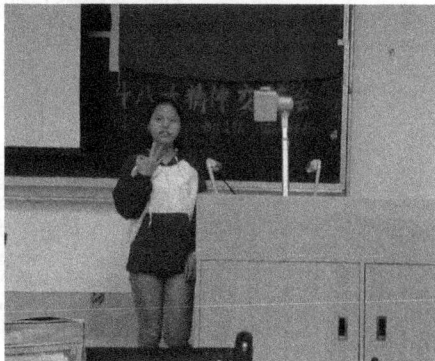

11月1日　我校举行2012级新生党员教育培训会

11月1日晚，主题为"面对现实，造就自己"的2012级新生党员教育培训会召开。数学与信息科学学院院长曹广福教授担任主讲，各学院的141名新生党员参加了培训。

会上，曹广福与在座的新生党员分享了其入党经历，以一个老党员的身份指导同学们在大学生活中该如何"面对现实，造就自己"，并用不少生动的例子解析了同学们对入党的一些困惑。期间，曹广福还向新生党员们提出政治、义务、综合等三条素质要求，希望新生党员在大学里更好履行党员的职责，为党组织增添活力。（朱清仪）

11月2日　人文聚众，华服凝心——人文学院新生班服大赛完美落幕

11月2日，人文学院第五届新生班服大赛在图书馆讲学厅落下了帷幕。这次比赛分为班服介绍及表演、班服cat walk两个环节。班服大赛促进了班级团结，增进了同学对班级的爱，希望同学能增强对班级的归属感和班级凝聚力。（人文学院学工办）

班服大赛现场

11月3日　中国极地科考队专家来校作报告

11月3日，中国极地科考破冰船"雪龙"号向广州市民开放参观的首日，中国极地研究中心主任助理、第29次南极科考队副领队、昆仑站站长孙波来到我校，为师生作题为"走向世界尽头——从南极看全球变化"的报告。广州市教育局副局长雷忠良、海洋与渔业局副局长周彩信、我校校长助理周云及相关科研院所师生共150人参加了报告会。

孙波是我国极地研究的突出人物，为我国南极冰盖科学考察的发展、昆仑站建站选址等做出重要贡献。他介绍，第29次南极科考的区域将是南极的底端、生命的禁区——昆仑站。昆仑站是我国首个南极内陆考察站，是我国继在南极建立长城站、中山站以来建立的第三个南极考察站。该地区是地球表面环境最恶劣的地方，也是最具挑战且最宝贵的天然实验室，科考队员将要接受生理与心理的双重考验。

众所周知，南极是人类最难抵达的大陆，但我们为何如此向往它？孙波解释：一是受航海历史的影响，人类渴望探索未知的世界；二是1531年一张南极大陆的手绘图引发了人类的好奇心；三是南极蕴藏着丰富的动植物资源，令南极大陆及沿岸地区一带生机勃勃。因此，冰封冷藏、未被开发的南极成为人类最后一块净土和科考圣地，吸引着人类不断地去探索。

中国应在南极科考中发挥什么作用？孙波指出，随着综合国力的不断提升，我国已跻身于国际极地科考大国行列。南极科考是一个国家综合国力、高科技水平的展示，在政治、科学、经济、军事等方面都有重大的意义，我国应在极地、深空、深海、网络等方面进行全面发展。

孙波还和师生探讨了南极对全球海平面变化有何贡献，南极在全球气候系统中有怎样的作用等 8 个国际南极科学前沿问题。最后，他鼓励更多的同学加入中国极地科考的行列，为祖国科学事业做出积极的贡献。

据悉，"雪龙"号将于 11 月 5 日从广州出发，前往南极执行科学考察任务。此次科考主要开展新站选址、极地专项、后勤保障、工程建设、科普宣传五个方面的工作。（王泉骄）

11 月 3 日　Fly City 队在华南高校地理文化 Presentation 大赛获奖

11 月 3 日下午 2 点，第五届华南高校"地理文化 presentation"大赛在中山大学南校区举行。地理科学学院由陈健飞教授亲自带队，刘毅华教授、吴大放博士指导的 Fly City 代表队（2010 级资源环境与城乡规划管理专业学生组成）作品《广州大学城自然与人文之美——城中村

流动人口居住现状调查与分析》在华南 5 省 10 所高校的 11 支队伍作品中荣获优胜奖。（吴大放）

11 月 4 日　学生足球队勇夺省大学生足球挑战赛冠军

11 月 4 日，由团省委和省学联主办的"富力杯"广东省大学生足球挑战赛决赛在大学城进行，我校学生足球队经过激烈争夺，最后在点球大战中力克华南师范大学足球队，勇夺冠军。闭幕式上，中国足协副主席容志行、团省委副书记池志雄为我校获奖队员颁奖，并充分肯定队员们敢于拼搏、不骄

不躁的精神。另外，我校体育学院杨大轩老师荣获"最佳教练"称号，范星同学和陈宁亮同学分别荣获"最佳射手奖"和"最佳运动员"称号。（校团委、体育学院）

11月5日　学术沙龙："地理学与地理空间认知"

11月5日，地理科学学院文新楼113室举行学术沙龙讲座，全体12级同学聆听了千怀遂教授的——地理学与地理空间认知。

千怀隧教授是该院博士生导师、曾获广州大学"南粤优秀教师"，本次讲座目的是为了让新生了解专业领域发展趋势、掌握专业学习方法，提高同学们的学习兴趣，树立认真学习的决心。千教授生动地运用一些生活中的贴切例子，讲解原本抽象的理论，引导同学们认识地理学，了解地理学的真谛，还教导同学们地理空间的认知方法。（胡艳芝）

千怀隧教授在讲座中

11月5日　"参数化性能结构——从理论到实践"讲座

11月5日，英国建筑联盟学校研究生院专家雷蒙·劳"参数化性能结构——从理论到实践"专题学术讲座在理工南楼举行，雷蒙·劳毕业于加拿大麦吉尔大学，之后在英国伦敦建筑联盟学院获得了第二个建筑学学位，现任教于英国建筑联盟学校研究生院，并受邀任教于清华参数化建筑研习班。此次讲座，也是其全国高校巡讲的重要一站。建筑与城市规划学院 200 余名师生参加了此次讲座，积极互动，展示了该院学生良好的专业素养。（张昭）

11 月 6 日　学校举办大学生涯规划优秀作品宣讲会

11 月 6 日下午，由学生处主办的大学生涯规划优秀作品宣讲会在图书馆附楼举行，全校 100 多名新生学生干部参加了活动。宣讲会为"翼起来"广州大学第二届大学生涯规划大赛系列活动之一。

宣讲会邀请了四名 2011 级优秀作品作者现场展示他们的大学生涯规划作品，并分享作者过去一年的成长收获。4 名主讲人通过幻灯片、视频等方式，主要从为什么要制定大学生涯规划、怎样制定大学生涯规划、如何实施定下的规划以及制定大学生涯规划的重要性等方面展开演讲，生动地与同学进行分享交流。他们更向同学们提供了几种自我评估的方法，如通过网络权威测试机构进行自我分析，与他人对比中进行自我定位等等。精彩的演讲不时引发同学们热烈的掌声。

第二届大学生涯规划大赛要求 2012 级全体新生参加，参赛者需对自己大学期间的学习、生活进行系统而科学的规划并撰写大学生涯规划书。另外，"我的大学生涯规划"将纳入创建优良学风班标兵单位的评估标准中。（黄淑仪）

11 月 6 日　化学化工学院学生学习经验交流会

11 月 6 日晚，化学化工学院的素质拓展部在图书部讲学厅举办了学生学习经验交流会。到场嘉宾有 5 位保送研究生的学生分别是姚伟明、陈浩锦、何家武、梁浩彬、邱燕璇；还有研究生李淑妍。

交流会上被保研的学生宣读了保研誓言并签下保研协议，何家武同学首先发言，讲述了他如何一步一步向前走，树立目标，实现梦想。"不是看到了希望才坚持，而是坚持了才看到希望"这是他的座右铭；李淑妍同学为大家讲述了参加挑战杯学科竞赛的心得，让大家知道了挑战杯的一些事项和"挑战杯"中一分耕耘一分收获的道理；陈浩锦同学则为大家讲述了创业的知识，并让我们坚定"理想有多大，心就能走多远"的信念。

被保研的同学尤如闪耀的星光，激励其他同学经过不懈努力亦终有一天会成为璀璨的明星。（化学化工学院学工办）

11月6日 "书相伴·心致远"教育学院第五届读书节

为了帮助大学生克服浮躁的心理状态，同时弘扬中华民族的优秀文化和道德，弘扬中华文化精粹，11月6日，教育学院以"书相伴·心致远"为主题，开展了第五届读书节系列活动。

本次活动分为游戏活动区和展览投票活动区 。游戏区分为"闻其言，知其人"和"歇一歇"，同学们通过两个环节的游戏能对自己的知识查缺补漏；展览投票区分为"换换书"、微小说和手抄报展览投票区，同学们都积极参与书籍交换，以书会友，增加知识的交流，也更加热爱通过读书获取信息的途径。本次活动增强了同学们的读书兴趣的同时，进一步加强了校园学习氛围，提升了学院的人文底蕴。（教育学院学工办）

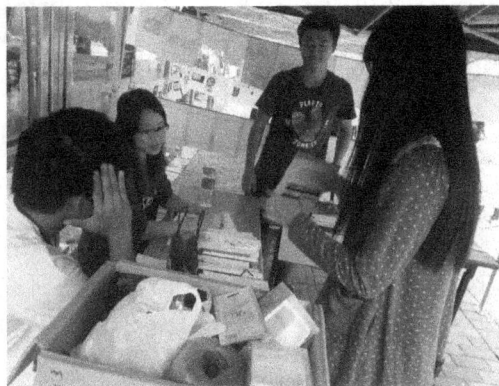

11月7日　土木工程学院学生在全国专业设计大赛接连获奖

11月7日，土木工程学院传来喜讯，在刚结束的第十届全国艾默生杯空调与冷冻设计应用大赛中，土木工程学院2011级研究生肖溪的作品《广州某高校学生公寓楼空调设计》获得院校学生组未来之星奖，2011级研究生李小会的作品《广州某综合楼空调系统设计》获得优秀奖。

另外，土木工程学院此前还选送了6份学生设计作品参加有"暖通行业最顶级的赛事"之称的第十届MDV中央空调设计应用大赛，有4份作品获奖，其中2012级研究生卢佑波荣获学生组杰出设计奖，肖溪、李小会和2011级工程硕士研究生厚福利分别获得优秀设计奖。

据了解，土木工程学院在研究生教育过程中一直注重理论与应用的结合，在培养学生打好理论基础的同时，积极鼓励学生投身实践，参加国内各种顶级设计比赛，将理论与应用有机结合起来，学生以较强的动手能力获得用人单位的普遍好评。（土木工程学院学工办）

11月8日　广州大学师生收看收听胡锦涛同志在十八大上的报告

11月8日上午，中国共产党第十八次全国代表大会在北京人民大会堂隆重举行，学校设主会场和分会场组织全校师生收听收看了胡锦涛同志代表十七届中央委员会在大会上作的报告。

在行政西楼二楼会议厅主会场，8点40分，大会开始前夕，会场已经坐满了满怀期待的师生代表，校领导易佐永、赖卫华、陈永亨、陈少梅、陈爽和师生一起观看直播。9点整，大会开幕，庄严的国歌声响起，大会现场和观看现场的掌声同步响起。观看现场气氛热烈，师生表示，通过

直播感受到了大会热烈的气氛与昂扬的精神。

在分会场，各单位认真组织，周密安排，通过电视直播与网络视频直播等形式组织师生收听、收看。（林雪漫）

11月8日　刘海贵教授主讲"新闻采写精讲"

11月8日，新闻与传播学院南方传媒前沿讲坛第三讲在理工南楼411室如期举行，此次以"新闻采写精讲"为题的讲座邀请到了复旦大学新闻学院博士生导师刘海贵教授主讲。

讲座上，刘教授从"新闻选材"、"新闻角度"、"遣词造句"、"新闻细节"、"新闻通俗化"、"新闻导语"6个方面阐述了自己在新闻采写方面的观点。刘教授在解答学生问题时表示："同学们要学好各门课程，掌握好老师所授知识，关注国内外大事和行业发展最新动态。此外，要学好理论看好书思考好各种问题，以此指导日后的职业实习。还要具备新闻脑袋和新闻敏感度，这将成为我们的最大骄傲以及与其他专业学生的最大区别。"（新闻与传播学院学工办）

张教授在解答学生问题

11月9日　华软学院学生设计作品在央视播出

近日，我校华软软件学院学生ART-3插画团队与中央电视台联合制作的NBA（美国职业篮球联赛）开场片头和赛程预告在CCTV5频道播出。

ART-3插画团队由华软软件学院数码媒体系2009级学生叶文斌和蔡旋组成。伦敦奥运会前夕，CCTV5频道的编导主动联系该团队，请其以NBA球星为题材绘制插画，并联合制作成NBA开场片头和赛程预告，整个制作过程历时两个多月。

据了解，科比、詹姆斯等NBA球星去年到中国各大城市与球迷见面时所穿的服装就是由 ART – 3 插画团队设计，省内各大媒体曾对此进行了报道。
（林延军　陈小青）

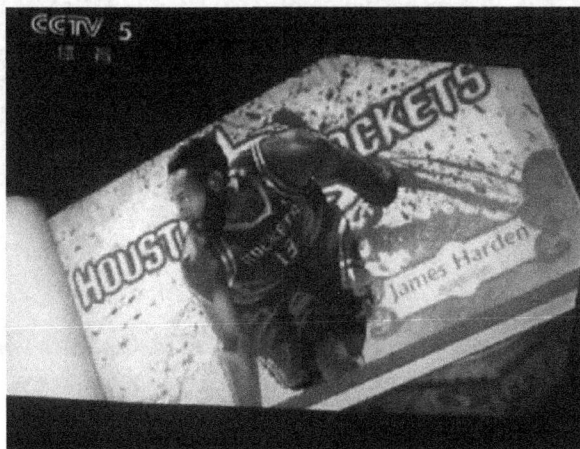

图为 ART – 3 插画团队的设计作品及 CCTV5 频道截图

11 月 10 日　活力社区 玩转英语

11 月 10 日上午，广州市越秀区大南路社区的动感旋律吸引了众多路人的目光，原来是广州大学外国语学院志愿者在此举办快乐英语游园会活动。参加活动的小学生们通过各种趣味游戏既学习了英语，又收获了快乐。正如陪同的家长所说："这个活动是社区的孩子们展现自己、学习英语的良好平台，孩子们都玩得很开心，丰富了周末生活，比呆在家里上网看电视有意义得多。特别是志愿者们又热情又专业使我们十分感动。"活动带给孩子们快乐，也丰富了大学生的社会实践经历。（周泽蔚）

11 月 11 日　男生节人文学院女生雷霆扫"独"

11 月 11 日晚，人文学院女生进行了男生节扫楼活动，以派送糖果、微博互粉等方式向男生们送上祝福。男生们纷纷面露喜色，掩饰不住自己的笑容。除了扫楼，女生还抽取部分男生的短号，献上一句温暖的晚安。（人文学院团委）

大学生文化素质发展日志年编（2012）

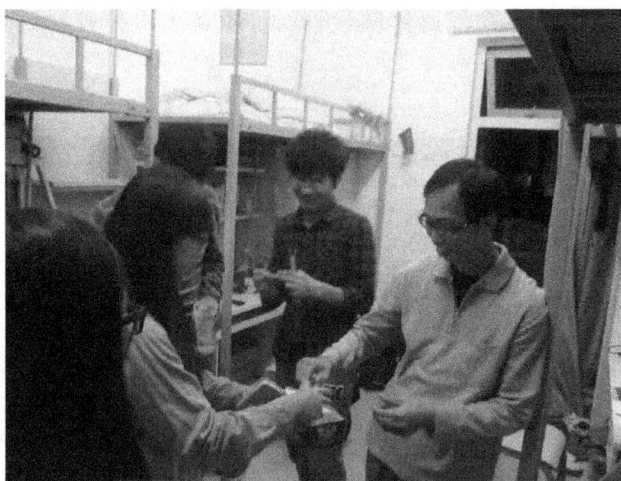

扫楼一角

11月12日 第二届广州大学"菁英杯"高校高尔夫邀请赛完美收杆

11月12日，第二届广州大学"菁英杯"高校高尔夫邀请赛在南沙高尔夫球会隆重举行。在各方面的共同努力下，比赛圆满落下帷幕。这不仅仅是一次精彩赛事的角逐，更是一场凝聚友谊的盛会，是一场提升自我的竞技！本次"菁英杯"邀请赛促进了广州地区高校高尔夫专

旅游学院党委副书记刘绍东赛后总结

业与专业、专业与行业之间的交流，推动了高尔夫教育发展，提升了师生的高尔夫专业素质。（旅游学院学工办）

11 月 13 日　《生死课》上《人民日报》

11 月 13 日《人民日报》刊登文章介绍：

广州大学的《生死课》算是老资格的新奇课，2000 年就开设了，12 年来，选课的学生越来越多，授课老师胡宜安坦言，"本学期按计划开一个班，150 人，却有 270 人报名，上学期甚至开了两个班"。如今，《生死课》已经成为广州大学的通识教育精品课程，授课的老师也从胡宜安一人扩展成一个 4 人的小团队。

胡宜安介绍，开设"生死课"的初期曾经受到不少人的议论、指责，"有人说我这个课是作秀，有人错误地理解为是教学生写遗书、立遗嘱，令我很郁闷。"直到读到一名学生的作业，他更坚定了自己的想法。

这是一位广州大学 2001 级中文专业学生，高二的时候，最疼爱他的爷爷去世了。"我选择了逃避，尽量不提爷爷，不敢问他是哪一天过世的，葬在哪里，临终前有没有提起我，有没有话留给我。"两年时间里，他一直不知道爷爷的忌日，不敢去上坟。直到"生死课为我松开了绑住心灵的枷锁，让我更坦然地面对爷爷的死。我会继续学习死亡，只是为了更好、更幸福地生。"他写道，"这个暑假回去，我应该到爷爷坟前告诉他，我已经考上大学了，我回来看您了。"

"这门课不是为出奇而出奇，也不是一门简单预防自杀的课，而是重在教会学生正确应对生命中的生死问题，帮助他们建立起对待生死问题的平衡点，从而认识到生命本质的价值意义何在，建立更正确、更健康的人生观。"在胡宜安看来，生死教育是最根本的生命教育。

根据胡宜安的调查，学生选课的动机，已从最初单纯的求知意愿，转变为解决内心关于生死的心理困惑，"这个比例现在占到 1/3 左右"。他进一步解释，生死问题是每个人都要面对的，《生死课》不是纯粹知识的说教，而是教人如何应对亲人死亡带来的痛苦和缺失；"讲死是为了更好地生，更强调的是对周围人的关怀、爱和和谐地相处。"

选修这门课的李洁如患过急性脊髓炎，头部以下一度失去知觉，令镇上的医院不敢接收。这个自称"曾经濒临死亡"的女生，上了《生死课》后再回头看那段经历，觉得自己成熟了很多，对人生的意义也有了更多思考。"我现在经常到养老院去做义工，把更多关爱送给那些孤苦的老人。"

十一月

243

11 月 13 日 "燃点新光 动力无限"化学化工学院迎新晚会

11 月 13 日 7 点正，随着演艺中心舞台射灯的摆动，迎来了化学化工学院一年一度的迎新晚会。由 AC 舞协的《WHI RUN THE WORLD》舞蹈表演拉开晚会序幕，尽管临近冬天，同学们的表演却掀起了阵阵热浪，晚会在百人大合唱《奔跑》中完美结束。

百人大合唱

晚会中还进行了化学节各项活动的颁奖仪式。化学化工学院的迎新晚会给新生燃点新光、动力无限！（化学化工学院学工办）

11 月 13 日 商学院宿舍雅室大赛活动

11 月 13 日 – 22 日，商学院团委学生会外联部、宣传部举办的学生宿舍雅室大赛进行得如火如荼。雅室大赛的宗旨在于增进宿舍成员的友谊，修炼品性、陶冶情操、促进大学生综合素质的发展，丰富宿舍文化内涵，共创文明宿舍。比赛提高了同学们对商学院大家庭的归属感并准备参加全校决赛。（商学院学工办）

部分宿舍场景

11 月 13 日 第六届研究生文化节在迎新晚会中开幕

11 月 13 日晚，研究生 2012 年迎新晚会火热举行。学校研究生处、各学院负责人参加了晚会，与2012级的800多名研究生一起享受了各学院选送的精彩节目。气势蓬勃的锣鼓、青春动感的舞蹈、独具特色的小品……精彩的一幕幕为绚丽的晚会增添了光彩。

据了解，本次晚会是作为第六届研究生文化节的开幕式，文化节的系列活动将陆续铺开，包括举办七场由各学院承办的"研究生学术论坛"、第一作者讲坛、广州大学"菁英计划"宣讲会、研究生科学道德与学风建设宣讲活动及各项文体活动等。此次文化节由研究生工作处主办，研究生会及各学院研究生分会协办。（欧阳又梅　朱清仪）

11月13日　"我与党共成长"演讲比赛

11月13日，为学习、宣传和贯彻落实党的十八大精神，音乐舞蹈学院在演艺中心举行了"我与党共成长"演讲比赛。参赛选手们把了解和学习党的历史、光辉历程及巨大历史成就以及党的十八大新举措与期盼与党共成长结合起来，语言中表露出对党的爱戴与歌颂。

学院党委副书记刘小燕在赛后发言时对同学们的演讲给予评价，与学生们交流互动，教育同学用实际行动与党一起成长。演讲比赛颁奖仪式后，学生们纷纷上台领奖并与学院老师合影。（音乐舞蹈学院学工办）

演讲选手与老师合影

11月14日　学生获国际大学生程序设计竞赛亚洲区域赛银牌

第37届国际大学生程序设计竞赛（ACM－ICPC）亚洲区域赛金华赛区现

十一月

场赛在浙江师范大学举行，来自清华大学、上海交通大学、复旦大学等 84 所高校的 152 支参赛队伍在赛场上进行了激烈的竞争，我校参赛队伍顽强拼搏，获得银牌，在广东省参赛高校中排名第三。

本次比赛我校计算机软件设计创新实践基地共派出两支参赛队伍，计算机科学与教育软件学院冯华老师任教练带队参赛。由 09 级林浩钦、10 级王金华、杨鋆东组成的参赛队伍在持续 5 个小时的比赛中顽强拼搏，发挥出色，成功提交 5 题，在最后一小时将排名跃居参赛队伍第 28 名，最终获得银牌。另一支参赛队伍由 11 级张俊杰、陈凌鸿、苏有源组成，成功解题 4 道，获得优胜奖。

ACM － ICPC 国际大学生程序设计竞赛是由美国计算机协会（ACM）主办的，一项旨在展示大学生创新能力、团队协作精神和在压力下编写程序、分析和解决问题能力的年度竞赛。参赛各队以解出问题的多少进行排名，若解出问题数相同，按照总用时的长短排名。（计算机软件设计创新基地）

11 月 16 日　胡翼青主讲"传播思想史研究"

11 月 16 日下午，新闻与传播学院南方传媒前沿讲坛第四讲在文逸楼学院会议室如期举行。此次以"传播思想史研究：方法与路径"为题的讲座由南京大学新闻与传播学院院长助理胡翼青副教授主讲。

讲座中，胡翼青副教授阐述了研究传播思想史的意义、学科背景，以及传播思想史的定义和书写。其作为传播专业青年学者当中较为突出的一位，讲座过程轻松引用国内外传播学许多著名学者的经典理论，不断从批判和实证的角度对传播学理论研究提出自己的见解，不时幽默的话语点燃了全场的气氛。（新闻与传播学院学工办）

11 月 16 日　摄影展感受广州老城、老街道、老建筑的美与好

11 月 16 日，由建筑与城市规划学院的学生岭南建筑学社在我校理工北楼一楼展厅举办了"广州历史建筑科普摄影展"。此次展览，得到了社会各界建筑历史文物保护人士的关心和支持，旨在向广大同学展现广州的老城、老街道、老建筑，普及历史建筑相关知识，在建筑学院内建立一个积极讨论交流

的平台，营造一个浓厚的学术氛围，展现建筑与城市规划学院学子勤奋好学的良好品质。（周世慧）

11月17日　外国语学院120名志愿者结束"一奖两会"服务工作

首届国际城市创新奖及广州国际城市创新大会暨世界大都市协会董事年会（简称"一奖两会"）11月17日落下帷幕，来自UCLG、世界大都市协会、广州市国际友城及广州奖提名城市等国内外嘉宾云集广州，共同见证这一国际盛事。

在校团委的领导组织下，外国语学院共派出120名优秀学生志愿者，分别服务于组委会董事年会、奖项评审部、志愿服务、参观考察等15个运行团队的不同志愿服务岗位。志愿者们良好的精神面貌、流利的外语口语表达和周到细致的服务工作得到了主办方、省市领导及国内外来宾的广泛好评。"你们真棒！你们是广州的骄傲！"广东省委常委、广州市委书记万庆良对志愿者的表现竖起了大拇指。

据悉，广州市与世界城市和地方政府组织（UCLG）、世界大都市协会（Metropolis）共同创设广州国际城市创新奖（以下简称广州奖），每两年举办一届，永久落户广州，旨在促进全球城市共同分享城市治理智慧和经验，表彰城市和地方政府推动创新发展的成功实践，倡导城市创新发展的科学理念，宣传推介广东、广州良好国际形象。（鄢智青　李黎）

11 月 18 日　外国语学院开展关工委老同志与学生新党员谈心活动

外国语学院党委按照校党委组织部的要求，安排学生党支部新发展的党员和一年级新生党员分 5 批拜访了关工委组织联络员，与老同志谈心，开展向老同志学习活动。学院关工委还安排新党员和关工委的老党员一起到生物岛进行了一次别开生面的组织生活。

通过谈话活动，新党员和新生党员们进一步加深了对中国共产党的认识，坚定了理想信念，并纷纷表示，与关工委老党员谈心，不仅仅是对党的理论学习的深化，更是实践党的章程和入党誓言的一次理论实践。（外国语学院学工办）

11 月 20 日　教育学院第七届多媒体课件制作大赛

11 月 20 日，教育学院第七届多媒体课件制作大赛决赛在文新 223 举行，本次比赛包括选手讲课、说课环节和才艺表演环节。比赛中参赛选手各显其能展示自己的课件内容，使尽浑身解数回答评委们富有针对性的问题，表现出了较高的专业素质和能力，增强同学们将来的社会竞争力。这类比赛在提高学生专业学习兴趣的基础上，为学院学生搭建了展示才华的舞台和交流教学技能的学习平台，激发了学生的学习热情，锻炼了学生的教学实践能力，推动了学院优良学风的形成。（教育学院学工办）

11 月 20 日　群英荟萃　牛刀小试 ——ERP 沙盘模拟大赛初赛

为了丰富广大学生的校园文化生活，通过实验教学的方式，让学生实地体验商业竞争的激烈性，激发参赛者的学习热情，锻炼参赛者全局观念以及规划能力，实现理论与实践相结合，广州大学ERP协会将在2012–2013学年通过展开初赛、复赛和决赛选拔优秀选手组队，代表学校参加广东省和全国ERP沙盘大赛。第九届广州大学ERP沙盘模拟经营大赛初赛于11月20日拉开序幕，在近一个月的时间里，共88支队伍通过参加培训和自我学习的方式了解比赛的相关知识，并分为四组进行激烈地角逐。根据各组中每支队伍最终的经营状况，经过广州大学ERP大赛组委会的最终确认，共有38支队伍成功晋级复赛。（商学院学工办）

初赛一角

11月20日 "创业政策进校园"暨"自主创业我能行"宣讲会

11月20日，由桂花岗纺织服装学院与流花街街道办、广州市共青团劳动力市场联合举办的"创业政策进校园"暨"自主创业我能行"巡回宣讲会在我桂花岗校区综合楼708室举行。宣讲会上由广州市越秀区人力资源与社会保障局的创业政策专家林幼斌老师主讲，林老师通过对我国当下的创业政策深入的分析与讲解，对企业创办过程中出现的问题及策略做出了深入的研讨，为大学生今后的创业意识的提高起到了一个很好的宣讲效果，为广大有意愿创业的毕业生。（王广华）

林幼斌老师在宣讲会上

11月20日　"驰骋职场，领先一步"模拟招聘会

11月20日，由化学化工学院团委、学生会就业促进部主办的学院第三届模拟招聘会决赛正式开始。本次比赛主要增长学生的胆识和应变能力，积累经验，为他们毕业后找工作作准备。

本次比赛分投递简历、1分钟的个人介绍、回答面试官问题、老师点评等环节，比赛过程既激烈又精彩，选手和观众们都十分享受整个过程。经过激烈的角逐，麦绮文、伍永丽、陈新欣同学获三等奖，林萍和黄妍彬同学荣获二等奖，李兆璐同学荣获一等奖。

模拟招聘会以权威的指导和专业的交流来让大家懂得如何设计自己的简历，以便在大学毕业后更好的向招聘单位推销自己，迈出实现事业成功的第一步。（化学化工学院学工办）

11月20日　学习优秀校友，放飞青春梦想

11月20日，化学化工学院举办了由优秀校友杨浩波主讲的讲座。杨浩波围绕三个方面进行演说：1. 目前企业最需要大学毕业生应具备的能力；2. 理想很丰满，现实很骨感；3. 学会感恩。他以国企高管对员工要求的角度向在校学生提出

校友讲座后与师生合影

了珍贵的建议，强调学生除了要学好英语和电脑外，更要有自学能力、沟通能力、心理承受能力，并鼓励大学生要不断提升自身的各种素质。（化学化工学院学工办）

11 月 20 日　摄影大篷车巡展暨摄影讲座

11 月 20 日下午，广州大学学生摄影协会协在图书馆讲学厅举行了佳能摄影大篷车巡展。该次巡展包括了模特拍摄、现场产品体验、免费现场打印图片、佳能产品知识及摄影讲座以及互动提问等环节和内容。其中摄影讲座由刘卓能（sunny EOS）讲师主讲，刘卓能是广东省青年摄影家协会副秘书长、广州市 GZIPP 广告摄影师专业委员会会员和 SINA 全国十大时尚摄影红人，曾获得多项摄影大奖，是一位很优秀的摄影师，2010 年创立了 SUNNY EOS 影像机构，同年他的名字被录入了百度百科词条。该次活动现场反映热烈，吸引了众多师生参与，在活动中，一众师生体验到了最新最全的单反相机摄影器材、感受到拍摄的乐趣、学习到高超的摄影技巧、感受到 EOS 影像文化，畅享拍摄新体验。（学生摄影协会）

11 月 20 日　学校足球联赛圆满结束

11 月 20 日下午，持续了近一个月的足球联赛暨校队选拔赛的最后 6 场较量在我校北区足球主场打响，最终决出了各组冠亚季军。商学院收获甲组冠军；体育学院 10 级斩获乙组冠军；而教工组的桂冠由华软学院和体院共同摘得。商学院史伟嵩和地理科学学院许勇分获最佳球员和最

佳射手称号。（黄紫蓝）

11月21日　八学院红十字会"学会感恩，与爱同行"联谊活动

11月21日晚，广州大学八学院（土木，计算机，机电　旅游，外国语，人文，教育，商学院）红十字会联合举办联谊活动在学生活动中心隆重举行。当晚，有来自八学院红十字会新干事们准备的歌舞剧、情景剧、话剧和手语表演等精彩的节目，充分地展示了八学院红会新干事们的朝气。

此次活动的主要目的是让大一新干事体验大学生活，认识红会、感受红会的温暖；让新生借此机会多认识朋友，多交流，帮助他们更快适应大学生活；加强各院红会之间的合作与交流，为以后合作提供机会；让各红会会员、干事相互认识，相互了解，并弘扬"人道、博爱、奉献"的人道主义精神。（商学院团委）

活动现场

11月21日　共创"前台后院"合作新模式

11月21日上午，广东电视台快乐益智教育频道与新闻与传播学院在学院会议室举行教改创新模式签约仪式。

广东电视台快乐益智教育频道余泽生总经理表示，此前教育频道一贯实行"前台后厅"模式，与教育厅、科技厅、公安厅、卫生厅都有着紧密的合作，此次与学院院合作是一种新的"前台后院"创新模式。余总经理还提到："在未来的日子里，将会开展微电影大赛，策划中华经典系列，以及和南方传媒合作共同

余总经理发表讲话（右一）

我们的大学
大学生文化素质发展日志年编（2012）

成立广东高校实验电视台。"新闻与传播学院也将参与到这些项目当中。

签约仪式结束后，记者采访纪德君院长，了解到此次的合作跟以往的传统合作模式相比较有了较大的进步，以前学生很少机会能够深入到电视台节目的生产制作，而"前台后院"新模式让学生可以进行教育实践，深入到生产的各个环节，拓展深化了学生们的实践学习。至于教育频道需要的人才类型，纪院长表示："新闻与传播学院的同学知识体系必须广泛，知识的领域不应仅局限于自己的专业，学生应自我提高创新能力。"（新闻与传播学院学工办）

11 月 23 日　法学院举办学生"法律游园"

11 月 23 日，法学院团委、学生会学术部主办的"法律游园"活动在文俊西楼举行，活动不仅包括游园性质的"法乐园"环节，还有学术沙龙和成果展环节。活动传承"百花齐放，博纳兼容"的学术研究精神，不仅能调动学生的热情，寓学于乐，让同学们在游戏中学到更多法律知识，还鼓励学生共同探讨学术前沿性问题并在合作、创新、和谐的氛围中感受学术熏陶。同时还能通过这个活动创造一个宽广的平台，让其他学院的学生也能参与到活动当中，不同学院不同专业的同学在以一种活跃有趣的方式交流当中体会法律的魅力、展现自我的能力、扩展新的思维，迸发新的火花。（法学院学工办）

11 月 23 日　我校举行 2012 年辅导员校本培训

11 月 23 日，我校 2012 年辅导员校本培训在中山大学珠海校区举行。校党委副书记赖卫华，组织部、宣传部、人事处、学生处、招生就业处等部门负责人，各学院副书记和全体辅导员参加了活动。

赖卫华在开班仪式上指出，随着形势的发展变化，如何适应新形势对高校辅导员提出的新要求，是辅导员队伍建设面临的历史挑战和时代特征，本次培训将针对辅导员在实际工作中遇到的具体问题开展相关培训，希望各位老师认真学习领会和贯彻落实党的十八大精神，进一步明确在新形势下工作的职责和任务的新要求，努力做好我校的学生思想政治教育工作。

中山大学党委副书记朱孔军作《构建学术共同体——大学理想与我们的

责任》的主题报告。他从大学的发展历史和大学精神谈起，认为大学应该是学术共同体，大学是生产、发现、创新、传承知识的地方，是传承精神力量和培养人才的高级殿堂。作为学生精神引路人的高校辅导员，必然肩负着重大的责任，因此要有坚定的理想追求、良好的道德修养、专业的业务素质、现代的教育理念和健康的生活方式。

我校人事处处长林清才和组织部副部长曾演期也分别作了《辅导员职业规划与发展》和《学生党建工作》的专题报告。

据悉，我校一直重视辅导员队伍建设，于2009年开始将辅导员校本培训列入全校师资培训范围，努力建设一支专业化、职业化的辅导员队伍。（杨春荣）

11 月 25 日　旅游学院 2012 意大利、台湾交换生交流会

11 月 25 日，旅游学院在文新楼 119 室举行参加了意大利、台湾交换生学习项目同学的交流会。旅游学院刘艳丽、黄靖怡受邀参加了本次交流会并与同学们分享了交换生的经历。

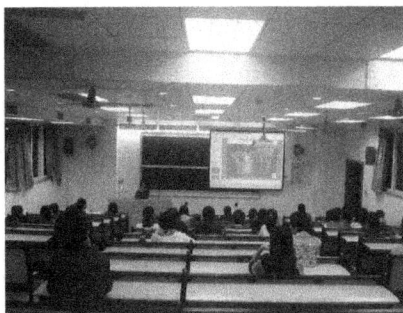

刘艳丽在演讲

本次交流会，为同学们提供了更多、更真实的交换生的信息，为同学们日后认真规划求学之路、出国留学提供了极大的帮助。（方源致）

11 月 25 日　数学与信息科学学院学子走读百年辛亥文化

11 月 25 日上午，数学与信息科学学院学子怀着对革命先烈的崇敬之情，在微风细雨中出发前往参观辛亥革命纪念馆。同学们深深地被这座气势恢宏的、承载着厚重历史的大型建筑吸引了。

在门口，黄兴、宋教仁、廖仲恺、朱执信、章炳麟、蔡元培、秋瑾、蒋翊武、陆皓东、邹容 10 位辛亥英烈的铜铸雕像挺拔而威武。进入馆内，同学们仿佛穿梭在时光隧道。从清末国家衰败被列强欺辱，到中国炎黄子孙的觉醒，到近代革命的成功，令人感到无比的震撼。同学们既为慈禧等的昏庸感

到愤怒，又为康有为、梁启超等的爱国精神所钦佩，也为孙文，秋瑾等革命先驱所感动。最让人难忘的是孙中山先生那句"革命尚未成功，同志仍须努力。"让参观的同学充分体现了革命先烈们的坚持不懈、奋斗不息的革命精神。（杜亚辉）

11月27日 "凝聚班级力量 共筑美好明天"主题班会

11月27日，旅游学院心理卫生协会在文新楼413室为12级会展2班的全体同学举办了心理健康主题班会。本次主题班会通过心理游戏、知识问答等内容，加深了同学之间认识、亦使同学们深刻地体会到和睦相处，学会团结，增强班级凝聚力的重要性。在接下来的4年之中，团结互助共筑班级之美好明天。（方源致）

班会现场

11月27日 人文讲坛：剖析莫言小说与诺贝尔奖的价值观

谢教授在授课

11月27日，人文学院"人文讲坛"之莫言小说与诺贝尔奖的价值观讲座在文新楼106室举行，主讲人为中山大学中文系教授谢有顺教授，人文学院相关负责人与300余名师生参加了讲座。

谢有顺教授首先针对莫言获诺奖这一文学大事件，谈了中国与诺奖的关系，以及中国当下对莫言的种种解读。他对诺奖的价值观作了四点分析：一、对社会的批判；二、描写乡土现实；三、使用现代手法；四、要有自己的写作理论。谢教授还对莫言小说的特质作出了如下概括：一、感官的彻底解放；二、语言粗砺、驳杂；三、精神体量特别庞大。

谢有顺教授认为，莫言获奖是文学的声音，但绝不是主流文学的声音，甚至不是新文学的声音。莫言的重要性、独特性及与诺奖的契合，能代表中国当代文学水平。（人文学院学工办）

11月27日　"科技锋芒，生命炫彩"科技文化艺术节

11月27日，生科院的品牌活动——广州大学第七届学术科技节之生命科学学院第五届"科技锋芒，生命炫彩"科技文化艺术节系列活动于红棉路隆重举行。本次的活动主要有生物制品大赛、插花比赛和叶脉书签制作大赛。科技文化节现场参与各活动的同学们向我们诠释了科技与文化的极大魅力。他们认真审析展出的每一个叶脉书签，为自己心仪的书签投上宝贵的一票。他们试用或试吃感兴趣的生物制品，用行动见证生物的魅力所在。

现场一角

本届科技文化节在一派喜悦中抵达尾声。它的成功举办既丰富了同学们的课外生活，锻炼了动手和思考问题的能力，又让同学们收获了知识和经验。（生命科学学院学工办）

11月27日　"筑梦·逐梦"学生公寓文化节"之雅室评比决赛

11月27日下午，由广州大学学生公寓管理服务中心主办，广州大学学生会、学生自律委员会承办的"2012年广州大学'筑梦·逐梦'学生公寓文化节"之雅室评比大赛决赛于广大生活区顺利开展。

各个参赛宿舍都是由各学院评定为优秀宿舍后，进入学校的最终评审。

每个宿舍都各出奇招，闪出个性室名如快活林、浪漫满屋、随心居等。为了让评委们加强对宿舍特色的印象，每个参赛宿舍的舍长秀出形象生动的解说和介绍。随后不少宿舍还自带加分题——精彩的才艺表演，如唱歌、武术、魔术等。最后的问答环节更把气氛推至高潮，每种摆放设计，都充满创意；每间参赛宿

其中获奖一室

舍，都各具特色。最重要的是，参赛宿舍让评委们感受到了温馨的气息。（杨瑶瑶）

11 月 29 日　旅游学院西班牙交换生项目交流会

11 月 29 日，旅游学院西班牙交换生项目交流会在文俊东楼 406 室举行。来自西班牙巴利阿里大学（Universitat de les Illes Balears）旅游学院的院长 Bartolomé Deyá Tortella 教授作为主讲嘉宾出席了本次交流会。

西班牙巴利阿里大学是西班牙巴利阿里群岛自治区上的一所公立大学。学院已于去年与巴利阿里大学签订了交换生项目协议，首次西班牙交换生活动预计将于 2013 年 9 月正式开展，学院预计将于 2013 年上半年开始接受学生报名申请并从中选拔 2 - 3 名学生前往西班牙参加交换生项目，交换时间定为一年。（陈秀妮）

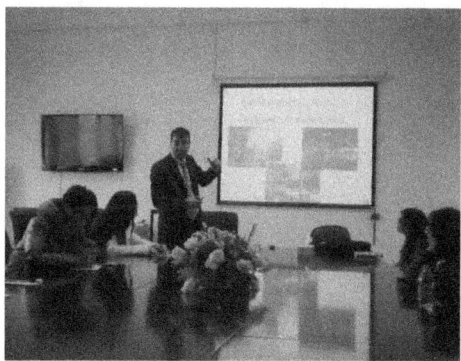

西班牙巴利阿里大学旅游学院院长介绍中

11 月 29 日　"打开大门办媒体"签署共建协议

11 月 29 日，新闻与传播学院与广东电台珠江网络传媒、广州精准传媒有限公司共建大学教育传播平台协议签订仪式在学院会议室举行。

戴剑平副院长告诉记者，我校是大学城中首间与媒体签约的学校，大学教育传播平台可以将教学成果转化到学生亲自参加媒体实践和参与节目制作的过程当中，从而提高学生的理论水平与实际操作能力。同时这也将大大改变过去的实习模式，充分调动起老师和学生的主观能动性。戴剑平副院长还提到，目前广播、手机、网络平台已启动，下一步则是在大学城内延伸，争取让学生可以更快捷地参与其中。（新闻与传播学院学工办）

我们的大学

December 十二月

12 月 1 日　我校学生在市学生知识产权保护教育竞赛中获得佳绩 ········ 262

12 月 1 日　力创公司捐款资助土木工程学院学生 ················· 262

12 月 2 日　湖南大学校长赵跃宇主讲"大学精神和大学文化"论坛 ····· 263

12 月 3 日　广州市第六期志愿者 syb 创业培训班开班 ··········· 263

12 月 4 日　外国语学院学术活动周启动 ····················· 264

12 月 4 日　"我与党共成长"演讲决赛圆满结束 新闻与传播学院学子
夺冠 ··· 264

12 月 4 日　音乐舞蹈学院举办昆曲艺术进课堂系列活动 ·········· 265

12 月 4 日　商学院举办"中国领土边界诸问题评析"讲座 ········· 265

12 月 4 日　社会工作协会举办手语歌课堂活动 ················· 266

12 月 5 日　我校 7 项目参展第二届志愿服务广交会 ············· 266

12 月 5 日　纺织服装学院学生在市属高职院校动漫设计与制作技能竞赛中
获佳绩 ··· 267

12 月 5 日　知名学者陈国栋教授谈广州"十三行"名称的由来 ······· 267

12 月 5 日　化学化工学院举办"化学化工研究生学术研讨会" ······· 268

12 月 6 日　我校第九届田径运动会隆重开幕 师生共享体育盛会 ······ 268

12 月 6 日　计算机学院举行"贯彻党的十八大精神"学习研讨会暨参观
辛亥革命纪念馆活动 ··· 269

12 月 6 日　建筑大师为我校学生作"博学讲坛之场所制造"报告 ······ 269

12 月 7 日　我校 36 名学生应征入伍 ······················· 270

12 月 8 日　我校第九届田径运动会圆满闭幕 ·················· 271

12月9日　法学院学生获第六届红十字"国际人道法"模拟法庭辩论赛
　　　　　二等奖 ……………………………………………………………… 271

12月10日　人文讲坛为学生解读中国现代作家与日本文化的关系 ……… 272

12月11日　广州大学——深圳大学校际篮球赛在我校举行 ……………… 272

12月11日　十八大学习掀高潮　两万学子同听一堂课 …………………… 273

12月11日　我校举行第十三届全国"挑战杯"作品竞赛广州大学校赛
　　　　　终审决赛 ………………………………………………………… 274

12月11日　新长城广州大学自强社开展美化校园活动 …………………… 274

12月11日　我校四名学生候选"感动南粤校园"年度人物 ……………… 275

12月11日　环境科学与工程学院成功举办广东省高校环保在研项目
　　　　　推介会 …………………………………………………………… 275

12月12日　教育学院开展研究生学术论坛暨教育学院研究生学术月活动
　　　　　 …………………………………………………………………… 276

12月12日　旅游学院学生在全国会展专业竞赛中屡获佳绩 ……………… 276

12月12日　厦门大学刘峰教授为商学院师生作学术讲座 ………………… 277

12月12日　音乐剧《西关小姐》在广州大学举行专场展演 ……………… 277

12月12日　张方国教授应邀到计算机科学与教育软件学院开展学术交流
　　　　　 …………………………………………………………………… 278

12月12日　汤国华教授讲诉对岭南建筑之情结 …………………………… 278

12月12日　我校第四届新生拔河赛圆满闭幕 ……………………………… 278

12月13日　厦门大学陈菁教授应邀为外国语学院师生作讲座 …………… 279

12月13日　首届广东大学生"梦想沃之星"职场风采挑战赛暨高校
　　　　　职场报告会在我校举行 ………………………………………… 279

12月14日　校学生会党支部举行座谈会学习十八大精神 ………………… 280

12月16日　我校六研究生摘得第九届研究生数学建模大赛全国三等奖
　　　　　 …………………………………………………………………… 280

12月17日　数学与信息科学学院领导老师看望支教学生 ………………… 281

12月18日　美术与设计学院艺术周活动吸引万人参与 …………………… 281

12月18日　我校两舞蹈获第七届广东大学生校园文化艺术节之舞动未来
　　　　　总决赛第一 ……………………………………………………… 282

12月18日　学生在全国信息技术应用大赛中获四个全国一等奖 ………… 283

12 月 18 日　北大教授陈学飞作客人文社科高端论坛 畅谈什么是好的
　　　　　　教育研究 ………………………………………………… 283

12 月 18 日　外国语学院举办英语师范教育技能大赛 ……………… 284

12 月 20 日　学校召开座谈会征求学生意见 ………………………… 284

12 月 23 日　房地产研究学会举办踩盘调研大赛 …………………… 285

12 月 26 日　我校举行 2011 – 2012 学年度学生表彰大会 …………… 285

12 月 26 日　"广州舰"护航尖兵事迹报告会在我校举行 ………… 286

12 月 27 日　我校学生艺术团汇报演出献礼十八大 ………………… 287

12 月 27 日　我校"一奖两会"外事专项志愿者工作受表彰 ……… 287

12 月 27 日　我校召开"两项制度"总结会 ………………………… 288

12 月 28 日　南昌大学国学院院长作报告思考文学观念变革 ……… 288

12 月 29 日　我校学生在全国大学生数学建模竞赛再获佳绩 ……… 289

12 月 30 日　学校召开国家大学生文化素质教育基地年度总结会 ………… 289

十二月

12月1日　我校学生在市学生知识产权保护教育竞赛中获得佳绩

12月1日，由广州市教育局、广州市知识产权局与广州市科技与信息化局联合主办的首届广州市学生知识产权保护教育竞赛在广州铁路职业技术学院举行。我校机械与电气工程学院共推荐了双栖电动车、婴儿车式行李箱等6项作品参加其中的创意设计大赛，共获得两项一等奖、三项二等奖、一人获得优秀指导教师及优秀组织奖。

广州市学生知识产权保护教育竞赛旨在培养广州市学生科学素质、提供知识产权保护意识，增强参与科技创新活动的积极性和实践创新能力，为推进广州新型城市化发展培育和储备优秀科技创新型后备人才。我校学生获得优异成绩源于机械设计制造及其自动化专业 CDIO 创新教育模式，学生的实践能力和创新能力得到极大提升。（仝婉澄）

12月1日　力创公司捐款资助土木工程学院学生

12月1日，广州大学力创德仁奖学金颁奖仪式在东莞举行。土木工程学院14名家庭经济困难且成绩优秀的学生共获得3.6万的奖学金。

颁发仪式上，该奖学金捐助人东莞市力创建设工程有限公司总经理黄志伟寄语同学们努力学习，重在立德、修身，回报社会。土木工程学院党委书记冀兆良教授代表学院全体师生向黄志伟总经理赠送锦旗。

颁发仪式结束后，黄志伟先生带领获奖学生和教师代表参观了该公司正在施工的工程现场，希望能进一步激发学生专业学习的兴趣。

东莞市力创建设工程有限公司面向土木工程学院学生设立的广州大学力创德仁奖学金，2010年至今捐助共计10.8万元，奖助了48名土木工程专业学生，激励和帮助这些家庭困难且成绩优秀的学生克服生活困难，顺利完成

学业。（土木学院学工办）

12 月 2 日　湖南大学校长赵跃宇主讲"大学精神和大学文化"论坛

12 月 2 日下午，我校"大学精神和大学文化"专题论坛第一讲在行政西二楼报告厅举行，湖南大学校长赵跃宇教授作主题为"大学·学术·大学生"的精彩报告。

赵跃宇教授从"大学推动了社会的进步"、"学术自由是大学的灵魂"、"大学生要有独立人格和道德坚守"等方面为师生作了精彩报告。报告最后，赵校长对同学们提出了殷切期盼，勉励大家做一个恪守诚信、自尊自重，具有独立精神、敢于批判创新，爱国忧民、勇于担当的当代大学生，为中华民族的伟大复兴和人类文明的进步作出积极贡献。（杨春荣）

12 月 3 日　广州市第六期志愿者 syb 创业培训班开班

12 月 3 日，由桂花岗纺织服装学院与广州市团市委联合举办的广州市第六期志愿者 syb 创业培训班在我桂花岗校区正式开班。此次创业培训班旨在推动学院青年志愿学生的创业就业意识，也是学院借助各方社会资源推动学院大学生教育工作的一项重要举措，共有 40 多名青年志愿者学生参加了该项培训。培训班培训周期为十五天，培训内容主要包括：创业意识培训、企业人员组织与人力资

源管理、模拟企业经营运作、工商税务登记及融资与财务分析、预测启动金需求与制定利润计划、市场调研、评估市场、创业计划书的编写、法律环境与你的责任、与创业明星互动交流、模拟公司运营等共 10 项内容。培训内容旨在为有志于创业的青年志愿者提供创业前的理论与系统培训，使这些学生能够在大学毕业后能够在比较全面的了解市场、比较迅速的找到自己创业方向与发展目标，为我校创业人才提供人才孵化基地的孕育效果。（王广华）

12 月 4 日　外国语学院学术活动周启动

12 月 4 日下午，香港浸会大学张佩瑶教授应邀访问我校，并为外国语学院师生作了题为"从传统的二分翻译法到对立统一法：对当前流行翻译理论研究方法的反思"的讲座，介绍了翻译历史研究中主要的理论问题，提出批判地看待处理知识介导性问题的翻译方法，并倡导用推手法来研究中文翻译著述，受到师生的热烈欢迎。这场讲座拉开了 2012 年外国语学院学术活动周的序幕。

本次学术活动周旨在营造浓厚的学术氛围，促进学院专业教师和研究生学术和科研水平的整体提升。活动周期间计划邀请四川外国语学院熊木清教授，国内著名同声传译专家、厦门大学教授陈菁教授，意大利莱切市萨伦托大学 David Mark Katan 教授等国内外外语界知名专家为教师作 5 场翻译和跨文化交际的专题讲座；组织 2 场专题研讨，指导和帮助教师申报各类项目、各级课题，交流一年来的科研成果，并对优秀成果予以奖励；组织教育硕士研究生导师培训，开展研究生学术沙龙等系列活动。

讲座结束后，外国语学院院长肖坤学教授向张佩瑶教授颁发了广州大学客座教授聘书。（外国语学院学工办）

12 月 4 日　"我与党共成长"演讲决赛圆满结束 新闻与传播学院学子夺冠

12 月 4 日晚，主题为"我与党共成长"的第三届新生演讲总决赛在行政西二楼会议厅落下帷幕。校党委副书记赖卫华，党办校办、宣传部、校团委等相关部门负责人与师生一起观看了比赛。本次赛事主题紧扣"学习十八大精神"，是广州大学青年学子学习贯彻党的十八大精神的系列活动之一。

比赛分 4 分钟的主题演讲和 2 分钟的即兴演讲两个环节。来自不同学院的 15 位参赛选手满怀斗志，在比赛中尽展风采。经过两轮激战，最终来自新闻与传播学院的焦星源同学以题为《永远的太阳》的精彩演讲获得一等奖。（朱清仪　周立彪）

选手激情演讲

12 月 4 日　音乐舞蹈学院举办昆曲艺术进课堂系列活动

12 月 4 日晚，音乐舞蹈学院举办"昆曲艺术之美"学术交流会。上海昆剧团青年艺术家沈昳丽、黎安应邀莅临我校，音乐舞蹈学院的本科生、硕士生及全校师生数百人参加交流会，来自省外的昆曲戏迷们也专程赶来参加交流会。交流会由音乐舞蹈教育研究所所长陈雅先教授主持。

沈昳丽、黎安两位艺术家分别介绍对昆曲从认知和追求事业艺术历程，又介绍了昆曲各个行当在剧中人物形象的手、眼、身、法、步及相关代表性昆曲剧目。他们现场演绎了经典剧目片段，在两位艺术家的指导下，有四组师生进行了模仿表演。通过学习，同学们更深刻地认识到昆曲动作程式的文化内涵。

12 月 7 日上午，该院在演艺中心 202 教室举办第二场关于昆剧表演身段、唱腔的交流会。昆剧表演艺术家沈昳丽与音乐学、舞蹈学方向的研究生进行昆剧表演的研习活动。（李庆岳）

学生在课堂上向昆剧艺术家学习

12 月 4 日　商学院举办"中国领土边界诸问题评析"讲座

12 月 4 日下午，商学院邀请资深国际时事评论员肖南海在理科南楼 410

室为学院师生作了"中国领土边界诸问题评析"讲座。肖南海重点讲解评析了中国藏南地区争端、瞎子岛争端、南海争端、钓鱼岛事件等中国领土边界的热点问题，点评了中国在钓鱼岛事件中的外交态度。

通过这次讲座，使同学们更加理性地关注和看待我国领土边界的热点问题，对同学们进行了一场生动的爱国主义教育。（商学院学工办）

12月4日　社会工作协会举办手语歌课堂活动

12月4日下午，公共管理学院社会工作协会联合数学学院青年志愿者协会、土木学院青年志愿者协会和人文学院青年志愿者协会在文新楼406室举办手语歌课堂活动。

活动开始，《爱因为在心中》的手语歌表演带动了全场的气氛，生动的表演激起了大家的兴趣，在场的同学都非常认真地观察学习表演者的动作，自觉地跟着模仿。

通过这次手语歌课堂活动，同学们不但对手语有了初步的认识，也学到很多基本手语动作，有助于他们在日后的工作中，更好地服务需要关爱的群体。（唐勇）

12月5日　我校7项目参展第二届志愿服务广交会

12月5日、6日，由市文明委、市社工委、市发展志愿服务事业指导委员会联合举办的"汇聚爱的力量"第二届广东公益志愿文化节暨志愿服务广州交流会在琶洲国际会展中心隆重开幕。

我校青年志愿者协会的"大元帅府小学第二课堂义教活动"、"广东科学中心志愿服务"、"康园工疗站志愿活动"以及人文学院"琉璃岁月"、商学院"扶老助残，阳光在路上"、化学化工学院"科技辅导"、旅游学院"青年志愿者协会志愿服务实践活动"等7个项目顺利参展。其中，"广东科学中心志愿服务"项目在会展第一天就

与广东省青年联合会一组以及广州市青少年发展基金会签订了合作协议书。"大元帅府小学第二课堂义教"项目得到了新城市投资控股集团有限公司的资助。另外，该项目和"康园工疗站志愿活动"、"扶老助残，阳光在路上"项目均得到了群众的认可，被评为"第二届志愿服务广交会最佳项目"。

在本次会展上，我校积极向社会爱心公益组织宣传项目、交流心得、分享经验，提高了我校志愿服务活动的知名度，进一步推动了我校志愿服务的发展。（校青协）

12月5日　纺织服装学院学生在市属高职院校动漫设计与制作技能竞赛中获佳绩

近日，在广州市教育局主办"2012年广州市属高职院校动漫设计与制作技能竞赛"中，纺织服装学院荣获了3个一等奖，另外还获得2个二等奖和2个三等奖，取得了该院在该项比赛历史最好成绩。

本次大赛一共有来自8所高职院校的30支动漫团队共300余名选手参加。纺织服装学院艺术设计系学生参加了"数码插画"、"数字影视后期"、"动漫游戏角色"以及"影视动画"四个项目比赛。经过激烈角逐，在"数码插画"、"动漫游戏角色"、"影视动画"三个项目中，该院学生均摘得一等奖的桂冠，他们分别是10级动漫设计专业的何星泽同学、陈牡同学，"飞吧，小鸡"创作组黄健民等9位同学。

近三年来，纺织服装学院动漫专业紧贴行业发展需求进行课程设置和教学安排，作品创作紧跟潮流，此次参展作品充分体现了产教结合、校企合作办学的丰硕成果，代表了该院学子设计制作的真实水平。（林雪漫）

12月5日　知名学者陈国栋教授谈广州"十三行"名称的由来

12月5日下午，台湾大学中央研究院教授、知名历史学者陈国栋教授莅临我校人文讲坛，畅谈"广州十三行名称的由来"。讲座由冷东教授主持，我校历史系本科生与部分研究生参加了讲座。

陈国栋教授首先阐述了洋行的起源与分类，并通过大量的史料讲述了"十三行"这一名称的由来，从古代文献、外文资料、现代学者的成果等不同的角度，分析了十三行的起源，以及"十三"这一数字的意义。陈国栋教授给师生们提供了不同的研究视角，给大家留下了深刻的印象。

在互动环节，陈国栋教授就"十三行"信息传递、行商的教育、保商制度等不同的内容，作出了精彩的解答。（张超杰）

12 月 5 日　化学化工学院举办"化学化工研究生学术研讨会"

12 月 5 日，"2012 年广东省化学化工研究生学术研讨会"在我校召开。本次学术研讨会由我校化学化工学院主办、广东省化学学会和广东省化工协会高校专业委员会共同协办。

广东省化学学会秘书长童叶翔教授作了题为《加强科学研究与提高研究生培养质量》的主题报告。随后，来自中山大学、华南理工大学、广东工业大学和广州大学的 28 位研究生带来了精彩的口头报告。他们详细地展示了各自的研究成果，有的研究生还用流利的英文演讲，受到了专家们的称赞和好评。同时专家们在仔细聆听了报告之后，还对报告内容进行了点评，提出了很多评价和建议。

最后专家们根据同学们的论文水平、现场报告水平、互动交流情况、演示文稿制作水平等方面的表现进行了评分，共评出一等奖 4 名，二等奖 6 名。

此次的研究生学术研讨会成功召开，得到各方的肯定和好评，专家充分肯定了我校研究生的实力和水平，有利于他们今后进一步的深造和学术交流。（刘鹏）

12 月 6 日　我校第九届田径运动会隆重开幕 师生共享体育盛会

12 月 6 日上午，冬雨初霁，煦风艳阳。我校第九届田径运动会在充满欢声笑语、彩旗飘扬的北区田径场隆重开幕。

校党委书记易佐永，校长庾建设，副校长禹奇才、陈永亨及校长助理周云出席开幕式。开幕式由副校长董皞主持。裁判员代表李景红、运动员代表敖东分别作了发言和宣誓。升旗仪式后，校长庾建设为开幕式致辞。

开幕式上，各学院运动员的出场展现了独特风采，文艺表演同样精彩纷呈。本届校运会的主题是"运动，健康，快乐，幸福"。为期三天的赛事中共有 29 支队伍参加，其中包括校内 18 个学院、校外 6 个二级学院及教师队伍，参赛运动员共计 961 人，领队教练 29 人。校运会期间还会举行教职工趣味运动会、教职工羽毛球团体赛。（何茜华　邓洁　刘俏婷　张雯）

12 月 6 日　计算机学院举行"贯彻党的十八大精神"学习研讨会暨参观辛亥革命纪念馆活动

为深入学习贯彻党的十八大精神，12 月 6 日上午，计算机科学与教育软件学院举行以"贯彻党的十八大精神，创建优良教风学风"为主题的学习研讨会暨参观辛亥革命纪念馆活动，学院师生党员以及入党积极分子约 90 人参加了活动。

在参观过程中，全院党员的心灵深受震撼，不仅对辛亥革命这段流芳百世的历史有了更为深刻的认识，同时在精神上受到了洗礼，深刻认识到作为一名新时期高校教师和大学生的使命感和责任感。（戚佩玲）

12 月 6 日　建筑大师为我校学生作"博学讲坛之场所制造"报告

12 月 6 日晚，"博学讲坛之场所制造"讲座在广州大学行政西 2 楼讲学厅举行。此次讲座由原美国捷得国际建筑师事务所前任总裁、广州杰奥斯建筑设计有限公司现任董事长 Eddie S. Y. Wang（王松筠）主讲。莅临本次讲座的嘉宾有 GLC 的人力资源总监以及 50 名员工。讲座现场气氛热烈，建筑学院 250 余名同学大受裨益。

通过这次讲座，建筑学院的同学们不仅学到了 Eddie S. Y. Wang 独特的商业建筑设计理念、对场所制造有了更深刻的认识，而且在交流中解开了自己的疑惑，对专业有了进一步的了解。（周世慧）

12月7日　我校36名学生应征入伍

根据国务院、中央军委 2012 年冬季征兵命令和省、市、区征兵工作部署，通过宣传发动、组织报名、严格体检和细密政审等程序，经过层层筛选，最后由上级兵役机关审核确定我校田博等 36 名同学光荣入伍。12 月 7 日上午，学校举行欢送大会，欢送大学生新兵踏上新的人生征途。副校长禹奇才及相关部门负责人出席大会。

会上，禹奇才代表学校领导及全体师生向入伍的同学们表示热烈的祝贺。禹奇才对新兵提出了三点希望：一是继承和发扬人民解放军的优良传统，勤奋学习，主动适应艰苦环境，刻苦训练，尽快完成从一名大学生向一名合格军人的转变。二是要坚持高标准、高起点，要站在事关国家安全、民族兴衰来认识对待服兵役工作。三是要时刻记住自己是广州大学的学生，在部队中要有树立榜样意识，要争取立功受奖，为校为家庭争光添彩。

来自体育学院的宗有江同学

作为新兵代表发言，他代表全体入伍新兵表示，将为保卫祖国，保卫社会主义现代化成果贡献自身力量，不辜负学校领导、老师和家长们的希望，努力提升自我，早日成为一位合格军人。

36名同学将分别赴往北京、云南及新疆等地方部队。（张雯　邓洁）

12月8日　我校第九届田径运动会圆满闭幕

12月8日下午，历时三天的我校第九届田径运动会圆满落下帷幕。在本届校运会上，我校896名学生完成了57个项目的角逐，三人四次打破三项学校田径运动会纪录。校党委副书记赖卫华、副校长董皞以及各职能部门和各负责人出席了闭幕式。

副校长董皞致闭幕辞。他首先代表学校党政领导向本届运动会中取得优异成绩的代表队和运动员表示热烈的祝贺，并向为筹备运动会付出辛勤劳动的组委会成员、向积极参加本届运动会的全体人员表示衷心的感谢。

本次校运会共角逐出甲组团体总分前八名、乙组团体总分前三名。体育学院体教11级以总分198的成绩获得乙组团体总分第一名，市政技术学院以总分253.5的成绩获得甲组团体总分第一名，化学化工学院、机械与电气工程学院等17个学院获得了体育道德风尚奖。（何茜华　洪漫倩　吴穗芬）

12月9日　法学院学生获第六届红十字"国际人道法"模拟法庭辩论赛二等奖

12月7日至9日，由国际红十字会、中国红十字会、及武汉大学联合主办的第六届红十字"国际人道法"模拟法院辩论赛（英语）在武汉召开。

自接到比赛通知后，我校法学院领导高度重视、派出彭心倩老师组织学生悉心备战。在首轮书面诉状入围后，由杨洋、陈茜两位同学作为我校代表晋级模拟法庭口头辩论阶段。在两天的赛程中胜出天津大学代表队，但负于国际关系学院代表队，最后作为书面诉状入围的优胜者综合获得团体二等奖。

该项赛事旨在拓展法科学生的国际视野，引发大家对国际社会问题的关注，并借此促进学生对国际人道法的了解，最终推广人道主义精神。本次参赛队伍包括来自北京大学、中国政法大学、外交学院、国际关系学院、吉林大学、武汉大学、厦门大学、南开大学、北京师范大学、山东大学、北京外国语大学、中南财经政法大学、上海交通大学、深圳大学等 26 支高校队伍。

（夏桃华）

12 月 10 日　人文讲坛为学生解读中国现代作家与日本文化的关系

12 月 10 日下午，由人文学院副院长哈迎飞教授主讲的以"中国现代作家与日本文化"为主题的人文讲坛第五讲在文新楼 206 室顺利举行。

首先，哈迎飞教授向同学简单介绍日本的基本概况，从地理条件、历史原因和精神气度三方面，揭示了日本被国人称为"小日本"的原因。

她谈及的第一位作家是鲁迅先生。日本对鲁迅来说意义重大，不仅因为日本人认真的品格影响了他，使他形成了办事一丝不苟的态度，更因为在日本发生的匿名信风波、幻灯片事件，让他认识到中国落后的"病根"，促使他弃医从文，最终引导他走向用文学拯救国人灵魂的道路。副院长很好地用幽默诙谐的语言调动了讲座的气氛，同学们均表示这场讲座使他们更加了解上述作家，获益良多。（人文学院学工办）

12 月 11 日　广州大学——深圳大学校际篮球赛在我校举行

根据我校与深圳大学签署的校际篮球赛协议约定，两校校际篮球赛今年第二场比赛于 12 月 11 日在我校体育馆举行。当天下午，我校校长庾建设、副校长董皞，深圳大学副校长杜宏彪以及两校近千名师生共同观看了这场精彩的比赛。

校长庾建设开球后，比赛开始了，双方队员纷纷使出各自招

数，不断地投篮、上篮、绝杀、得分、盖帽、抢断……比赛过程激烈而精彩，现场观众的气氛也被调动了起来，不断为双方运动员鼓劲加油。赛前和每小节休息期间，我校龙狮队、啦啦队、武术队以及新疆班的同学先后为观众们献上了精彩的表演，现场气氛紧张而又愉悦。比赛结束后，副校长董皞为双方队员颁发纪念品。

两校校际篮球赛将本着"相互促进，深化合作，共赢发展"的原则，采取主客场制，今后每年在两校各举办一场。（刘俏婷）

12 月 11 日　十八大学习掀高潮 两万学子同听一堂课

12 月 11 日下午，随着上课铃声的敲响，我校近 2 万名学生分别集中在 160 多间课室，聆听百余名专家学者宣讲十八大精神，标志着我校十八大精神"三进"工作全面铺开。

为了取得良好的学习效果，学校精心设计组织了本次集中宣讲，利用周二下午政治学习的时间，采取分年级、合班课堂教学的方式进行，以帮助同学们深入学习领会十八大精神，从而激励同学们坚定理想信念，培养文化自觉，努力践行社会主义核心价值观。

课后，同学们普遍反应，听了老师对十八大精神的宣讲和解读后，深受启发和鼓舞，对十八大精神的认识和理解更加深刻了，对国家的未来更加充满了信心。同学们纷纷表示要努力践行社会主义核心价值观，刻苦学习，不断提高综合素质和核心竞争力，为中华民族的伟大复兴作出贡献。

广东电视台、南方电视台、广州电视台等省市各大媒体纷纷对我校此次宣讲会进行关注报道。（黄志凯　杨春荣）

12月11日 我校举行第十三届全国"挑战杯"作品竞赛广州大学校赛终审决赛

12月11日上午，第十三届全国"挑战杯"作品竞赛广州大学校赛终审决赛在图书馆附楼二楼举行，校党委副书记赖卫华出席会议并担任评审委员会主任。

本届"挑战杯"作品竞赛于今年3月份开始积极组织立项申报工作，经过项目培育，共有23个学院和单位的259个项目顺利结题。经过结题评审、校赛初评、校赛复评三轮的评审，最终选拔出72项作品进入终审决赛，评审专家经过书面审阅、咨询答辩、投票选拔等环节，最终评选出《MnO2/Granphene复合物的电化学制备及其在超级电容器的应用研究》等9项作品获得特等奖；《珠江口至广州城古炮台文化遗产绿道开发研究》等18项作品获得一等奖；《广州大学城城中村GIS土地利用现状数据库建立及其应用》等45项作品获得二等奖；《基于逆向物流模型优化的家电回收行业研究》等71项作品获得三等奖。（刘俏婷　沈卫卫）

12月11日 新长城广州大学自强社开展美化校园活动

12月11日下午，新长城广州大学自强社在校园内进行了美化校园锄草活动。机械与电气工程学院的九十多名志愿者和部分自强社成员参与了活动。本活动旨在增强同学爱护校园的意识和美化校园的责任感，提高学生的文明素质，倡导全体学生为建设和谐校园贡献一份力量。

本次美化校园活动分两个时间段进行。第一阶段，由机电学院部分学生和自强社成员组成的60多位志愿者先后在理学楼前走廊、体育馆和网球场展开了锄草活动。第二阶段，40多位志愿者在B21宿舍楼下和菊苑食堂的草坪展开了锄草活动。志愿者们彼此分工合作、互相协助，在同学们的坚持和努力下，凌乱不堪的杂草堆不见了，取而代之的是平整的草坪。

本次活动的志愿者主要来自机电学院，他们表示，刚刚听取了"十八大"精神的宣讲，而参加本次美化校园的公益活动则是他们践行"十八大"精神的第一步。（学生处）

12月11日　我校四名学生候选"感动南粤校园"年度人物

12月11日，由团省委、省教育厅、省文化厅、省学联联合举办的第七届广东大学生校园文化艺术节之"感动南粤校园"广东大学生年度人物评选活动正在进行，我校刘扬厉、乔瀚、刘雯雯、阮思颖4名同学成为候选人。（校团委）

12月11日　环境科学与工程学院成功举办广东省高校环保在研项目推介会

12月11日下午，广东省高校环保在研项目推介会在大学城广州大学校区就业指导服务大厅隆重召开。

在推介会上，各高校专家把他们在研项目向企业做了推介，高校、企业代表相互交流经验，充分肯定了以本次环保企业专场招聘会为契机，加强校企合作并对省产协、环境类企业、高校环境类专业今后的合作发展提出了宝贵的建议。本次"推介会"让企业了解了各大高校目前的环保技术方向，加大了增强合作的力度；加深了高校对企业需求的了解，并对今后的人才培养和科研有更全面清晰的方向。（环境学院学工办）

12月12日　教育学院开展研究生学术论坛暨教育学院研究生学术月活动

为给研究生提供一个提高科研水平、进行学术交流、展现科研成果的平台，营造良好的学术氛围，由教育学院主办的为期一个月的"百家智慧聚一堂——学术交流创新知"主题学术活动于近日结束。

活动期间，开展了学术讲座、学术论文征集评比、学术讲坛、作者讲坛等系列活动。邀请了美国明尼苏达大学 Jeff Lindgren、人民教育出版社张廷凯研究员、苏州大学黄辛隐教授、西北师范大学郭绍青教授、中山大学丁玉珑博士、广东省教育研究院副院长黄崴教授等专家学者。教授们前沿的教育理念、深厚的专业底蕴，让研究生们受益匪浅。此外，活动还邀请了部分优秀校友回校就师弟师妹们普遍关心的学习生活规划、论文写作、就业、考研等问题进行了交流。

活动共征集学术论文 70 余篇，评出了一、二、三等奖，教育学院院长叶浩生教授、书记刘晖教授等为获奖学生颁奖，并对此次活动的成功举行表示祝贺，活动也得到了研究生处的重视及支持，并给予了极高的肯定。（教育学院学工办）

12月12日　旅游学院学生在全国会展专业竞赛中屡获佳绩

在日前结束的第六届全国商科院校技能大赛会展专业竞赛会展项目策划赛中，我校（中法）旅游学院选派的五支参赛队伍在激烈的比赛中表现突出，获得一等奖 1 项、二等奖 2 项、三等奖 2 项的好成绩，同时被授予"优秀组织院校"奖。

迄今为止，在学校教务处等部门的大力支持下，（中法）旅游

学院已连续4年组织学生参加该项赛事，共获得一等奖5项，二等奖7项，三等奖6项的好成绩，在全国会展院校中名列前茅。通过参与专业竞赛，不仅有效地提升了学生的综合能力与素质，也展示了我校师生扎实的专业基础、创新的策划理念和良好的精神风貌。（杨铭德）

12月12日　厦门大学刘峰教授为商学院师生作学术讲座

12月12日下午，厦门大学教授、博士生导师、国内会计学术界知名学者刘峰应邀为商学院师生作题为"财务研究的制度基础"的学术讲座。

刘峰围绕财务学的学科发展，介绍了社会科学研究的方法论。他认为好的学术研究，一定是从社会现实出发，关注现有理论解释不了的现象，通过描述分类和分析归纳，提出一套可证伪可用于预测的解释。刘峰强调，财务学的研究一定不能忽略人的因素，对于中国本土的公司现象研究，不应直接照搬美国模型计算中国数据，而应深入挖掘本土的制度背景，通过分析制度对人的约束和激励，找出现象背后的真正原因。刘教授还介绍了财务学发展脉络的重要文献，并指出财务学研究的未来方向。（商学院学工办）

12月12日　音乐剧《西关小姐》在广州大学举行专场展演

12月12至14日晚，由中共广州市委宣传部、广州文化广电新闻出版局出品，广州歌舞剧院（广州歌舞团）创演的大型原创音乐剧《西关小姐》在我校演艺中心连续三晚举行专场演出。

《西关小姐》讲述的是20世纪初广州西关小姐奉献慈善大爱而获取人间真情的感人故事。舞台上的西关小姐一抬手，一抚琴，一回首，一展眉，都展现出广府优雅矜持而妩媚的美，演出的音乐、舞台背景也极富广州特色，而欣赏完演出的观众对音乐剧都不惜溢美之词。

据悉，本次演出属于高雅艺术校园行系列展演，《西关小姐》会在大学城各高校间继续演出。展演旨在展现广府风情，丰富学校师生生活，提高大众的艺术鉴赏水平及文化素养。"或许这部音乐剧无法完全承担起弘扬岭南文化的重任，但我们希望通过它能吸引更多的人去了解岭南文化，了解广州风情。"《西关小姐》音乐剧相关负责人说。（易玲　林晓霞）

十二月

12 月 12 日　张方国教授应邀到计算机科学与教育软件学院开展学术交流

12 月 12 日下午，中山大学信息科学与技术学院张方国教应邀到计算机学院进行学术交流，为该院师生作了题为《ECDLP 的计算》的学术报告。张教授深入浅出地讲述椭圆曲线的由来，以及椭圆曲线与各学科的联系，然后介绍了椭圆曲线上离散对数问题的研究现状，重点讲述了他所带领的学术团队近期在这方面所做的工作。最后，他展望了椭圆曲线离散对数问题可能被解决的各种途径。学术报告会后，张教授详细回答了我校师生所提出的多个学术问题，会场学术气氛浓厚。（计算机科学与教育软件学院学工办）

12 月 12 日　汤国华教授讲诉对岭南建筑之情结

12 月 12 日晚，由建筑学院汤国华教授主讲的"岭南建筑特色"讲座在理科教学楼北楼举行。

汤国华教授是岭南建筑流派的主要代表人物之一。他的讲座内容充实，从锦纶会馆到石室圣心大教堂的修缮，从广州六二三路沿线骑楼的抢救到海珠赤岗塔的保护，生动描绘了他一直拯救岭南建筑的经历。本次讲座，促进了同学们对岭南建筑的认识，开拓了对广州文化的视野，促进了同学们与教授之间的沟通交流。（周世慧）

12 月 12 日　我校第四届新生拔河赛圆满闭幕

12 月 11 - 12 日，第四届新生拔河赛在梅苑排球场举行。经过激烈的角逐，最终教育学院勇夺冠军，环境科学与工程学院及数学与信息科学学院分别摘得亚军与季军，第四、五、六名则由计算机科学与教育软件学院、政治与公民教育学院、公共管理学院获得。此外，化学化工学院、政治与

公民教育学院、商学院获得道德风尚奖，机械与电气工程学院获得最佳精神风貌奖。（校团委）

12 月 13 日　厦门大学陈菁教授应邀为外国语学院师生作讲座

12 月 13 日，厦门大学外国语学院博士生导师陈菁教授应邀莅临外国语学院，在文清楼 521 室，为该院师生带来了一场主题为"中国口译教学的发展历程和目标实施"的精彩讲座。

陈教授从中国口译教学发展的历程和口译教学的目标实施两方面给我们在场的研究生和老师们带来了一场精彩的知识盛宴。她综述了中国口译教学的起步、发展及其特点。最后，陈教授给同学们分析了专职翻译专业学生的就业发展前景，鼓励同学们坚持学习，以取得更大进步。（外国语学院学工办）

12 月 13 日　首届广东大学生"梦想沃之星"职场风采挑战赛暨高校职场报告会在我校举行

12 月 13 日晚，由共青团广东省委、广东联通、广东省学生联合会联合举办首届广东大学生"梦想沃之星"职场风采挑战赛暨高校职场报告会在我校上演，该赛事旨在为深入学习和实践十八大精神，进一步培养和提高大学生的综合素质，促进大学生就业创业，合力为大学生打造一个展示自我的平台。广东联通团委书记慕林林，我校团委及相关部门负责人出席，来自新闻与传播学院、生命科学学院、商学院等 6 个学院的 9 名大三学生参赛。

比赛中，经过简短的自我介绍及选手风采展示两个环节，美术与设计学院的乔瀚、新闻与传播学院的何灏浩以及机械与电气工程学院的汤志东三位选手，凭借出色的综合素质及较强的临场应变能力，在专业评审和现场随机抽取的 10 位学生评审的共同打

分中获得好评，成为了职场挑战赛广州大学赛区的三强选手。

当晚举行的高校职场报告会，特别邀请了广东电视台副监制、知名主持人王牧笛和复旦大学国际关系与公共事务学院博士、教授蒋昌建老师。两人为嘉宾和观众作了主题为"做最优秀的自己"的演说。（孙文睿）

12月14日　校学生会党支部举行座谈会学习十八大精神

12月14日中午，校学生会党支部在图书馆附楼一楼108会议室举行学习贯彻十八大精神座谈会，组织部、学生处、校团委等部门相关负责人出席了座谈会。

会上，学生会党支部成员踊跃发言。学生会联络部代表说，习近平总书记提出的"中国梦"为自己坚持梦想提供了无限的动力；学习部代表认为十八大报告中提出的"推动实现更高质量的就业"将给毕业生提供更好的就业契机。支部成员都表示会深入学习十八大精神，并将十八大精神落实到日常的学习生活中。（高珊　陈超好）

12月16日　我校六研究生摘得第九届研究生数学建模大赛全国三等奖

近日，第九届"华为杯"研究生数学建模大赛颁奖典礼在上海交通大学举办。教育部学位与研究生教育发展中心主任李军，上海市教委、全国研究生数学建模竞赛组委会，及来自全国百余家研究生培养单位的老师和获奖研究生代表们近500人出席了颁奖盛典。2012年，我校组织了土木工程学院及数学与信息科学学院的研究生参赛，最终六名研究生获得全国三等奖，十八名研究生获成功参赛奖。

据了解，研究生数学建模由东南大学于2003年发起，2004年发展为全国性比赛。2006年，教育部开始支助研究生数学建模比赛。我校重视数学建模，

2004 年以来一直积极组织研究生参加该项比赛，均取得优异成绩。研究生处相关老师介绍，学校将举办系列宣讲会，希望动员更多学院、不同专业的研究生参加数学建模比赛，发挥团队合作精神，积极为第十届研究生数学建模竞赛做准备。（数学与信息科学学院学工办）

12 月 17 日　数学与信息科学学院领导老师看望支教学生

12 月 17 日，数学与信息科学学院叶瑞芬副院长等数名老师一同前往番禺、南沙看望数学学院实习支教学生。师范生实习支教为期一学期，该项活动旨在实现创新实习支教管理模式，共同培育基础教育人才。数学学院共有 19 名学生在番禺、南沙支教。

当天，数学与信息科学学院领导老师共走访了南沙大岗新沙小学、南沙鱼窝头中学、番禺南村中学、番禺钟村中学四间学

校，实习学校校长向数学学院老师介绍了支教学生的工作和生活情况，充分肯定了年轻大学生们的教学激情与创新能力，对支教学生的工作态度和扎实的专业基本功给予了充分的肯定和赞赏。同学们普遍认为自己的教学能力得到了较大的提高，在支教期间学到了许多在课堂上无法学到的知识和技能，取得了很好的效果，受到支教学校的赞赏和领导的肯定。（杜亚辉）

12 月 18 日　美术与设计学院艺术周活动吸引万人参与

12 月 18 日，由美术与设计学院主办的现场书画大赛暨艺术周万人涂鸦活动在红棉路举行，吸引众多同学的关注和参与，现场一片火热。校党委副书记赖卫华及党办校办、组织部、宣传部、学生工作部、研究生处、有关学院等相关负责人观看了展出作品。活动还吸引了南方电视台、广州电台等媒体的采访和报道。

美术与设计学院举办此次活动，旨在通过绘画、书法、摄影、设计等艺

术作品的形式展现校园生活的绚丽多彩、学生们积极向上的精神面貌，以及学校对同学们的人文关怀，更是以此形式描绘出美丽广州、美丽校园的前景。（美术与设计学院举办）

12月18日　我校两舞蹈获第七届广东大学生校园文化艺术节之舞动未来总决赛第一

12月18日下午，第七届广东大学生校园文化艺术节之舞动未来总决赛在我校演艺中心举行，我校选送的3个舞蹈节目分别获得专业组一等奖和业余组一、二等奖。

决赛共有来自省内17所高校的24支队伍参加。当天下午，在绚丽缤纷的舞台灯光下，伴随徐徐响起的音乐，舞者或轻柔漫步，或腾空跃起，用肢体语言表达人物的内心世界。我校音乐舞蹈学院学生出演的《自梳离别伤》

中的两位女主舞饰演一对好姊妹，她们反对封建礼法，不甘受虐，于是自行盘起头发，相互扶持，矢志不嫁。其优美哀怨的双人舞征服了评委，获得专业组一等奖。我校选送的另外两个舞蹈《猎》、《水姑娘》分别获得业余组一、二等奖。

本届艺术节由共青团广东省委员会、省教育厅、省文化厅和

舞蹈《自梳离别伤》

省学联主办，共青团广州大学委员会承办，意在提供广东各省高校学生一个艺术交流机会，丰富大学生精神生活，提高大学生艺术品位和欣赏能力，营造多姿多彩的校园生活氛围。（黄紫蓝　黎婕）

12月18日　学生在全国信息技术应用大赛中获四个全国一等奖

12月18日，第七届全国信息技术应用水平大赛获奖结果在北京揭晓，我校学子获四个全国一等奖，共有10多名学生在该比赛中获奖。

全国信息技术应用水平大赛是由国家教育部教育管理信息中心主办，每年定期举行一次，旨在考察学生动手能力，为大学生提供一个展示个人信息技术应用水平的平台，提高学生的就业竞争力，有较高的社会影响力。本届大赛有11个个人赛科目和6个团体赛科目。全国共有1069所院校组织参赛，参加个人赛的学生达148252人，参加团体赛的队伍达1806个。

我校计算机科学与教育软件学院的陈植宁在移动互联网站设计（HTML）科目中获得全国一等奖；机械与电气工程学院的陈彬、卢锐淇、邹昆宏在二维CAD机械设计、PCB设计科目中获得全国一等奖。从预赛、复赛到全国决赛，我校参赛学生共收获4个全国一等奖，3个省级二等奖；5个省级三等奖；梁碧允、陈新兵、谢斌盛、江帆老师获得大赛"最佳指导老师"荣誉称号；陈湘骥、温泉河、叶旭老师获得大赛"优秀指导老师"荣誉称号。（梁碧允）

12月18日　北大教授陈学飞作客人文社科高端论坛 畅谈什么是好的教育研究

12月18日下午，国务院学位委员会学科评议组成员、全国教育规划学科组成员、全国高等教育学研究会副会长、北京大学教育学院副院长陈学飞教授莅临我校人文社科高端论坛，为师生作题为"谈谈什么是好的教育研究"的专题讲座。

陈学飞教授首先从美国高等教育研究的历史着手，指出当前教育研究缺乏明确的研究重点、公认的理论学说和独特的研究方法。他认为导致这种现象的主要原因，是研究者没有弄清楚研究的概念和性质，而研究事实上是一

十二月

个确认未知，使未知变成已知的过程。在厘清研究的概念后，他进一步谈到好研究要包括六个要素，一是要提出恰当的可研究的问题，二是要有比较完整的文献梳理，三是方法要适当或规范，四是资料充实或论据充足，五是有适切的理论分析或建构；六是能够公开发表并经受同行的检验。最后，陈学飞总结了好研究的价值主要包括能够增加知识的积累和影响教育实践两个方面。

与会师生认为，陈学飞教授通过深入浅出的分析及翔实的案例论证，不仅谈了什么是好的教育研究，还让大家领略到什么是好的学术报告。（教育学院学工办）

12 月 18 日　外国语学院举办英语师范教育技能大赛

12 月 18 日下午，外国语学院在文新楼 106 室举办了英语师范教育技能大赛。

这次的英语师范教育技能大赛分为英语说课比赛和知识竞赛两个环节。在说课比赛中，12 位选手以统一的教材，用全英的教学方式对既定的一节语法课进行了各自的阐述。她们针对如何分析学生的情况、引起学生的兴趣、设计教学步骤等内容进行了独具匠心的讲解。她们标准的英文发音，自信的面容，都给观众留下了深刻的印象。在知识竞赛中，选手们更是凭借出色的专业知识和综合素质，完美地解答了各种问题，赢得现场观众的连连喝彩。（外国语学院举办）

12 月 20 日　学校召开座谈会征求学生意见

12 月 20 日，广州大学召开学生代表座谈会，征求广大学生对校领导班子及成员的意见。校学生会、研究生会等校级学生组织代表、各学院学生代表、学生处和团委等部门负责人参加了会议。

会议旨在充分调动学生与学校之间的互动关系，使校领导班子掌握民意，更好地为师生服务。会上，学生代表反映了许多同学们学习生活中的各种问题。校学生会代表希望学校能为学生提供更多的展示平台，让学生有充足的机会来展现自己的能力。校红会代表则提到，我校举办的一些活动商业气氛过浓，希望可以采取一些措施来提高校内的学术氛围。例如开展与其他学校

间的交流活动，及时公布讲座、比赛等学术活动信息。（陈道久）

12月23日　房地产研究学会举办踩盘调研大赛

12月23日晚，房地产研究学会举办历时一个月的房地产踩盘调研大赛圆满结束。

这一届的踩盘调研大赛在往届的基础上进行了创新，比赛内容主要由前期的房地产知识培训、中期的实地踩盘和后期的踩盘调研报告展示三大部分组成，比赛更具知识性和趣味性。通过比赛，参赛的选手拓宽了视野，学到了相关的房地产的知识，而且能够学会如何实地收集和整理资料，能够学会如何运用多种分析工具，最后将知识初步运用与实践分析。比赛让所有的参赛选手和房地产研究学会全体成员感受到了团体合作的快乐和真挚的友谊。（商学院学工办）

12月26日　我校举行2011-2012学年度学生表彰大会

12月26日下午，我校2011-2012学年度学生表彰大会在演艺中心举行，对我校本年度学生先进集体与优秀个人如"优良学风标兵班"、"十佳学生"、"优秀学生干部"和"优秀学生"，以及道德风尚、学术、科技、艺术、体育、宿舍雅室竞赛等单项获奖团队与个人进行表彰。校党委书记易佐永、副书记赖卫华、纪委书记陈少梅和广东中华民族文化促进会、中国扶贫基金会、镇泰集团、益武国际展览有限公司、香港国泰螺丝厂等单位代表出席表彰会，并为获奖学生颁奖。

会上，易佐永要求全校同学要以获得各类表彰的同学为榜样，

从他们的成功经验中吸取营养和力量，努力学习，积极上进，奉献青春、服务社会，全面提升个人素质，争当优秀学生，获得表彰的同学要珍惜荣誉，再接再厉，争取更大的进步。

本年度"十佳学生"之一的周洋同学作为获奖学生代表进行了发言。大会还对学生课外学术科技活动以及奖助学金获得者代表进行颁奖，并为优秀班集体授予奖牌。据悉，本次大会共表彰了九大奖项，有 6000 多人获奖，奖助学金共计 3000 多万元。其中，周洋等 10 位学生获得"广州大学十佳学生"称号并给予特等奖学金的奖励。（张雯）

12 月 26 日　"广州舰"护航尖兵事迹报告会在我校举行

12 月 26 日下午，"广州舰"护航尖兵事迹报告会在我校演艺中心举行，护航尖兵在报告中体现的爱国爱民之情让师生们深受感动。报告会前，校党委书记易佐永会见了报告团成员，并与他们亲切交谈。

校党委副书记赖卫华在报告会上致辞，对"广州舰"护航尖兵事迹报告团全体成员的到来表示热烈欢迎。她强调，通过本次报告会，广大师生要以"广州舰"护航尖兵事迹为榜样，勤奋学习，努力工作，为弘扬社会主义核心价值观、全面建成小康社会、实现中华民族的伟大复兴而努力奋斗。

"广州舰"护航尖兵事迹报告团成员和在座师生分享了他们在奔赴亚丁湾、索马里海域完成第五批护航任务时的经历和感受，其中包括他们与海盗们多次斡旋、交锋的经历，讲述的场面紧张激烈，扣人心弦。护航官兵们在报告中表达了他们对亲人的思念、战友之间深厚的情谊，以及对祖国的热爱之情，感人至深。（容嘉丽　陈雯丽）

12 月 27 日　我校学生艺术团汇报演出献礼十八大

12 月 27 日晚，以"青春·赞"为主题的广州大学青年学子献礼十八大暨学生艺术团汇报演出在演艺中心举行。当晚全场座无虚席，校团委等部门负责人等嘉宾出席观看了晚会。

我校学生艺术团创立于 2001 年，至今已拥有了合唱团、舞蹈团、话剧团、啦啦队、管乐团、龙狮队和模特形象队。艺术团以"弘扬民族文化，崇尚高雅艺术，提高学生艺术修养和综合素质"为宗旨，于各项比赛中均取得骄人的成绩。当晚的演出分"陌生·相遇"、"踏入·相知"、"缠绵·相爱"三部分，艺术团团员纷纷登台倾情献艺，带来了舞龙舞狮、民族

风舞蹈、啦啦队操、话剧、婚纱礼服走秀等不同形式的表演。舞台上，精彩的节目不断，展现了艺术团的魅力，也展现出了广大学子青春的活力。（吴穗芬　林金铮）

12 月 27 日　我校"一奖两会"外事专项志愿者工作受表彰

12 月 27 日，首届广州国际城市创新奖及广州国际城市创新大会暨世界大都市协会董事年会（简称"一奖两会"）志愿者总结表彰大会在广州中心皇冠假日酒店举行。校党委副书记赖卫华、校团委负责人、外国语学院负责人及师生志愿者代表出席了会议。我校在组织外事志愿者工作表现突出，荣获"志愿者优秀组织奖"，一批

十二月

287

先进个人受表彰。

在"一奖两会"召开期间，我校共青团组织积极响应，先后配合开展外事志愿者招募、培训、跟班实习等工作。由我校外国语学院、旅游学院、商学院等学院选派的 127 名学生志愿者凭借过硬的外语专业技能、流利的外语口语表达、良好的精神面貌和周到细致的服务工作圆满完成工作任务，受到省市领导、与会外宾及会议主办单位负责人的高度赞扬。（校团委）

12 月 27 日　我校召开"两项制度"总结会

12 月 27 日下午，为进一步贯彻落实"领导干部联系班级制度"和"专任教师值班制度"，推动校风学风建设，提高我校的教育教学质量，学校召开了"两项制度"工作总结会。组织部、学生处、教务处、校团委等部门负责人参加了会议。

参加总结会的各学院相关负责人汇报了本学期以来学院"两项制度"落实的基本情况。他们表示，适时安排教师走访学生宿舍、与学生共同进餐、组织教授讲座、专业竞赛、科研辅导等各项具体措施的实施，加强了师生间的交流和互动，帮助学生解决了很多学习和生活上的问题，促进了学院的学风建设，为学生们提供了更好的学习生活环境。同时，他们也反映，中层干部业务繁忙、值班教师的变动调整通知不够及时、部分学院缺少经费等因素影响了"两项制度"落实。

学校相关部门表示会尽力解决这些问题，并强调，各学院要结合自身实际情况落实"两项制度"的具体内容与措施。会议还重申了今年六月易佐永书记提出的四点任务与要求，明确表示今后还将继续坚定不移地贯彻落实"两项制度"，提高我校教学质量，培养高素质人才，构建和谐校园。

今年已经是"两项制度"实施的第四年，期间，该项活动成功入选"广州市创先争优 100 例"，得到广州市民的认可和支持。（钟梓欣　周立彪）

12 月 28 日　南昌大学国学院院长作报告思考文学观念变革

12 月 28 日上午，南昌大学国学院院长程水金教授应邀来到我校，作了题为"文学观念变革的思考"的学术报告，报告对"文学"本身作了深刻的剖析。报告会由人文学院院长刘晓明主持。

程水金教授围绕"文学是什么与什么是文学"展开报告。他认为文学是一种言说方式，我国文学史教材多年沿用 19 世纪西方理论，而没有对中国文学的理论的准确归纳。接着，程水金教授阐释了说不可说、说不能说、说不易说、说不屑说四个准则，以此作为划分文学与非文学的依据。他进一步认为从言说六要素——主体、对象、内容、方式、场合、动机来界定中国文学，有助于理解我国文学及中国文学史的发展历程。程教授还对中国文学的自觉时代从什么时候开始、先秦文学如何解除被文学史"友情纳入"的尴尬等文学命题作了深入的阐释。此外，程教授还对文学、文学性及文学作品等概念与观众进行了交流，使师生深受启发。（人文学院学工办）

12 月 29 日　我校学生在全国大学生数学建模竞赛再获佳绩

2012 高教社杯全国大学生数学建模竞赛结果日前揭晓，我校有 16 支参赛队获奖，其中 1 支参赛队获全国一等奖和广东赛区一等奖，2 支参赛队获全国二等奖和广东赛区一等奖，6 支参赛队获广东赛区二等奖，7 支参赛队获广东赛区三等奖，获奖率高达 80%，远超全国 33% 的平均获奖率。

本次竞赛，我校组织了 20 支参赛队参加竞赛，参赛学生分别来自数学与信息科学学院、物理与电子工程学院、土木工程学院、机械与电气工程学院、生命科学学院和商学院，学生涉及学院为历年之最。（黎韬）

12 月 30 日　学校召开国家大学生文化素质教育基地年度总结会

日前，我校召开国家大学生文化素质教育基地年度总结会，对今年的工作进行总结并研究明年工作计划。校党委副书记赖卫华出席会议并提出工作要求。

会议指出，一年来，基地以文化素质教育为突破口，围绕学校深化人才培养模式改革的目标，扎实开展各项工作，取得了良好的成绩。如先后进行了通识类选修课程改革，举办了大量人文素质讲座，开展了各种文化素质教育活动，在学术科技创新、校园文化品牌建设、校园人文环境建设、体育品

十二月

牌建设、心理素质教育、国防素质教育、社会实践活动等方面都有较大的发展，其中中华经典诵读项目整合基地各种资源申报全国高校校园文化成果获得特等奖，各项文化素质教育活动对学生实现了全覆盖，逐步培育了更多的优秀校园文化品牌项目，不少综合素质优秀的学生脱颖而出。（学生处）

附录：2012 年日志（未收录部分）清单

1月9日 学生工作干部队伍探访经济困难学生家庭

1月10日 董皞入选首届"广东十大优秀中青年法学家"

2月24日 陈凯茜等三位考生进入 2011 年下半年 BEC 考试华南地区前 15 名

2月25日 艺考开锣，风雨无碍考生应战

2月26日 广州大学广播影视编导术科考试今日顺利举行

2月28日 2011－2012 学年度环境学院干部培训顺利开班

2月28日 建院聘请联系班级的学校部门领导为名誉班主任

2月28日 走进文学，修养人生

2月29日 数学与信息科学学院开展废品回收活动

3月6日 "我志愿，我幸福"——学雷锋系列活动

3月6日 干培活动之分享交流会：分享经验 共同进步

3月6日 土木工程学院"五色花·灿烂人生"女生节火热展开

3月11日 争做党团先人，彰显你我风采

3月11日 数学与信息科学学院第一届"数联杯"足球赛、篮球赛举行

3月13日 亲的三月，me 来呈现——地理学院联合五院举办女生节游园活动

3月13日 我愿意为你 女生节——文娱部

3月14日 土木工程学院青协举办雷锋月活动之土华动物救助站

3月20日 广州大学教育学院定向越野新闻稿

3月22日 校友交流会第一场

3月25日 奉献爱心，关爱流浪动物

3月27日 微风和畅，书法趣谈

3 月 28 日　日语系倪小坚教授系列讲座（一）

3 月 30 日　土木工程学院红十字会举行土木 115 班青健课

4 月 8 日　联合书法比赛

4 月 10 日　开卷有益——11 级中文 5 班领导联系班级活动

4 月 11 日　珍惜现在，构建和谐，展望未来——11 中文 3 班领导教授联系班级制度活动

4 月 12 日　土木工程学院举行第一届考研讲座

4 月 19 日　生科讲坛之一象棋与人生

4 月 24 日　易佐永亲切看望残疾学生庄国彬和帮助他的五名同学

4 月 24 日　"英才放眼世界，语出惊人成就"系列活动启动仪式

4 月 25 日　日语系倪小坚教授系列讲座（二）

4 月 26 日　数学与信息科学学院第三届"超级数学声"歌唱比赛举行

4 月 27 日　大埔广东汉乐传承田野调查

5 月 5 日　数学与信息科学学院寝室文化节启动

5 月 7 日　建院建筑学专业第三次接受住建部评估

5 月 8 日　土木工程学院、环境工程学院和音乐舞蹈学院红十字会举行 58 游园活动

5 月 9 日　建筑学专业评估结束 办学特色及优势获好评

5 月 9 日　教育学院分党校第七期入党积极分子培训班主题讲座

5 月 28 日　土木工程学院举行 2012 年毕业晚会

6 月 1 日　公共管理学院举行"煜见"2012 届毕业生晚会

6 月 2 日　土木工程学院青协举办芳村"六一"游园会

6 月 3 日　外国语学院举办 2012 女子毕业篮球赛

6 月 5 日　地理学院第十二期分党校圆满结束

6 月 5 日　绽放青春异彩 ——记生科院 2012 届毕业生晚会

6 月 7 日　南方义卖风采

6月10日　第十六届全国大学生英语辩论赛华南赛区比赛在我校闭幕

6月11日　商学院2012五四表彰暨经管文化节——文娱部

6月15日　携手起航 展望梦想

7月24日　广州大学学生龙狮队省赛再创佳绩

8月2日　广州大学50名师生代表广州市教育系统横渡珠江

8月21日　"探究广州基层政府公共服务购买"实践活动

8月31日　计算机科学与教育软件学院代表在学校道德讲堂做主题发言

9月8日　庾建设等校领导亲临地理科学学院迎新报到点看望师生

9月8日　公共管理学院迎新工作再出新招

9月8日　广州大学运动员在大学生运动会上表现突出

9月8日　土木工程学院开展新生报到互助活动

9月8日　校领导视察新生报到接待工作

9月8日　给新生回家的感觉 学校温情迎接2012级新生

9月10日　地理科学学院院领导探访新生宿舍

9月10日　认真学习，规划未来—公共管理学院12新生开学典礼

9月10日　新生教育

9月12日　人文学院各党支部新一届支委会议顺利召开

9月18日　地理科学学院举行2012级硕士研究生新生见面会

9月20日　人文学院2012"缘来友你"新生军训联欢晚会激情上演

9月21日　计算机科学与教育软件学院拔河比赛精彩上演

9月21日　"数说心语"——数院2012级新生迎新晚会顺利举行

9月21日　数学与信息科学学院联合广雅实验学校进行团课培训活动

9月22日　新生艺术交流会

9月24日　地理科学学院召开2012级新生军训总结暨表彰大会

9月24日　公共管理学院12级新生军训顺利落幕

附录

9 月 24 日   2012 级新生军训汇报表演暨总结大会

9 月 27 日   地理科学学院第六届优良学风班评比顺利开展

9 月 27 日   青春．前进——我校 2012 国庆迎新晚会隆重举行

9 月 28 日   地理科学学院外省新生茶话会

10 月 9 日   指南针司考讲座

10 月 11 日   意大利萨伦托大学 David Mark Katan 教授应邀到我院开展学术讲座

10 月 15 日   艺术团招新

10 月 16 日   广州大学商学院男子篮球赛

10 月 16 日   音乐舞蹈学院、体育学院 2012 级迎新晚会圆满成功

10 月 17 日   万国司考讲座

10 月 18 日   团委学生会 2012 年第一次团体大会

10 月 18 日   "TO FIND IT" 2012 迎新晚会

10 月 23 日   旅游学院 "新生杯" 篮球赛初赛

10 月 23 日   人文学院中华经典诵读之诵读角

10 月 23 日   新闻与传播学院经典阅读活动今正式启动

10 月 24 日   新闻与传播学院 09 级广电班毕业实习答辩顺利进行

10 月 25 日   岷灿杯辩论赛

10 月 25 日   广州大学 2012 年社会实践与志愿服务工作与交流互评会

10 月 28 日   联合运动会

10 月 28 日   唇枪舌剑，精彩博弈——我院青葵杯辩论赛复活赛

10 月 30 日   地理科学学院大学生涯规划宣讲会圆满落幕

10 月 30 日   广州大学足球联赛暨校队选拔赛

10 月 30 日   2012 年冬季征兵动员大会

10 月 30 日   中山大学外国语学院常晨光教授到我院举行学术讲座

10 月 31 日   人文学院学生在鱼窝头中学开设班干培训讲座

11 月 1 日   花样艺年华，荟萃迎新光—人文学院 2012 年才艺大赛暨迎新晚会完美落幕

11 月 2 日   地理科学学院举办第二次学生干部培训讲座

11 月 3 日   2012 学年广州大学商学院运动会

11 月 4 日   争分夺秒，反败为胜——青葵杯辩论赛 复赛隆重举行

11 月 5 日   不做总统就做广告人——何碧老师专题座谈会今开讲

11 月 6 日   美术与设计学院 2012 年"遇见·美"迎新晚会圆满落幕

11 月 6 日   全面发展，提升自我——记 11 中文 4 班领导联系班级活动

11 月 6 日   新闻与传播学院田径选拔赛顺利举行 运动健儿齐"飞越"

11 月 8 日   十八大团日

11 月 8 日   广州大学桂花岗校区汇洁集团校园招聘

11 月 8 日   教育学院第七届新生辩论赛决赛

11 月 8 日   广州大学商学院第十六期党课培训活动

11 月 9 日   地理科学学院再次被授予"就业先进工作单位"称号

11 月 9 日   破茧成蝶，乘风展翅—公共管理学院学生干部培训班开班

11 月 9 日   2012 年教育学院迎新文艺汇演暨年度表彰大会

11 月 11 日   畅谈宏论十八大，任重道远九零后

11 月 11 日   慷慨陈词，分秒必争——我院青葵杯辩论赛半决赛顺利举行

11 月 11 日   慷慨陈词，分秒必争——我院青葵杯辩论赛半决赛顺利举行

11 月 13 日   学院关工委召开科技辅导团年度培训大会

11 月 13 日   人文学院第五届"十佳"学生评选比赛培训会顺利进行

11 月 13 日   外国语学院荣获"2012 年毕业生就业工作先进单位"称号

11 月 13 日   音乐舞蹈学院陈舒怡获广州大学"十佳学生"称号

11 月 14 日   广州大学商学院社团评比大会

11 月 15 日   博学讲坛之书法赏读讲座在我校顺利开展

11 月 15 日	学会微笑，享受青春——11 级中文 4 班领导联系班级活动顺利展开
11 月 17 日	三院运动会正式开幕
11 月 17 日	广州大学桂花岗纺织服装学院 13 届毕业生供需见面会
11 月 17 日	三院联合运动会开幕式
11 月 20 日	百花齐放——公管学院雅室大赛火热进行
11 月 20 日	公共管理学院师生畅谈十八大
11 月 20 日	"筑梦·逐梦"教育学院雅室大赛
11 月 20 日	数学与信息科学学院召开学生党员十八大精神学习研讨会
11 月 21 日	走进十八大，关注民生——记 12 中文 3 班"不闷团课"活动
11 月 21 日	人文学院新生导生交流总结大会完美落幕
11 月 21 日	数学与信息科学学院演讲比赛顺利举行
11 月 22 日	学生公寓文化节，雅室评比
11 月 22 日	创意点亮生活——两院联合举办的雅室大赛顺利进行
11 月 22 日	师生畅谈促进步—12 级秘书 2 班"领导联系班级"活动
11 月 22 日	巅峰对决，演绎精彩——我院第七届"青葵杯"新生辩论赛总决赛完美落幕
11 月 24 日	社区普法
11 月 24 日	旅游学院学术论坛暨广州大学人文社科高端论坛活动
11 月 25 日	纪念我们的青春——记 12 中文 2 班不闷团课活动
11 月 26 日	旅游学院 2012 级导生工作总结会议
11 月 26 日	前美国教育部助理副部长张曼君教育博士访问高大钢艺术工作室
11 月 27 日	敲开宿舍的门扉，遨游知识的海洋——第一届知识竞赛圆满落幕
11 月 27 日	张屹副教授来院作学术报告
11 月 27 日	新能量再次加入——第四党支部通表大会顺利召开
11 月 27 日	唇枪舌战之新生班际辩论冠军赛

11 月 28 日　解读中国古代诗人骑驴的文化——人文讲坛第四讲顺利开展

11 月 28 日　任重道远 90 后——记 12 中文 6 班不闷团课活动

11 月 28 日　青春，我是富翁——记 12 中文 1 班不闷团课活动

11 月 28 日　王玉云教授应邀到我院作十八大精神学习辅导

11 月 28 日　李近：读书不仅是个人需要，还可以作为人的生活方式

11 月 29 日　2012 旅游学院毕业生交流会

11 月 29 日　英才展文翰之风，骄子圆十佳之梦

11 月 30 日　生物趣味知识竞赛

12 月 2 日　历史系党支部转正暨通表大会顺利举行

12 月 4 日　艾滋病日摆摊活动通讯稿

12 月 4 日　音乐与舞蹈学院召开新生与毕业生交流会

12 月 6 日　地理科学学院师生积极参与广州大学第九届田径运动会

12 月 6 日　2012 广州大学第九届田径运动会

12 月 6 日　广州大学第九届田径运动会暨 2012 体育节盛大开幕

12 月 6 日　人文学子，奋勇争先——广州大学第九届校运会隆重开幕

12 月 6 日　外国语学院在广州大学第九届田径运动会创佳绩

12 月 6 日　音乐与舞蹈学院获得广州大学第九届运动会

12 月 7 日　校运次日战火再燃，人文学子奋勇拼搏

12 月 8 日　美术与设计学院在第九届田径校运会上荣获佳绩

12 月 8 日　广州大学第九届校运会圆满落幕

12 月 8 日　广州大学第九届田径运动会侧记

12 月 9 日　争锋相对，辩出风格

12 月 9 日　外国语学院 11 级 6 班吴东明同学应征入伍

12 月 11 日　地理科学学院学子同听十八大报告，掀起学习高潮

12 月 11 日　力拔山，气盖世——广州大学新生拔河赛激烈角逐

12 月 11 日	深入了解十八大，积极学习党精神—记广东大学生学习党的十八大精神专场报告会
12 月 11 日	解读党的十八大 学习党的新精神
12 月 11 日	十八大精神集中宣讲活动在我院举行
12 月 11 日	新闻与传播学院开展学习贯彻十八大精神系列宣讲活动
12 月 12 日	大学生专业发展与双语学习——记一次生科讲坛
12 月 13 日	数学嘉年华系列活动顺利闭幕
12 月 14 日	唇枪舌战，锋芒毕露——展现 12 级新生辩论风采
12 月 14 日	万千星辉贺圣诞——"圣诞嘉年华"活动于红棉路顺利举办
12 月 16 日	力拔一处，齐力断金——广州大学拔河比赛顺利举行
12 月 18 日	环境学院顺利召开 2012 年度学风建设总结大会
12 月 18 日	从"眼睛"走入中国文化——中山大学中文系吴承学教授为人文学院学生举办讲座
12 月 18 日	秦征南越的现代阐释——中山大学中文系林岗教授为人文学院学生举办讲座
12 月 18 日	人文风采，情动班级——班团日志评比大赛顺利举办
12 月 18 日	回首过去，展望未来——11 - 12 学年度人文学院表彰大会隆重举行
12 月 18 日	广州大学商学院第五次团员、学生代表大会
12 月 18 日	数学与信息科学学院本硕博篮球赛总决赛顺利举行
12 月 18 日	"传承经典，继往开来"学习十八大晚会
12 月 18 日	音乐舞蹈学院于杰等 4 名同学光荣入伍
12 月 21 日	地理科学学院学生党总支成立大会隆重召开
12 月 25 日	了解民间叙事，探寻田野之美——人文讲坛第七讲顺利举行
12 月 26 日	校纪委书记陈少梅参加我院英语专业 11 级 1 班学生班会
12 月 28 日	中南大学王国军教授来我校讲学

后 记

　　"文化强国"是党中央继"科学发展观"之后提出的又一国家发展战略，就是要用社会主义核心价值观的先进文化实现"文化立人"。

　　大学精神是一种无形的文化氛围，一种隐含的人生境界，大学校园时时刻刻在潜移默化地改变着人的思想品位和精神气质。

　　胡锦涛同志曾经指出：全面实施素质教育，核心是要解决培养什么人、怎样培养人的重大问题。素质教育主要包括人内在素质和外在素质的教育和培养。内在素质主要是人对世界、环境、人生的看法和意义，也就是一个人对待人、事、物的看法，也是一个人的心态；外在素质就是一个人具有的能力、行为、所取得的成就等。素质教育就是要以提高国民素质为根本宗旨，把德育、智育、体育、美育等方面有机地统一起来，使受教育者培养良好的个性心理品质，开阔视野、活跃思维、升华价格、陶冶情操，在德智体美与创新精神、创造能力等诸方面素质得到全面发展、整体发展，成为高素质的创造性人才。

　　我们的大学故事已经讲述到了第四年，2012 年我们又有了新的关键词：中华经典诵读获校园文化建设成果特等奖、纪念建团 90 周年、学雷锋志愿服务、学习十八大精神、大学生涯规划、优良学风班创建、学生党建与宿舍文化"五室一站"建设等等。我们依然想通过记录这一年我们大学校园里发生的故事，全方位、多角度、全景式地复原广州大学文化素质教育的点点滴滴，刻画着大学生思想政治教育的变革、校园文化的创新、各种育人载体和全员育人路径的探索。

　　21 世纪的人才竞争中，大学生作为知识时代一个知识分子群体，是社会发展的主要动力和后备，将会成为推动社会发展的主要力量。大学生整体素质的高低直接决定一个民族的发展。我们大学的故事在不断发生，我们大学的记录在不断延续，变化的是时间、人物、事件，不变的是编写者的初衷和文化素质教育的目标。文化素质教育在高校的重要性不容置疑，但怎么育，

后
记

育什么，不同的高校，不同的教育理想拥有者有着不同的实践，广州大学在记录故事的同时，也在深层次地思考，积极地探索。

在编写本书过程中，学生处、教务处、研究生处、宣传部、团委、招生就业处等职能部门、大学生文化素质教育基地 10 个项目组以及 22 个学院、近百个学生社团，都从自身的角度记录着各自的实践和探索。全校共征集 2000 多篇日志，经整理筛选分类，本书收录了 435 篇，全书由张强、饶东方最后统稿并修改审定。这些不能代表全部，但是折射出广州大学文化素质教育的积极努力，折射出新时期广东高校学子的成长历程。

在本书编写过程得到了张华金、叶敏定等几位在读研究生参与统稿审稿，在此对所有为本书编写出版做出贡献的老师、同学表示衷心的感谢，对广州大学城及周边地区高校国家大学生文化素质教育基地、世界图书出版广东有限公司的大力支持，在此一并致谢。

编写过程中难免有错漏之处，请读者批评指正。

本书编委会

2013 年 8 月 10 日